“十三五”普通高等教育应用型规划教材·电子商务系列

电子商务理论与实务

（第二版）

主编　胡宏力

ELECTRONIC COMMERCE
THEORY AND PRACTICE

中国人民大学出版社
·北京·

前　言

在“互联网＋”的大背景下，我国电子商务进入了一个新的发展阶段。电子商务正在成为推动互联网和传统产业全面融合发展的利器以及各行各业开展大众创业、万众创新的新途径，成为企业经营管理战略的重要内容和贸易、营销活动的主要模式。因此，关于电子商务基本理论与实践知识的学习也越来越重要。

本书的定位是面向应用型普通本科高校，它是电子商务专业学生的一本入门教科书，同时也是其他专业（如市场营销、工商管理、物流管理、国际贸易等）的学生了解和学习电子商务基本知识的概论性教材。

本书编写的指导思想是以电子商务的基本理论与应用为核心，以学科综合、文理渗透、理论与实践有机结合为主导，对电子商务专业学生入门教育所需的广泛知识内容进行科学组织、合理布局。教学目标是通过对电子商务的基本理论、基础知识的学习，使学生对电子商务的基本应用有一个全面而清晰的认识，为专业知识学习奠定系统而明确的基础，提升学生的电子商务素质。

在此次修订中，我们充分吸收了第一版问世以来教学一线师生提出的意见和建议，结合应用型本科课程要求和电子商务的最新发展，对本书有关内容做了进一步的整合、完善与更新，凝练和强化了本书的特点。本书的特点主要体现在以下几个方面：

一是注重内容的整合与安排。全书分为3篇，共10章。基础篇介绍了电子商务的基本知识。技术篇介绍了基础技术、支付技术、物流技术、安全技术等。应用篇介绍了消费者、企业、政府这三个电子商务主体以及电子商务在证券、保险、教育、旅游、金融等行业的典型应用。本书的编写沿着基本知识→基本技术→基本应用→综合应用的主线逐步展开，由浅及深，使学生在学习电子商务知识的同时，加深对电子商务活动方式的理解。

二是注重理论与实践有机结合。在阐述电子商务相关理论知识和基础技术时，精选引导案例和文中案例。在案例选择上，注意案例与教材内容紧密结合，并尽可能选自不同的领域，以扩大学生的知识面。在思考题的安排上，力求以学过的知识为基础，并有适当扩展。

三是注重知识的拓展。本书注重核心知识与外围知识的拓展，除了重点介绍电子商务的基本知识、技术、应用等内容，还补充介绍了网页制作语言、法律环境等拓展性内容，可以满足不同层次学生学习的需要。

本书由西安文理学院经济管理学院胡宏力教授担任主编并负责统稿。各章具体分工如下：第 1 章、第 6 章，西安文理学院潘雨相；第 2 章，西安文理学院胡宏力；第 8 章、第 9 章，西安文理学院李静；第 3 章，西安培华学院王艳；第 4 章、第 7 章，西安文理学院田园；第 5 章、第 10 章，西安文理学院李亮。

限于作者的学识水平，书中不足之处，敬请读者和同仁批评指正。

目　录

基础篇

技术篇

应用篇

基础篇

第1章

电子商务概述

本章导读

本章主要对电子商务的产生、基本概念、分类与特征、发展现状，特别是移动电子商务和跨境电子商务的发展进行阐述和分析，以便读者对电子商务有基本的了解。

引导案例

东鹏瓷砖在“双十一”活动中大放异彩

2015年的“双十一”全民网购狂欢节，天猫的成交额高达912.17亿元，全国人均消费60元，和往年一样，11月11日阿里巴巴中国零售平台再次刷新纪录。与服装、家电、食品等成熟电商运营领域相比，互联网建材品牌在此次“双十一”大战中表现出惊人的发展势头，东鹏瓷砖更是锋芒逼人，订单量再创同期新高。

据统计，截至11月12日零点，东鹏瓷砖官方旗舰店线上客服接待客户63 221人次，成交订单4 895笔，售出商品412 057件，总交易额高达12 728 589元，成为建材类首个单品销售破千万的品牌，B2C销量稳居同类目第一，洁具销量同比增长30%以上。

为了创造更好的瓷砖购物体验，吸引更多优质的流量，此次“双十一”活动，东鹏瓷砖引入了O2O模式。在公司董事长何新明与总裁蔡初阳的战略部署下，由集团营销副总裁、互联网中心总经理和各区域营销负责人组成的强大团队，督战线下“万店同庆”主题活动。10月初，全国范围内就有600多个经销门店参与此次“双十一”的O2O活动，与东鹏瓷砖官方旗舰店共同发力，线上、线下同步，带动了经销商实体店的销售，同时满足顾客购物需求，解决了互联网的“最后一公里”问题，成功引导了大批顾客成交。

在“互联网+”时代，实现资源整合与利益共创、共享才是王道。打通线上线下，形成完整体验、支付、服务的消费闭环，传统企业才能更好地拥抱互联网。东鹏瓷砖通过前期的O2O模式的试行，在此次“双十一”活动中加以改进，初见成效。

资料来源：《东鹏双11完美收官 稳居B2C销量第一》，中国电子商务研究中心，http://www.100ec.cn/detail—6291324.html，2015年11月12日。

思考题：

1. 你认为东鹏瓷砖在“双十一”活动中获得成功的主要因素是什么？
2. 东鹏瓷砖的成功对于传统企业开展电子商务活动有何启示？

第1节　电子商务的产生

一、电子商务产生和发展的阶段

任何事物的产生都有其必然条件，电子商务的产生也是如此，它的产生源于贸易的需要。

人类在进行贸易活动的过程中，往往会尽可能地利用当时最先进的方法和手段获取最大的利益。人类最早的贸易活动即“以物易物”，但是这种商品交换方式往往难以实现商品转让，因为被交换的商品必须对交易双方都具有使用价值，且商品必须等量。而以物易物的方式不可能永远同时满足这两个条件，必然要求有一个一般等价物作为交换的媒介，于是产生了货币。货币出现以后，不仅贸易活动的效率有了很大的提高，而且贸易活动的范围更宽广，促进了商品交换的快速发展。

随着贸易活动的发展，人们需要通过贸易单证和文件实现对贸易活动的记录和管理。伴随着经济全球化、市场国际化时代的到来，传统的以纸为媒介的贸易单证和文件数量激增，但这类贸易单证和文件采用人工处理方式，成本高、出错率高，远远无法满足贸易的需要。于是，人们开始追求“无纸化”的商业贸易。从传统的商务到电子商务的形成大约经历了三个阶段。

第一阶段：1946年，人类发明了电子计算机，20世纪50年代中期，美国出现了“商业电子化”的概念，即利用电子数据处理设备使簿记工作自动化。1964年，美国IBM公司研制出用磁带存储数据的打印机，第一次在办公室中引入商业文书处理的概念。1969年，IBM又研制出磁卡打印机进行文字处理。到70年代中期，工业化国家已经普遍采用文字处理机、传真机、复印机等设备实现商业单项业务的电子化。

第二阶段：20世纪70年代，随着微电子技术的发展、个人计算机的普及以及网络技术的发展，商业电子化进入了以微型计算机、文字处理机和局部网络为特征的新阶段，以计算机、网络通信和数据标准为框架的电子商业系统应运而生。电子商业系统是指把分散在各商业领域的计算机系统连接成计算机局域网络，通常采用电子报表、电子文档和电子邮件等新技术以及高性能的商业电子化设备。

第三阶段：1983年，真正意义上的互联网（Internet）诞生。从此，商业电子化开始向建立商业综合业务数字网的方向发展，出现了高性能的电子商业软件包、多功能的电子商业工作站和各种联机的电子商业设备。随着电子通信标准的研究和电子数据交换系统的开发以及计算机应用于商业数据的采集、处理，真正的电子商务时代到来了。从国内电子商务的应用情况来看，2000 年以后电子商务在中国进入全面应用的阶段；2015 年，伴随着“互联网＋”时代的到来，电子商务与传统产业的融合加剧，电子商务进入深化发展阶段。

二、电子商务产生和发展的条件

20 世纪 90 年代，随着信息和网络技术的快速发展和普及使用，尤其是万维网的推广，电子商务进入了快速发展时期。总的来看，电子商务产生和发展的重要条件有：

（1）计算机的广泛应用。近 30 年来，计算机的处理速度越来越快，处理能力越来越强，价格越来越低，应用越来越广泛，这为电子商务应用奠定了基础。现在，企业内部的设计、生产制造以及各项管理过程都可以采用计算机技术，运用数据信息来进行。

（2）网络的普及和成熟。由于网络逐渐成为全球生产经营、企业战略发展、通信与交易的媒介，全球上网用户呈几何级数增长趋势，快捷、安全、低成本的特点为电子商务的发展提供了应用条件。

（3）信用卡应用的普及。信用卡以其方便、快捷、安全等优点而成为人们消费支付的重要手段，并由此形成了完善的全球信用卡计算机网络支付与结算系统，使“一卡在手，走遍全球”成为可能，同时也为电子商务中的网上支付提供了重要手段。

（4）电子安全交易协议的制定。1997 年 5 月 31 日，由美国维萨国际组织和万事达国际组织等联合制定的电子安全交易协议（Secure Electronic Transfer，SET）出台，该协议得到了大多数厂商的认可和支持，为开发网上的电子商务提供了一个关键的安全环境。

（5）政府的支持与推动。自 1997 年欧盟发布《欧洲电子商务协议》，美国紧接着发布《全球电子商务纲要》以来，电子商务受到世界各国政府的重视，许多国家的政府开始尝试网上采购，这为电子商务的发展提供了有利的条件。

第 2 节　电子商务的定义

一、电子商务的概念

作为在传统商务基础上发展起来的一种崭新的商务模式，电子商务代表了未来人类商务运作的新模式和方向；它将是一次新的产业革命，并最终将人类带入信息社会。那么，究竟什么是电子商务呢？

目前比较流行的电子商务概念可以分为狭义的和广义的两种：狭义的电子商务是指电子交易，即在网上实现从商品订货、展示、促销、查询、销售到最后转账、清算、服务的全过程；广义的电子商务是指利用信息技术把商务活动的各方（如企业、合作者、消费者、政府）连接起来，进行各种商务活动。归纳起来，电子商务是商务活动的一种新形式，它通过采用现代信息技术手段，以数字化通信网络和计算机替代传统交易过程中的纸介质实现信息的存储、传递、统计、发布等环节，从而实现商品和服务交易以及交易管理等活动的全过程无纸化，并达到高效率、低成本、数字化、网络化、全球化等目的。

电子商务将企业内部集中的、独一无二的业务运作延伸至面向外部应用的客户贸易伙伴、供应商以及分销商。这些新的应用开发比企业内部计算机的应用再加上企业伙伴的应用开发的总和还要多。互联网能够用以前无法采用的方式进行工作，突破了时空限制，给企业带来了新的机遇和挑战，将对企业的研发工程、制造与生产、供应链、市场营销以及客户关系管理产生深远的影响。因为电子商务直接涉及这些业务的处理过程，而这些过程又是企业的命脉，所以电子商务极其重要。由此可见，电子商务并不仅限于企业进行采购。这些并不是基于揣测，而是基于一些企业使用互联网的实际经历，它们利用互联网使业务处理、材料采购、产品销售、客户服务形成“一条龙”，实现了自动化，同时创造了新的财富。电子商务正在促进各行各业“大反转”，迫使企业将自己的信息系统的重心从内部向外部转移。

二、电子商务的内涵

电子商务的内涵主要体现在如下方面：信息内容、集成信息资源、商务贸易、协作交流。

1. 信息内容

以前，由于为特定的用户会构建特定的输入输出方式，那些核心商务系统中的信息很难为更多的人所使用。而现在，通过通用的互联网界面解决了信息系统的开放问题。信息内容不仅是商业媒体创造的，而且是由核心商务系统产生的。

2. 集成信息资源

企业数据包括客户数据库、库存记录、银行账号、安全密码等最有价值的信息，这些宝贵的信息财富支撑着企业的运作。将这些信息与企业自己的网络站点集成起来，就可以把成百上千的雇员和商业伙伴连接起来，并由此引来成千上万的客户。此时，网络就会使公司雇员工作效率更高、供货渠道更畅通、客户也更满意。如果把企业的事务处理系统与网络集成起来，企业就真正步入了电子商务的王国，在此，客户不仅可以从企业数据库中获得当前的产品信息，而且可以实时地购买和支付。目前世界上的许多公司正将它们丰富的后台资源与网络进行集成，直接投入商业应用，从而扩大全球的商业合作伙伴和客户。

3. 商务贸易

商务贸易不仅仅是在线购物，还应该为企业间建立营销网络服务。电子商务的一个发展方向是网上在线交易，这是一种全新的交易方式。美国航空公司对未能售出的空座位进行拍卖，人们在网上投标订座，结果使飞机空座率直线下降。

4. 协作交流

人人都能参与的新闻组讨论是交流的重要方式，但对于商务贸易来说，几个人以一种非常安全、秘密的方式通过网络进行交流是更有意义的方式。现在，电子化的商业贸易已经蓬勃发展起来，而电子商务最擅长的方面就是协作交流。

网络首次允许我们走出自己的世界，与世界上的任何人进行交流协作，向大家展示自己的想法，同时也面对更多的竞争。网络时代的竞争不仅可能来自你从未听说过的地方，而且可能来自你从未预料到的行业领域。

可以说，通信、集成、安全技术是将商业基础环境带入电子商务王国的关键。目前，越来越多的公司正在为这种转变而努力。这意味着从市场调研到商品买卖，从电子购物到产品销售，从订单兑现到售后服务的整个过程的变革，是一项十分艰巨的任务。任何渴望进入电子商务领域的组织都需要寻找既精通技术又懂商业运作的合作伙伴，以开发基于网络的安全、灵活、可拓展的商业应用方案。规模较小的企业对这种技术支持服务应该更感兴趣，因为这种技术支持可以使它们节省大量的软硬件投资，直接通过网络即可开展业务。同样，对于那些富有创意但缺少资本的新兴技术行业而言，这种服务是通向电子商务的理想选择。

三、电子商务活动

电子商务是以信息技术为基础的商务活动，它包括对生产、流通、分配、交换和消费等环节中连接生产和消费的所有活动的电子信息化处理。具体来说，是指以下列方式进行的交易或商务活动：

（1）通过网络进行的交易，如联机商店（online shop）和网上直销（internet direct sale）；

（2）通过网络进行的商务活动，如联机服务（online service）和网上广告（internet ads.）；

（3）通过增值网络（value-added network）进行的电子交易和服务，如通过电子数据交换进行采购和报关；

（4）通过企业内联网和价值链系统进行的企业网络化及信息化资源配置与协调活动，如通过计算机集成制造系统等系统的应用带来的企业生产、流通、分配过程的变革。

第 3 节　电子商务的分类与特征

一、电子商务的分类

1. 按照商业活动的运行方式划分

（1）完全电子商务。是指交易过程中的信息流、资金流、物流、商流都可以在网上完成，商品或者服务的整个商务过程都可以在网上实现的电子商务。完全电子商务使交易双方完全超越了地理界线，深入挖掘世界各个市场的商业资源，充分体现了电子商务相对传统商业模式无可比拟的优越性。例如，大部分数字商品的网上交易就是完全电子商务。

(2) 不完全电子商务。是指信息流、资金流、物流、商流并非都在网上完成，或者说完整的交易过程并不能完全依靠电子商务方式来实现的商务。一般来说，只要在电子商务过程中上述“四流”有一个没有在网上实现，我们都认为它是不完全电子商务。比如采取离线支付方式、实物物流系统的电子商务都可以被认为是不完全电子商务。

2. 按照开展电子交易的范围划分

(1) 本地电子商务。是指利用本城市或地区内的信息资源进行的电子商务活动。本地电子商务的地域范围有限，它利用局域网、互联网、企业内联网等将下列系统连接在一起：1）参加交易各方（包括买卖双方和相关的第三方）的电子商务交易系统；2）银行业金融机构和保险公司的电子信息系统；3）物流单位的信息系统；4）税务、工商及检验检疫部门的信息系统。本地电子商务是开展远程国内电子商务和全球电子商务的基础体系。

(2) 远程国内电子商务。是指本国范围内进行的网上电子交易活动。其交易范围比较广，对网络软硬件的要求也相应较高，要求国内的电子商务发展程度普遍较高，并在全国范围内实现交易、支付、物流等方面的电子化、自动化，以及电子商务的从业人员具有相应的技术能力和电子商务知识。

(3) 全球电子商务。是指在世界范围内进行的电子商务活动。不同国家的电子商务交易方通过网络进行贸易活动，涉及有关各方的信息系统，复杂程度远远超过前两者。相关系统包括：1）交易双方的信息系统；2）海关及检验检疫信息系统；3）银行业金融机构和保险公司的信息系统；4）税务信息系统；5）国际物流组织信息系统。全球电子商务是电子商务发展的高级阶段，要求电子商务系统安全、准确、及时。它是未来国际贸易的主流趋势，具有很大的潜力，中国应该积极参与制定全球统一的电子商务标准和电子商务贸易协定，使中国电子商务和全球电子商务都得到顺利发展。

3. 按照交易对象划分

(1) 有形商品电子商务。是指将实物商品的交易尽可能通过网络来完成的电子商务形式。这是电子商务的一个重要部分，也是传统商务与电子商务相互交叉的最大部分。与数字商品电子商务和服务商品电子商务相比，有形商品电子商务具有一个明显的特点，就是它与物流过程紧密结合在一起。随着有形商品电子商务的不断发展，传统的物流过程得到了重组、优化，更加适应信息时代电子商务条件下对有形商品储存、调配、运输的特殊要求。在有形商品电子商务的流程中，物流、资金流、信息流、商流界限分明，自成体系又相互结合，形成流畅的商品流通的全过程。

(2) 数字商品电子商务。是指通过网络传输数字商品达成交易的电子商务形式。在数字商品的电子交易过程中，没有实物商品的流通过程，因此也就不会产生商品的储存、包装和运输费用。在传统的商贸活动中，数字商品一般都有实物载体（比如磁带、光盘、纸张等），从而增加了数字商品的储存、包装、运输等成本，大大降低了数字商品的交易效率。事实上，诸如文字、音像、计算机软件等数字化商品都可以通过网络进行传输，这也是电子商务改变传统的商务过程，甚至生产和消费过程的重要方面。

（3）服务商品电子商务。服务商品电子商务的交易对象是服务商品。服务商品电子商务提供的也是无形商品，但和数字商品电子商务不同的是，有的服务商品电子商务流程中也有实物部分，有的可能还有物流过程，比如邮政电子商务等。

4. 按照参与主体划分

电子商务的主要参与主体包括企业、消费者、政府三类，电子商务专家科普尔（Copple）按照矩阵排列的形式将电子商务分为九种类型（如表 1—1 所示）。

表 1—1　　按照参与主体划分的电子商务类型

	政府	企业	消费者
政府	G2G	G2B	G2C
企业	B2G	B2B	B2C
消费者	C2G	C2B	C2C

（1）G2G（government to government）：政府对政府的电子商务，也称政府间电子商务，主要指各级政府或者同级政府之间通过电子商务平台开展政务工作，属于电子政务的范畴。

（2）G2B（government to business）：政府对企业的电子商务，即政府通过电子商务平台向企业提供服务，如政府网站的信息公开服务。

（3）G2C（government to consumer）：政府对消费者的电子商务，即政府通过电子商务平台向消费者提供服务，如政府网站提供的信息服务。

（4）B2G（business to government）：企业对政府的电子商务，即企业通过相应的电子商务平台向政府提供服务，如企业通过自己的网站向政府提供电子采购服务。

（5）B2B（business to business）：企业对企业的电子商务，也称企业间电子商务，即企业间通过互联网实现产品、服务及信息的交换。B2B 电子商务又可分为垂直型 B2B 与综合型 B2B 两类。

（6）B2C（business to consumer）：企业对消费者的电子商务，即企业通过互联网向消费者提供产品、服务及信息等。B2C 电子商务又可分为自主销售式 B2C（如当当网、卓越网）与平台式 B2C（如淘宝商城）。

（7）C2G（consumer to government）：消费者对政府的电子商务，即消费者通过互联网向政府提供相应的服务，如消费者参与政府网站的民意调查，通过网站进行个人纳税等。

（8）C2B（consumer to business）：消费者对企业的电子商务，即消费者通过互联网向企业提供相应的服务，如消费者通过人才招聘网站向企业提交自己的简历。

（9）C2C（consumer to consumer）：消费者对消费者的电子商务，也称消费者间电子商务，即消费者通过互联网向其他消费者提供商品或服务，如消费者通过第三方平台进行个人物品拍卖，或者开设个人店铺出售商品。

在以上九种电子商务类型中，B2B，B2C，C2C 是最基本的三种，也是目前最主流的电子商务类型，这三种模式的具体应用将在第 2 章详细介绍。

二、电子商务的特征

电子商务是计算机技术、网络技术以及互联网技术发展的产物。与传统的贸易活动相比，电子商务具有其独特的优势及特征。

（1）开放性。这里所称的“开放性”包括两个方面，即空间的开放性与时间的开放性。空间的开放性是指由于电子商务在国际互联网络环境下将整个世界变成了“地球村”，因此其经济活动可以扩展到全球范围内进行，把空间因素和地理距离的制约降到最小限度，不再受国家地域的限制。时间的开放性是指用户不论在什么时间，只要能够接入互联网，就可以开展电子商务活动，因为电子商务系统采用的是“7×24”的经营方式，即一周工作 7 天，一天工作 24 小时。

（2）虚拟性。电子商务借助互联网这一媒介开展商务活动，计算机与计算机之间、客户机与服务器之间能够方便地实现信息的双向传输，这就使得商务活动能够在不同地点、不同人之间非面对面地进行，这就是电子商务的虚拟性。当然，电子商务的虚拟性也带来了相应的安全问题，如网上诈骗、抵赖行为。

（3）低成本。没有店铺成本，没有专门的销售人员，没有库存压力，是电子商务交易优于传统商务的突出特征之一。低成本对交易双方都十分有利。在具体实践中，尽管电子商务的模式有很多，但最终都体现出低成本这一优势，这也是电子商务被称为先进生产力的原因之一。

（4）高效率。与传统的邮政通信等手段相比，互联网的信息传输速率极快，传输的信息量也很大。通过互联网，商务活动中需要的信息流能够高效地传输。企业还可以通过网络发布和寻找交易机会，通过电子单证交易、货物跟踪、电子资金转账等手段完成整个交易过程，从而提高交易的效率。

第 4 节　电子商务的发展现状与趋势

一、电子商务的发展现状

（一）全球电子商务发展现状

随着互联网技术的飞速发展，网民数量的不断攀升，网购已成大势所趋，呈现出持续高速增长的态势。纵观全球电子商务市场，各地区的发展并不平衡，出现了美国、欧盟、亚洲“三足鼎立”的局面。

美国是世界上最早发展电子商务的国家，也是电子商务发展最为成熟的国家，一直引领全球电子商务的发展，是全球电子商务十分发达的地区。欧盟电子商务的发展起步较美国晚，但发展速度快，成为全球电子商务较为领先的地区。亚洲作为电子商务发展的新秀，市场潜力较大，但是近年的发展速度和所占份额并不理想，是全球电子商务持续发展的地区。

2012 年，全球电子商务市场规模达到 5 210 亿美元，欧洲电子商务市场规模达到 4 126亿美元，占全球电子商务市场的 35.1%；北美地区电子商务市场规模达到 3 895 亿美元，占全球的 33.1%；亚太地区是全球增长最快的第三大电子商务市场，总交易额达到 3 016 亿美元，占全球的 25.7%。2013 年，全球电子商务市场规模为 12 210 亿美元，同比增长 17%，中国 B2C 电子商务占据全球销售总额的 14%。2014 年，全球电子商务市场规模达到 13 160 万亿美元，其中欧洲电子商务规模最大。欧洲的 8.2 亿居民中有 5.3 亿互联网用户、2.59 亿在线购物用户。电子商务为欧洲贡献了大约 5%的 GDP，欧洲 B2C 电子商务的税收同比增长 19%，其中 61%的税收由英、德、法这三个国家贡献。欧盟 28 国的 B2C 电子商务销售额达到了 2 770 亿欧元，占整个欧洲市场的 88.7%。欧洲电子商务协会希望，到 2016 年，欧洲 B2C 电子商务市场规模能够翻番，达到 6 250 亿欧元。

（二）我国电子商务发展现状

近年来，随着经济的快速发展和国家对企业信息化的大力扶持，我国的电子商务得以快速发展。中国电子商务研究中心的数据显示，2014 年中国电子商务市场交易规模达 13.4 万亿元，同比增长 31.4%（见图 1—1）。其中，B2B 电子商务市场交易额达 10 万亿元，同比增长 21.9%。网络零售市场交易规模达 2.82 万亿元，同比增长 49.7%。2014 年电子商务市场细分行业结构中，B2B 电子商务（包括规模以上企业 B2B 电子商务和中小企业 B2B 电子商务）市场份额占比 74.6%，网络零售市场份额占比 21%；O2O（指本地生活服务 O2O）市场份额占比 4.4%。电子商务服务企业直接从业人员超过 250 万人。目前由电子商务间接带动的就业人数已超过 1 800 万人。

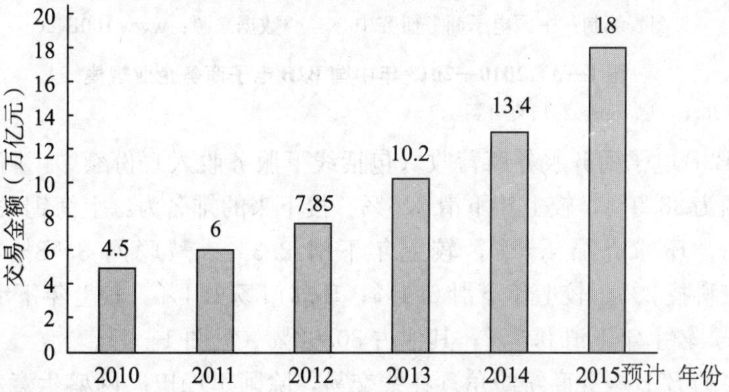

图 1—1 2010—2015 年中国电子商务市场交易规模

资料来源：b2b. toocle. com，2015 年 4 月。

1. B2B 电子商务发展现状

中国电子商务研究中心的监测数据显示，2014 年，中国 B2B 电子商务市场交易额达 10 万亿元，同比增长 22%；B2B 电子商务服务商的营收规模约为 255 亿元，同比增长 24.4%；B2B 电子商务服务企业达 11 200 家，同比下降 6.7%（见图 1—2 和图 1—3）。2014 年 B2B 电商平台数量同比下降，一方面是受到国内外经济大环境不景气的影响，另一方面与行业竞争激烈有关，主要的 B2B 平台正在向业务多元化、服务纵深化发展，行业的洗牌、盘整已经全面展开。

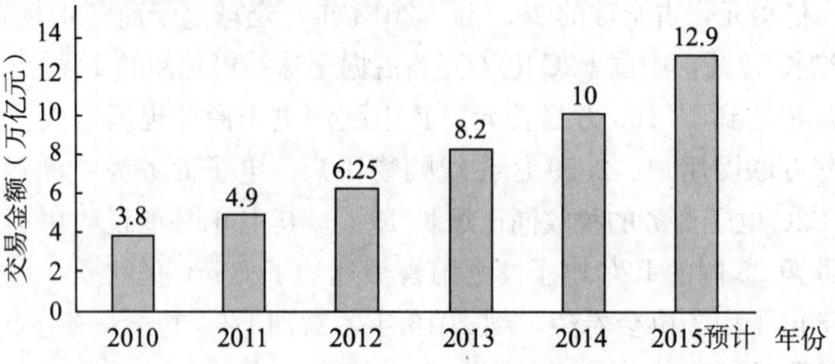

◎图表编制：中国电子商务研究中心 ◎数据来源：www.100EC.cn

图 1—2 2010—2015 年中国 B2B 市场交易规模

资料来源：b2b. toocle. com，2015 年 4 月。

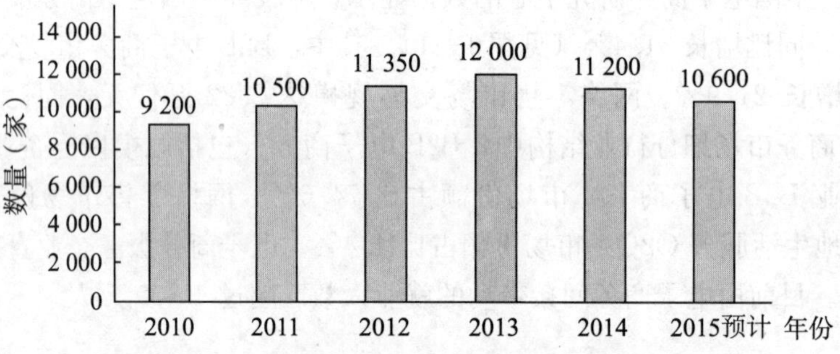

◎图表编制：中国电子商务研究中心 ◎数据来源：www.100EC.cn

图 1—3 2010—2015 年中国 B2B 电子商务企业规模

资料来源：b2b. toocle. com，2015 年 4 月。

2014 年 B2B 电子商务服务商营收（包括线下服务收入）份额中，阿里巴巴排在首位，市场份额为 38.9%，较上年下滑 5.6%。接下来的排名为：上海钢联 18.5%，较上年上升 7.9%；环球资源 4.8%，较上年下滑 2.3%；慧聪网 3.78%，较上年上升 0.18%；焦点科技 2%，较上年下滑 0.4%；环球市场 1.4%，较上年下滑 0.3%；网盛生意宝 0.6%，较上年下滑 0.7%；其他占 30.02%（见图 1—4）。

国内主要的 B2B 服务商纷纷角逐在线交易，除阿里巴巴、网盛生意宝、慧聪网外，环球市场、上海钢联等企业都在尝试在线交易化，在线交易是 B2B 崛起的引擎。而互联网金融已经成为 B2B 平台的“标配”，阿里“小微金融服务集团”更名为“蚂蚁金融服务集团”，生意宝启动“小微金融服务”业务，慧聪网与神州数码合资成立“神州数码慧聪小贷”，等等。

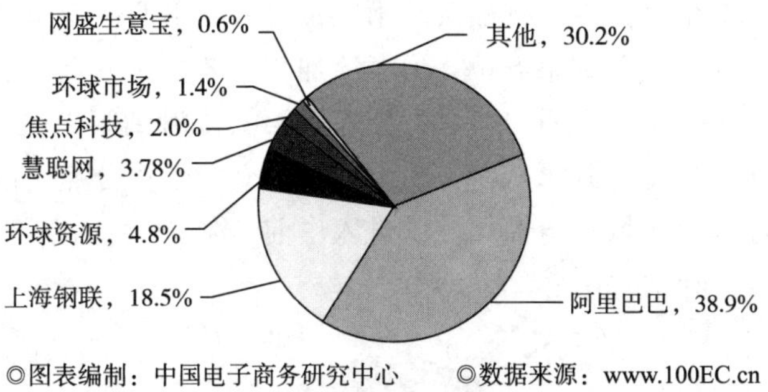

图 1—4　2014 年中国 B2B 企业市场份额占比

资料来源：b2b. toocle. com，2012 年 3 月。

2. 网络零售发展现状

中国电子商务研究中心的监测数据显示，截至 2014 年 12 月，中国网络零售市场交易规模达 28 211 亿元，较 2013 年同期增长 49.7%（见图 1—5）。其中，天猫全年总成交额为 7 630 亿元，京东全年交易总额为 2 602 亿元，苏宁线上平台实体商品交易总规模为 257.91 亿元，唯品会净营收约为 233.6 亿元，国美在线交易额在 180 亿～200 亿元之间，当当网交易额为 42.43 亿元，聚美优品净交易总额约为 66.34 亿元。随着阿里巴巴、京东、聚美优品的上市，网络零售市场的竞争更加激烈。B2C 将继续推动网络零售市场的发展，交易规模超过 C2C 指日可待。另外，京东、苏宁易购、唯品会、聚美优品、当当网等电商在移动端有更大投入，手机端各类应用迅速拓展。用户的购物习惯也逐渐从 PC 端转向移动端。

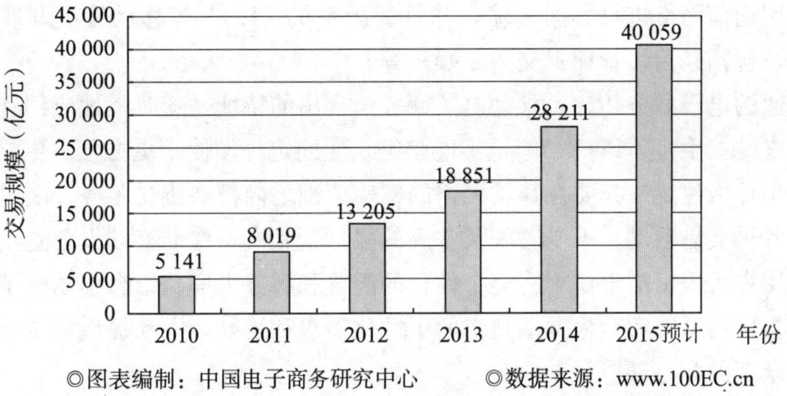

图 1—5　2010—2015 年中国网络零售市场交易规模及预测

资料来源：b2b. toocle. com，2015 年 4 月。

截至 2014 年 12 月，中国 B2C 网络零售市场（包括开放平台式与自营销售式）上，天猫排名第一，占 59.3%的份额；京东名列第二，占 20.2%的份额；苏宁易购位于第三，占 3.1%的份额。第四到第十位依次为：唯品会（2.8%）、国美在线（1.7%）、亚马逊中国（1.5%）、1 号店（1.4%）、当当网（1.3%）、易迅网（1.1%）、聚美优品（0.6%）。

与 2013 年相比，位居前三名的电商企业没有发生明显变化（见图 1—6），其中天猫所占份额增加了 9.2 个百分点。唯品会从第七位上升到第四位，份额增加了 0.5 个百分点。国美在线从第九位上升到第五位，份额增加了 1.3 个百分点。亚马逊中国从第五位到第六位，份额减少了 1.2 个百分点。1 号店从第六位滑到第七位，份额减少了 1.2 个百分点。当当网从第七位落到第八位，份额减少了 0.1 个百分点。值得关注的是，聚美优品作为唯一专注垂直领域的电商，此次进入了前十名。

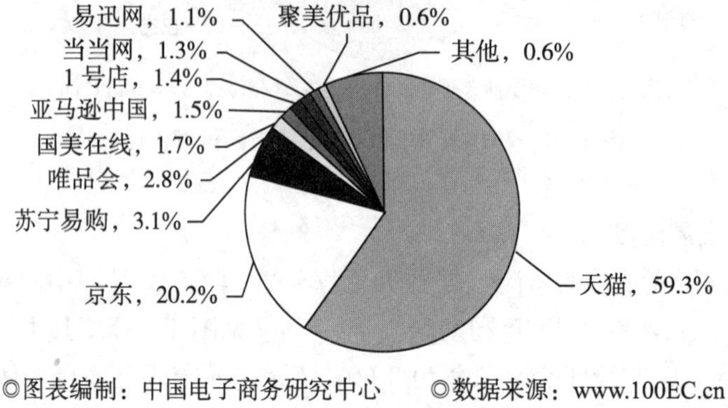

图 1—6　2014 年中国 B2C 平台网络购物交易市场份额占比

资料来源：b2b. toocle. com，2015 年 4 月。

3. 移动电子商务发展现状

移动电子商务是电子商务的扩展与延伸，是移动通信网、互联网、IT 技术和手持终端设备发展的必然产物。它突破了互联网的局限，可以更加高效、直接地进行信息互动，拓展了电子商务的领域，是一种全新的数字商务模式。移动电子商务是指通过连接公共和专用通信网络进行数据传输，并且利用手机、PDA 等移动终端开展的各种商业经营活动，包括经营、管理、交易、娱乐等。

与普通的电子商务相比，移动电子商务最突出的特征是随时随地应用和个性化。首先，移动终端（手机、PDA、笔记本电脑等）比固定终端使用更方便、更易携带。无论消费者处于什么位置，只要在移动网络的覆盖范围之内都能接受服务，随时随地进行信息查找和各种交易活动，不受时间及空间的限制。其次，移动终端设备是用户私人的物品，每个用户可根据需求获得完全个性化的配置和服务内容。结合移动电子商务的定位性，服务提供商可以完全根据消费者的个性化需求和爱好，主动提供区域服务，让用户体验一个全新的商务环境。

中国电子商务研究中心的监测数据显示，中国移动网购依然保持快速增长的趋势，截至 2014 年 12 月底，中国网购用户规模达 3.8 亿人，同比增长 21.8%；中国移动网购交易规模达 9 285 亿元，而 2013 年达 2 731 亿元，同比增长 240%（如图 1—7 所示）。

在 2014 年移动购物市场份额中，淘宝无线占据第一位，达 85.9%；手机京东排名第二，占 4.3%；手机唯品会排名第三，占 2.1%；排名第四至第十位的分别是：手机苏宁易购（0.9%）、手机聚美优品（0.6%）、手机 1 号店（0.5%）、手机国美在线（0.4%）、手机亚马逊（0.3%）、手机当当（0.25%）、买卖宝（0.2%）（如图 1—8 所示）。

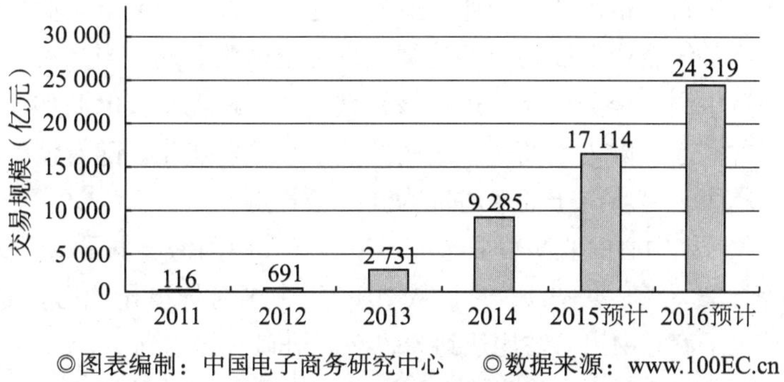

图 1—7　2011—2016 年中国移动网购交易规模

资料来源：b2b. toocle. com，2015 年 4 月。

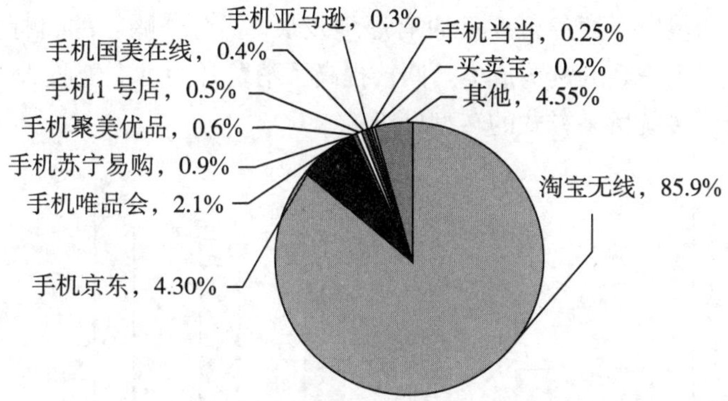

图 1—8　2014 年移动电商企业市场份额占比

资料来源：b2b. toocle. com，2015 年 4 月。

中国电子商务研究中心高级分析师、网络零售部主任莫岱青认为，智能手机、平板电商的普及，4G 以及 WiFi 网络环境的日渐优化，加上微商以及微信支付的崛起，培养了人们移动购物的习惯。这对推动移动购物交易额的增长起到重要的作用。

移动购物之所以迅猛发展，有以下几个原因：

（1）移动智能设备快速增长及普及为移动购物普及打下了坚实的物质基础。

（2）支付作为移动购物的重要环节，随着移动互联网支付技术的成熟与优化让消费者更加信任，因此在构建移动购物闭环的最后一步迈出了一大步。

（3）移动购物所特有的精准定制、碎片时间、社交分享以及 O2O 的特征已经充分展现，带动了移动购物群体的持续增长。这从根本上颠覆了原有的购物模式，促进了移动购物的快速发展。

（4）各电商企业加大力度布局移动端以及移动购物场景的完成也推动了移动购物的发展。

4. 跨境电子商务发展现状

近年我国跨境电子商务发展迅猛，在我国对外贸易增速放缓的背景下，跨境电子商务的业务仍快速发展，成为未来驱动贸易发展的新动力。增长的主要驱动力在于跨境电子商务政策的密集出台，很多传统企业开始进入这一领域。跨境电子商务逐渐受到传统企业的重视，成为传统企业发展的重要选择。京东全球购上线，当当海外购上线，加上此前苏宁、亚马逊中国、聚美优品等进入该领域，以及跨境垂直电商如洋码头、考拉海购、蜜芽宝贝等的崛起，国内电商企业之间的竞争日趋白热化。随着消费者对海淘这块业务的需求越来越多，跨境电子商务将成为新的增长点。

中国电子商务研究中心的监测数据显示，2014 年，中国跨境电子商务交易规模为 4.2 万亿元，同比增长 33.3%（见图 1—9）。从 2014 年中国跨境电子商务的进出口结构看，2014 年中国跨境电子商务中出口占比达到 85.4%，进口占比达到 14.6%。从 2014 年中国跨境电子商务的交易模式看，目前跨境电子商务 B2B 交易占比达到 93.5%，占据绝对优势。跨境电子商务作为我国外贸进出口新的增长点，国家和地方政府非常重视，出台了一系列专门针对跨境电子商务的关、检、税、汇等监管政策，物流仓储及金融支付等服务配套政策，积极推动跨境电子商务行业健康有序地发展。“全球购”的目标正在走进现实，跨境电子商务降低了消费者的购买成本，间接提高了消费者的可支配收入，符合生产力发展的趋势，必将倒逼传统贸易方式的转型升级。

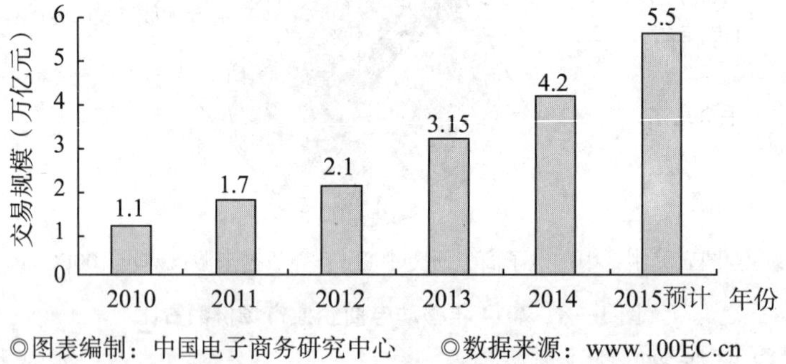

图 1—9 2010—2015 年中国跨境电子商务交易规模

资料来源：b2b. toocle. com，2015 年 4 月。

二、电子商务的发展趋势

总的来说，我国电子商务的发展趋势如下。

1. 电子商务的发展环境将不断完善，发展动力持续增强

随着市场经济体制进一步完善，推进经济增长方式转变和结构调整的力度继续加大，发展电子商务的需求将会更加强劲。电子商务将广泛应用于生产、流通、消费等各领域和社会生活的各个层面。这将促使全社会电子商务的应用意识不断增强，有关电子商务的政策、法律法规不断出台，电子商务发展的政策法律环境不断改善。同时，也促使物流、信用、电子支付等电子商务支撑体系建设更全面地展开，从而使得电子商务发展的内在动力持续增强。

2. 电子商务应用将达到新的广度和深度

随着《电子商务“十二五”发展规划》的实施，电子商务在国民经济各部门将得到进一步的推广和应用。电子商务交易额将呈现稳定持续的增长态势；在区域发展方面，长三角、珠三角和环渤海等东南沿海地区的电子商务在继续高速增长的同时，辐射力也逐渐增强，将促进东部和中西部地区之间的协调发展；在企业应用方面，在国家和各级政府的政策引导下，在电子商务服务业大发展的背景下，将促进企业由非支付型电子商务向支付型电子商务、协同电子商务发展，从而提升企业的应用水平。

3. 电子商务与产业发展深入融合，加速形成经济竞争新态势

在综合性电子商务网站已经占据综合类 B2B 领域绝大部分市场份额的情况下，越来越多的行业电子商务网站在综合性网站市场之外寻求专业化细分领域的发展。电子商务正在与传统产业进行深入的融合，二者相互促进，协调发展。

4. 电子商务服务业蓬勃发展，逐步成为国民经济新的增长点

企业供应链电子商务、国际电子商务的发展，将带动电子商务服务业的发展，电子商务服务链上各个节点的支撑技术都在蓬勃发展，一个全新视角的电子商务服务业群正在形成，将成为未来国民经济新的增长点。

5. 移动电子商务正成为电子商务新的应用领域

2006 年以来，移动通信商密切关注移动商务企业市场，中国移动和银联联手推出“手机钱包”，实现移动电子商务付费服务的个性化。基于移动支付的支持，移动电子商务正成为电子商务新的应用领域。

本章小结

电子商务的产生源于人类追求无纸化的商业贸易。从传统商务到电子商务的形成大约经历了三个阶段。20 世纪 90 年代，随着信息和网络技术的快速发展和普及应用，尤其是互联网的推广，电子商务进入了快速发展时期。计算机的广泛应用、网络的普及和成熟、信用卡应用的普及、电子安全交易协议的制定以及政府的支持与推动为电子商务的发展提供了有利的条件。

电子商务是商务活动的一种新形式，它通过采用现代信息技术手段，以数字化通信网络和计算机替代传统交易过程中的纸介质，实现信息的存储、传递、统计、发布等环节，从而实现商品和服务交易以及交易管理等活动的全过程无纸化，并达到高效率、低成本、数字化、网络化、全球化等目的。电子商务的内涵主要体现在信息内容、集成信息资源、商务贸易、协作交流等方面。

按照不同的分类原则，可以将电子商务分为不同的类型。按照商业活动的运行方式可划分为完全电子商务、不完全电子商务；按照开展电子交易的范围可划分为本地电子商务、远程国内电子商务、全球电子商务；按照交易对象可划分为有形商品电子商务、数字商品电子商务、服务商品电子商务；按照参与主体可划分为 G2G，G2B，G2C，B2G，B2B，B2C，C2G，C2B，C2C 等九种电子商务类型，其中 B2B，B2C，C2C 是最基本的三种，也是目前最主流的电子商务类型。与传统的贸易活动相比，电子商务具有开放性、虚拟性、低成本、高效率等特征。

随着互联网技术的飞速发展，网民数量的不断攀升，网购已成大势所趋，全球电子商务发展出现“三足鼎立”的局面，呈现持续高速增长的态势。从国内电子商务的发展现状来看，电子商务已经进入快速发展阶段，移动电子商务和跨境电子商务的规模逐年增大，已经成为国民经济新的增长点。

思考题

1. 如何理解电子商务中“电子”与“商务”的关系？
2. 电子商务常见的分类有哪些？
3. 相对于传统商务，你认为电子商务有哪些优势，有哪些劣势？
4. 登录中国电子商务研究中心（www.100ec.cn），查找我国电子商务发展的最新研究报告，了解我国电子商务发展的现状。
5. 登录中国互联网信息中心网站（www.cnnic.net.cn），了解中国互联网的发展情况。
6. 查询资料，了解我国近三年来出台的与移动电子商务和跨境电子商务的发展相关的政策。
7. 登录淘宝全球购，了解跨境电子商务平台的应用现状。
8. 以小红书为例，了解跨境电子商务的业务流程。

参考文献

[1] 李琪．电子商务概论［M］．北京：高等教育出版社，2009.
[2] 陈德人．电子商务概论［M］．杭州：浙江大学出版社，2008.
[3] 甘嵘静，陈文林．电子商务概论［M］．北京：电子工业出版社，2006.
[4] 周经．电子商务概论［M］．南京：南京大学出版社，2009.
[5] 张润彤．电子商务概论［M］．北京：电子工业出版社，2004.
[6] 赵立平．电子商务概论［M］．上海：复旦大学出版社，2003.
[7] 王鑫鑫．电子商务概论［M］．北京：北京大学出版社，2014.
[8] 中国电子商务研究中心，［EB/OL］http：//www.100ec.cn/detail—6291324.html，2015年11月12日．
[9] 2014年中国电子商务市场数据监测报告［R］．中国电子商务研究中心，2015年4月．

第2章

电子商务框架与模式

本章导读

本章主要介绍电子商务框架以及主要的电子商务应用模式，其中对电子商务的框架从基本框架、总体框架、系统框架三个方面进行介绍，并着重介绍B2B，B2C，C2C三种最基本的电子商务模式以及应用广泛的O2O电子商务模式。通过本章的学习，可以从总体上把握电子商务的框架以及电子商务的基本模式，为后续的电子商务知识的学习构建一个清晰的思路。

引导案例

叮当快药：传统企业切入医药O2O

传统购药存在诸多不便，如医院的用药垄断、传统药店购药不够便捷等，于是医药O2O药品快送平台应运而生。目前，医药O2O领域的玩家已经逐渐从最初的创业企业扩展至传统药业和各大生活类平台。叮当快药，原名叮当送药，上线于2015年2月6日。叮当快药全称为叮当快药（北京）科技有限公司，成立于2014年下半年，是仁和集团出资成立的子公司，创始人为仁和集团董事局主席杨文龙，俞雷任COO。叮当快药提供症状自诊、药师咨询、28分钟免费送药服务。在品类方面，叮当快药不仅提供中西药品，还提供中药饮品、健康保健、成人用品、医疗器械、个人护理方面商品的信息展示。

叮当快药发力O2O的优势主要体现在五个方面：

1. 优质的传统线下资源

叮当快药的背后有仁和集团的工业和商业体系支持，因此扩展起来相对迅速。仁和集团拥有260家工业制药企业联盟“和力物联网”M2F平台、5家医药商业物流企业、

1.8万名销售人员和32万家直供药店及医疗机构，其供应链、销售端和终端药店资源强大。对叮当快药来说，避免了其他创业企业“冷启动”的困境。

2. 互联网人才的加入

做医药O2O，必须具备三方面的人才：医药行业人才、互联网人才和运营人才。叮当快药的核心人员中除了有医药行业背景的专业人才，还包括有亚马逊、京东、唯品会、凡客、乐峰网背景的互联网人才，在人才配置方面相对完善。

3. 线上线下协同

实现O2O最重要的一点是线上线下信息的对接，这对公司的技术和资金都是极大的考验。叮当快药的做法是，在合作药店均统一安装ERP系统，实现数据的有效监控和追踪。对于其中符合“电子围栏”要求的药店，叮当快药会优先选择合作，一定程度上保证了线上线下的协同。

4. 执行力

在运营方面，除了各地区的推广团队外，叮当快药给每个城市分派5～6人的运营团队，负责药店的培训和指导。仅7个月的时间，叮当快药已进军北京、广州、杭州等20个城市，其中16个城市实现了全面覆盖。

5. 创新能力

叮当快药是国内唯一一家宣称“28分钟免费送药”的医药O2O公司，其核心在于要求线下员工的操作流程标准化。其将整个药品配送分为接单、拣货、配送等32个流程，逐一优化。在地面药店的网络规划方面，叮当快药采用了“电子围栏”技术。主要根据城市道路及交通状况、门店覆盖区域、空跑测试等因素，最终确定可以实现28分钟送达的药店布点。同时，还会对配送员进行压力测试，以确定极限送单量，方便据此做人员调整。

资料来源：《叮当快药：传统企业切入医药O2O》，中国电子商务研究中心，http：//www.100ec.cn/detail—6276444.html，2015年9月8日。

思考题：

1. 叮当快药O2O模式的应用对于医药行业电子商务有何启示？
2. 医药行业O2O面临哪些问题和挑战？

第1节　电子商务框架

一、电子商务的基本框架

（一）现代商务的框架

电子商务是利用先进的电子网络技术和电子工具开展的商务活动。其核心是降低个人、组织和社会的交易成本和管理成本，提高商务活动的效率，目的是提高商务活动的经济效益，本质是发展新的先进的商务生产力。现代商务的基本框架可以用图2—1来表示。

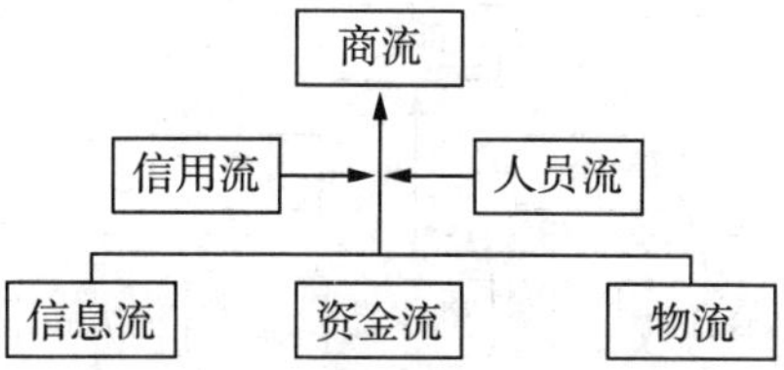

图 2—1　现代商务的基本框架

电子商务的任何一笔交易都包括以下六种基本的“流”，即信息流、资金流、物流、信用流、人员流和商流。其中，信息流既包括商品信息的提供、促销、营销、技术支持、售后服务、企业内部管理等内容，也包括诸如询价单、报价单、付款通知单、保单、转账通知单等商业贸易单证，还包括交易方的支付能力、支付信誉、商业信誉等。资金流主要是指资金的转移过程，包括付款、转账、兑换等过程。物流主要是指商品和服务的配送和传输渠道，对于大多数商品和服务来说，物流可能仍然经由传统的经销渠道或者采用其他模式，然而对有些商品和服务来说，可以直接以网络传输的方式进行配送，如各种电子出版物、信息咨询服务、有价信息等。商务活动是人（自然人或法人）的活动，离不市场主体。在市场主体进行交易的过程中，由于客观存在的信息不对称等原因，交易各方之间需要互相信任，以保证其他各种流的顺利实现。因此，只有信息流、资金流和物流在人员流和信用流的保驾护航下全部有效地完成，才能保证商流的最终实现。商流是电子商务活动中商品所有权的流动。对于每个交易主体来说，他面对的是一个电子市场，必须通过电子市场选择交易的内容和对象。电子商务的运作就是围绕这六种流展开的。

电子商务的应用是信息流、资金流、物流、信用流、人员流和商流的高度整合。其中，物流和资金流分别代表使用价值和价值的转移，人员流反映出市场主体在电子商务活动中的必要角色。电子商务使得交易的时间和空间大大扩展，信息流和信用流自然而然就成为最重要的要素，信息流对整个电子商务活动起着监控作用，信用流则是交易各个环节得以实现的根本保证。因此，只有物流、资金流、人员流、信息流及信用流有机结合，方能确保商品所有权的让渡与转移，使标志着交易达成的商流得以实现。

（二）电子商务的框架

根据电子商务的实现机理，结合现代商务框架体系，可以将电子商务的基本框架简单表示为“5F＋2S＋1P”（如图 2—2 所示）。5F 指信息流、资金流、物流、信用流、人员流等“流”（flow）；2S 指技术支持（support）、标准化建设（standardization）；1P 指宏观政策法规（policy）。

在“5F＋2S＋1P”这一电子商务的基本框架中，商流是核心，是电子商务的最终目的，处于最高端。实施电子商务就是为了顺利实现信息流、资金流、物流、信用流和人员流的畅通，最终实现商流。通过网站建设进行信息发布、传输和交流，沟通各相关市场主体，实现信息流；通过电子支付手段实现资金流；通过配送体系等实现物流。在整个电子商务的实施过程中，市场主体的参与（人员流）和市场主体之间相互提供信用（信用流），则是有效完成交易的根本保障。

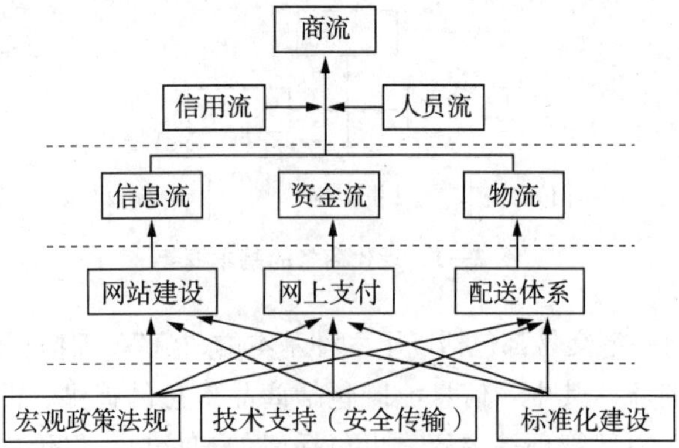

图 2—2　电子商务的基本框架

电子商务的开展需要具备现实的基础环境，包括技术支持、标准化建设和政策法规，它们作为电子商务的支持条件，构成电子商务完成交易的根本保障。

二、电子商务的总体框架

电子商务的运作需要有关各方的相互支持和配合才能实现，电子商务的总体框架结构包括实现电子商务的技术保证和各种组成关系。图 2—3 展示了电子商务的总体框架包括四个层次和两大支柱，描述了电子商务的各个层面和众多支持条件，可以帮助我们更好地理解电子商务。四个层次是电子商务的应用基础，每个层次解决特定和有限的问题，由下而上分别从网络基础、多媒体内容与网络出版、信息/消息发布与传输以及一般业务服务四个方面为电子商务的运作提供技术手段上的支持；两大支柱则一般由国家政府部门制定的相关政策法规以及各种网络安全协议和技术标准组成。

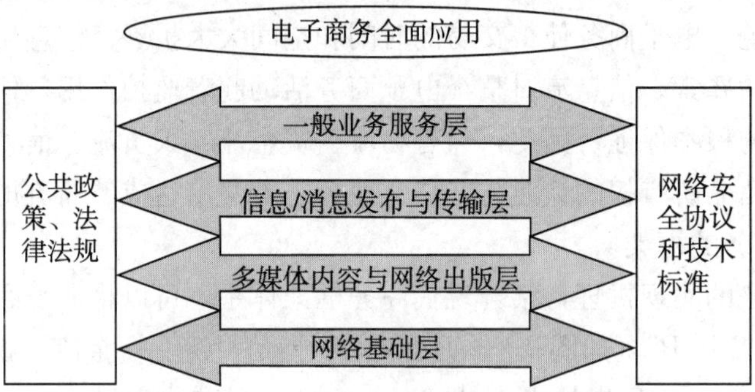

图 2—3　电子商务的总体框架

（一）电子商务的四个层次

1. 网络基础层

网络基础层是电子商务的硬件基础设施，即通常所说的“信息高速公路”。正像我国的公路系统是由国道、城市干道和辅道共同组成的一样，信息高速公路可通过电信网、有线电视网、无线电视网、互联网等形成高速传输系统，为电子商务提供网络平台。我国的信息高速公路已基本建成，覆盖全国。网络基础层是电子商务框架的最底层，是一切内容出版、信息传输、业务服务和各项电子商务应用的物质前提。

2. 多媒体内容与网络出版层

有了网络基础设施，信息就拥有了传输的通路，可是信息存在的形式多种多样，有文字、声音以及图像，而机器（以电子计算机为主）只能识别简单的代码语言，怎样将这些信息表现出来呢？这就需要进行各项信息内容的“出版”，最常用的工具包括超文本标记语言（Hyper Text Markup Language，HTML）、Java 语言和万维网（World Wide Web，WWW）等。HTML 可以将文本、图形、图像、声音、动画等多媒体项目集中于一体予以发表；Java 语言是一种功能强大的网络编程语言；万维网则是信息内容的展示台，是制作产品并将其出版的一个配发中心。

3. 信息/消息发布与传输层

信息发布解决电子商务系统内部信息的发布问题。信息传输解决电子商务系统外部信息的传输问题。信息的发布、传输形式并不是单一的，而是根据不同的场合、不同的需要采用不同的方式，这就构成了信息/消息发布与传输层。实际应用中，信息/消息的发布/传输基础设施包括电子数据交换（electronic data interchange，EDI）、电子邮件（e-mail）与超文本传输协议（Hyper Text Transfer Protocol，HTTP）等多种形式。

4. 一般业务服务层

为了保证交易的顺利完成，所有的企业、个人在商务活动中都需要接受一些基本的服务，这就构成了一般业务服务层。一般业务服务层是为方便商务活动而提供的通用的基础业务服务，如保证商业信息安全传输的方法、确保买卖双方合法性的认证、安全加密、电子支付工具、商品目录服务和价目表服务、公司名录、保险等。

以上四个层次构成了电子商务的基础设施环境。

(二) 电子商务的两个支柱

1. 政策法规支柱

政策法规是电子商务应用框架的社会人文性支柱，它是指与电子商务有关的公共政策、法律法规，涉及税收制度、信息的定价、信息访问的收费、信息传输成本、隐私保护问题等，需要政府制定政策。其中，税收制度如何制定是一个至关重要的问题。例如，对于咨询信息、电子书籍、软件等无形商品的交易是否征税，如何征税；汽车、服装等有形商品如何通过海关，交易如何征税；税收制度是否应与国际惯例接轨，如何接轨；等等。相关问题若处理不当，将严重制约电子商务的发展。

我国已加入世界贸易组织，在制定相关政策法规时必须考虑可能带来的影响，另外要提高立法的效率，以适应新形势的需要。

2. 技术标准支柱

技术标准是电子商务应用框架的自然科技性支柱。技术标准定义了用户接口、传输协议、信息发布标准、安全协议等的技术细节。它是信息发布、传递的基础，是网络信息一致性的保证。

目前，许多企业和厂商、国际组织都意识已到技术标准的重要性，正致力于联合起来开发统一的国际技术标准，比如 EDI 标准、TCP/IP 协议、HTTP 协议、SSL 协议、

SET 协议、电子商务标准等。

以上两个要素构成了电子商务必备的外部支撑条件。

（三）电子商务的全面应用

四大基础设施环境和两大外部支撑条件，构成了电子商务的运行环境平台。在此基础上，可以开展电子商务的各类应用活动，主要包括：

1. 网上订购

电子商务可以借助在网站页面中提交交互式表单或发送电子邮件实现网上订购。

2. 服务传递

主要涉及信息类的产品或服务，如计算机软件、电子图书、咨询服务等，当顾客在网上付款后，就可以立即下载或通过电子邮件接收产品和服务。

3. 咨询洽谈

电子商务可以通过实时的交谈或非实时的电子邮件、新闻组来完成网上的信息交流、询价、报价、交易洽谈和签订合同等交易事务，还可以通过网络会议来交流即时的图形信息。

4. 网上支付

缺少网上支付功能的电子商务不是完整的电子商务，网上支付是电子商务活动的重要环节。支付的手段主要有：信用卡、电子钱包、电子现金、电子支票。

5. 电子银行

2000 年，中国工商银行率先推出电子银行服务。电子银行是指一种新型的银行服务方式或渠道，你不需要到银行网点，只要通过电脑、电话、手机、ATM、POS 等电子终端，就可以方便地获得账户查询、交费、网上购物等多种金融服务。

6. 广告宣传

相对于传统广告，网络广告的优点体现在不受时间、空间的限制，成本低，传递给顾客的信息是最需要的、最丰富的。

7. 意见征询

可以通过网站的留言板、电子邮件、网上调查表征询意见。

8. 业务管理

电子商务涉及企业原材料采购、生产安排、产品销售、市场营销及财务核算等多方面的协调与管理。

三、电子商务的系统框架

随着电子商务框架的建立和完善，传统商务运作逐步转向电子商务运作，进而形成电子商务条件下的商务系统。电子商务系统是商务活动的各参与方和支持组织商务活动的所有电子技术手段的集合。

电子商务系统是一个多方参与、互相支持、互为条件的大系统，各参与方在其中扮演着不同的角色，实现各自不同的功能。由于电子商务条件下的各参与方不像传统商务活动中那样直接联系，而是完全通过网络等电子技术手段进行信息沟通和业务合作，因此需要一些在传统商务活动中没有的或者重要程度不同的电子商务角色，如用于网上身份验证的认证中心、完成商品配送的物流中心和提供电子商务相关服务的电子商务服务提供商。即使与传统商务中的角色相同，它们在电子商务系统中的功能和定位也会发生巨大的变化，如银行提供网上支付服务的方式截然不同，消费者也不再是传统意义上的消费者，而是拥有“消费者主权”的消费者。因此，从电子商务参与者的角度出发，可用图 2—4 表示电子商务的系统框架。电子商务系统由采购者、供应者、支付系统、认证中心、物流中心和电子商务服务提供商等基本要素组成。所有参与各方围绕电子商务网络相互协作开展业务，共同实现电子商务系统的功能。

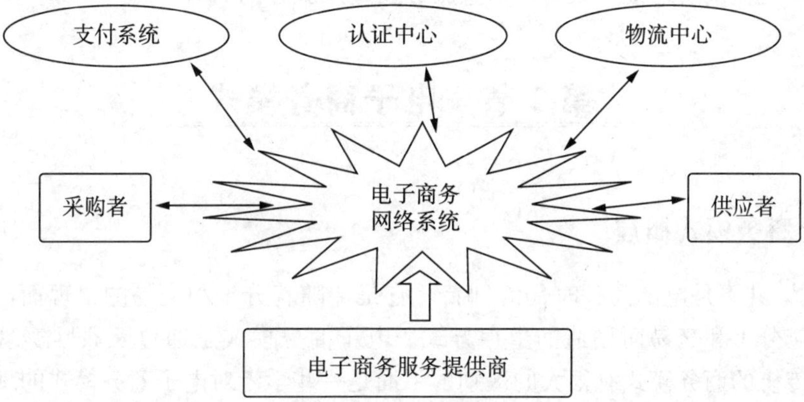

图 2—4　电子商务的系统框架

1. 采购者

电子商务系统中的采购者，也称需求方，是指那些通过电子商务系统购买有形、无形商品或服务的企业、政府部门以及个人消费者。完全意义上的电子商务采购者应该通过电子商务网络来实现全部交易，包括通过网络来选择商家和商品，并实现电子支付，从而足不出户便可获得商品。

2. 供应者

电子商务系统中的供应者可以是企业，也可以是个人，只要通过电子商务系统提供商品（包括有形、无形商品和服务），就是电子商务系统中的供应者。一般情况下，供应者通过电子邮件、电子广告、网站商品目录等形式发布商品和服务信息，并提供可供消费者选择的支付方式和送货方式，其中的无形商品和咨询服务可以通过网络直接传送给采购者。供应者可以用自建服务器、租用服务器、主机托管等方式建立电子商务网站或在其他的电子商务网站上建立网页。另外，供应者为了取得采购者的信任，应到认证中心申请有关证书，如 SET 协议的“商家证书”。

3. 支付系统

支付系统的功能是为电子商务系统中的采购者和供应者等其他系统角色提供资金支付方面的服务，并保证支付的安全。支付系统是一个复杂的系统，一般由网上银行通过计算机网络为交易的客户提供货币支付或资金流转的网络支付与结算平台，以实现支付的无纸化、电子化和数字化。这一系统主要包括计算机网络系统、网络支付工具、安全控制机制等。

4. 认证中心

认证中心是一些不直接从电子商务交易中获利的得到法律承认的第三方机构，负责发放和管理数字证书，以使网上交易各方能够相互确认身份。

5. 物流中心

物流中心主要接受供应者的送货要求，负责及时地将无法从网上直接传递的有形实物商品送达采购者指定的地点，并跟踪商品的动态流向。

6. 电子商务服务提供商

这里专指提供网络接入服务、信息服务及应用服务的 IT 商家。

第 2 节　电子商务模式

一、电子商务模式概述

“模式”并不是电子商务时代的创新，它是伴随着分工和交易的出现而出现的，是企业为适应分工和交易而创造的生存方式。电子商务模式是通过互联网实现的商务模式，它与传统的商务模式有很大的区别。下面是一些学者对电子商务模式的理解：

蒂默斯（Timmers）认为：“电子商务模式是关于产品、服务与信息的一种架构，描述了参与者以及他们的作用、参与者的潜在好处以及潜在的利润来源，企业通过电子商务的方式反映产品流、服务流、信息流以及价值创造的过程。”

阿米特和佐特（Amit and Zott）认为：“电子商务模式是一种建立在互联网上的、为完成交易的处理而组成的架构，交易处理包括特定的信息、服务、产品以及从事交易的主体。”

拉帕（Rappa）认为：“从根本上来看，电子商务模式是企业从事商务活动的方法，通过这种方法，企业可以生存并获得利润。电子商务模式表明了企业在价值链中的定位。”

奥弗尔和图奇（Afuah and Tucci）指出：“电子商务模式是企业利用互联网来实现长期盈利的方法，它是由系统组成的，借助互联网的优势来实现盈利的目的。”

罗汉洋认为：“B2B 电子商务模式是一种基于互联网，以企业为交易主体，以银行电子支付和结算为手段，以企业数据为依托的商务模式。”

基于对以上不同学者给出的电子商务模式定义的总结，本书认为，电子商务模式是指企业通过互联网以及相关的电子商务系统实现盈利的方式。在众多的电子商务模式中，B2C，B2B，C2C，O2O 是电子商务的主流模式。

二、B2B 电子商务模式

（一）B2B 电子商务的内涵

B2B 电子商务模式即企业间的电子商务应用模式，它是电子商务的一种重要模式。

B2B 电子商务模式的内涵是：企业通过内部信息系统平台和外联网站将面向上游供应商的采购业务和面向下游代理商的销售业务有机联系在一起，从而降低彼此之间的交易成本，提高满意度。实际上，无论是从交易额还是从交易覆盖的领域来看，面向企业间交易的 B2B 电子商务对于电子商务的发展都有非常深远的意义。

与其他的电子商务模式相比，B2B 电子商务具有以下特点：

（1）交易次数少，交易金额大。B2B 一般涉及企业与客户、供应商之间的大宗货物交易，交易的次数较少，交易金额远大于 B2C 和 C2C。

（2）交易对象广泛。B2B 的交易对象可以是任何一种产品，可以是原材料，也可以是半成品或成品。相对而言，B2C 和 C2C 的交易对象一般集中在生活消费用品。

（3）交易操作规范。B2B 电子商务的交易过程最复杂，从查询到谈判、结算，要遵循最严格规范的流程，如需要遵守 EDI 标准等。

（二）B2B 电子商务模式的地位与优势

无论从目前电子商务的发展现状还是其未来的发展趋势来看，B2B 电子商务市场都远远大于 B2B 以及 C2C 电子商务市场。有公司曾预测，B2B 电子商务将以三倍于 B2C 电子商务的速度发展。

B2B 电子商务利用供应链技术整合上下游合作伙伴，从而为企业带来更低的价格、更高的生产率和更低的劳动成本以及更多的商业机会。与传统商务活动相比，B2B 电子商务具有以下五个优势：

（1）使买卖双方信息交流的成本降低、速度加快。信息交流是买卖双方实现交易的基础，传统的信息交流是通过电话、电报、传真等工具进行的，与互联网相比，这些工具效率低、费用高。

（2）降低企业间的交易成本。首先，对于卖方而言，电子商务可以降低企业的促销成本，因为在网上提供企业的照片、产品资料等多媒体信息胜过传统媒体的“千言万语”。其次，对于买方而言，电子商务可以降低采购成本，因为企业可以利用互联网加强与主要供应商之间的协作，形成一体化的信息传递与处理系统。据美国通用电气公司报告，它利用电子商务采购系统可以节约 30％的采购费，其中人工成本降低 20％，材料成本降低 10％。另外，企业还可以利用互联网在全球市场上寻找给出最优价格的供应商，而不是局限于原有的几个商家。

（3）降低库存。企业为应对市场的需求，通常都会保有一定的库存量。但是如果库存量太大，会增加资金占用成本，且不能保证产品或材料是适销货品；而如果库存量太小，又可能影响到生产计划，因此寻求最优库存是企业管理的目标之一。通过互联网，可以将市场需求信息传递给企业以作出生产决策，同时把需求信息及时传递给供应商以适时进行供应的补给，从而实现零库存管理。

（4）缩短生产周期。产品的生产是许多企业相互协作的结果，因此产品的设计开发和生产销售可能涉及许多相关联的企业。通过电子商务进行实时沟通与协调，可以大大提高企业间的合作效率，改变过去由于信息封闭而无谓等待的现象，促进企业生产效率的提高，缩短企业的生产周期。

（5）24 小时不间断运营，可随时抓住商机。由于互联网没有时间与空间的限制，企业通过电子商务可以全天候运营，将网上的业务扩展到过去依靠人力难以到达的市场，大大拓展了业务范围。

（三）B2B 电子商务的主要应用类型

1. 电子市场

电子市场是建立在互联网上的市场，能够将买方和卖方通过互联网聚集在一个虚拟的市场空间里。它也是一个独立于企业之外的第三方平台，可将企业的信息和商品的信息进行分类整理，促成买卖双方达成交易。电子市场一般有三个主要的功能（见表2—1）：匹配买方与卖方的功能；支持交易的功能，如信用支持、物流支付和支付支持等；为交易提供保障的功能，比如为公平交易、市场的正常运行提供制度上的保障，如法律、法规等。一般来说，在现代社会中，电子市场的前两个功能的实现，除需要交易双方的努力外，还需要市场的中间商的参与；交易的制度保障则主要由政府管理部门来提供。

表 2—1　　电子市场的功能

匹配买方与卖方的功能	● 产品提供 —供应商对产品的提供 —不同产品的聚集 ● 搜索（卖方搜索买方与买方搜索卖方） —产品与服务的信息 —按照采购商的要求与供应商匹配 ● 价格发现 —发现价格的过程
支持交易的功能	● 物流 —对信息、产品、服务的传递 ● 支付 —买方向卖方支付 ● 信用 —信任的保障
提供制度保障的功能	● 法律 —交易法、标准、冲突解决机制、知识产权保障 ● 法规 —规章制度、监督

目前，全球的电子市场主要有两种类型：综合型电子市场和垂直型电子市场。二者都可以聚集买卖双方在市场内进行沟通、交流意见、发布广告、竞标产品/服务、进行交易、管理库存等。不同的是，综合型电子市场（又称水平型电子市场）的服务对象是跨产业的，所涉及的产品或行业可能有几种。这类电子市场可以在增加市场机会、比较供货渠道、促成项目合作、加强企业品牌宣传等四个方面对企业产生价值，如国内的阿

里巴巴、环球资源、慧聪网、买麦网都是综合型电子市场的典型代表。垂直型电子市场则定位于某个行业，整合某一行业内不同的生产商、批发商、零售商。其特点是专业性强，并通常拥有该行业背景，更容易集中行业资源，吸引行业内多数成员参与，同时也容易引起国际采购商和大宗买主的关注。目前国内较为成熟的垂直型电子市场有中国纺织网、中国化工网。综合型电子市场与垂直型电子市场的区别如表 2—2 所示：

表 2—2　综合型电子市场与垂直型电子市场的比较

类别	特点	客户群	典型案例
综合型电子市场	全面性（涵盖不同行业）	潜在客户群比较大，但客户群不稳定	阿里巴巴、环球资源网
垂直型电子市场	专业性（定位于一个特定的行业）	客户具有较强的针对性，拥有固定的用户群体	中国化工网、中国纺织网

2. 电子分销商

电子分销商是直接向各企业提供产品与服务的企业。电子分销商与电子市场的区别在于：电子市场是将许多企业聚集在一起，从而促成它们之间达成交易；电子分销商则是由单个企业建立的平台，通过这个平台向其他的客户企业提供商品与服务。

3. 服务提供商

电子商务服务提供商是指向其他企业提供业务服务的企业。它们通过整合各方资源，向企业提供物流服务、公共服务、信用保障服务、支付服务等各类服务。

4. 信息中介

信息中介是一种收集消费者信息并进行整理加工之后将其出售给其他企业的商业模式。目前这种模式主要是面向供应商的，中介将消费者信息收集给供应商，供应商利用这些信息向不同的消费者有针对性地提供产品、服务和促销活动。

以上四种商业模式是 B2B 电子商务应用较为广泛的模式，其主要特点如表 2—3 所示：

表 2—3　B2B 商业模式的特点

类别	特点	盈利来源	典型案例
电子市场	将买卖双方聚集在一起，降低交易成本	交易费	Alibaba. com
电子分销商	直接为企业提供产品或者服务	产品销售收入	Grainger. com
服务提供商	通过网络向其他企业提供业务服务	交易费、租金等	Salesforce. com
信息中介	收集消费者信息并出售给其他企业	信息出售费、咨询费	Doubleclick. com

三、B2C 电子商务模式

（一）B2C 电子商务的内涵

B2C 电子商务模式即企业与消费者之间的电子商务模式，企业通过互联网向消费者提供产品与服务。

与传统的销售方式相比，B2C 电子商务模式的主要优势体现在以下方面：

(1) 拉近了消费者和企业的距离，为生产型企业直接面向消费者销售产品提供了机会。

(2) 能有效减少交易环节，节省交易成本，从而降低消费者为获得商品支付的价格，有效地提升商家的竞争能力。

(3) 减少售后服务的技术支持费用。由于可以通过网络来提供在线的技术支持，减少了技术服务人员的数量以及相应的差旅费用，因此降低了企业的经营成本。

不论 B2C 电子商务所经营产品属于何种性质，对于消费者而言，其基本的消费流程如下：

(1) 确定要购买的商品。

(2) 搜索商品。消费者可以通过互联网上的广告、产品目录、搜索引擎等方式得到对购物有用的信息，进入相关的网站并查询自己所需的产品或服务。

(3) 下订单。根据自己的需求以及对商品的了解，在确定购买之后通过网站提供的订单填写欲购买商品或服务的内容，包括产品名称或编号、购买数量、付款方式、送货地址等。

(4) 付款。如果在订单中选择在线支付方式，接下来就需要通过网上银行等方式进行支付；如果选择货到付款，则可以在收到商品或服务之后进行线下支付（包括现金支付和 POS 机刷卡等方式）。

(5) 收货。如果选择在线支付，商家在确认收到货款之后，将通知销售部门进行物流配送。消费者收货时要予以检查。

(6) 获得售后服务。除了传统的售后服务之外，电子商务提供的售后服务还包括通过互联网获取在线技术支持等。

(二) B2C 电子商务的主要类型

目前，发展较为成熟的 B2C 电子商务的类型主要有：门户网站、电子零售商、内容提供商、交易经纪人、社区服务提供商等。

1. 门户网站

门户网站指的是通向某类综合性互联网信息资源并提供有关信息服务的应用系统。从广义上讲，门户网站是搜索的起点，向用户提供易用的个性化界面，帮助用户找到相关信息。门户网站的盈利主要来自广告费、定制费以及交易费。目前，国内大型的门户网站有新浪网、搜狐网和网易网。

2. 电子零售商

电子零售商是在线的零售店，是 B2C 模式的一种重要类型。这种新的零售模式具有为消费者省时间、省金钱以及便捷地传递信息的优点。国外的亚马逊以及国内的当当网、京东商城都是这一类型的成功代表。

3. 内容提供商

内容提供商是通过信息中介商向最终消费者提供信息、数字产品以及服务等，或者直接为信息需求者提供定制信息的信息生产商。内容提供商将市场定位为信息内容（如数字新闻、音乐等）的服务提供商，因此信息内容是该模式的关键因素。这种模式的盈利主要来自内容订阅费、广告费。

4. 交易经纪人

交易经纪人主要是为个人处理交易活动的网站，这种模式多用于金融服务、旅游服务以及职业介绍服务等行业，如招商银行、中国工商银行的网上银行，携程网、春秋旅行网，中华英才网、前程无忧网等。交易经纪人的盈利方式主要是从每次交易中收取佣金，当然，广告费是其另一个收入来源。

5. 社区服务提供商

社区服务提供商是指那些创建数字化在线社区的网站，有相似兴趣或需求的人们在社区中交易、交流、共享信息。社区服务提供商的关键价值在于建立一个快速、方便、包罗万象的网站，使得用户可以在这里关注他们最感兴趣、最关心的事情。社区服务提供商的盈利主要来自信息订阅费、交易费、会员费以及广告费。

四、C2C 电子商务模式

（一）C2C 电子商务的内涵

C2C 电子商务模式为买卖双方提供一个在线交易平台，使卖方可以主动提供商品在网上出售或拍卖，而买方可以自行选择商品进行购买和竞价。该平台是一个独立于买方和卖方的第三方，本身不参与交易，不提供商品或资金，不负责货运及仓储，这就降低了平台的经营风险和成本，从而可以获得较高的利润。

国内的 C2C 模式最初脱胎于国外的电子商务模式，主要借鉴了 eBay 和亚马逊的模式，目前国内较大的 C2C 电子商务平台有淘宝网、拍拍网和易趣网。与其他电子商务模式相比，C2C 电子商务模式具有以下典型特征：用户数量众多，地域分布广；商品信息丰富，质量参差不齐；交易次数频繁，交易金额较小。C2C 电子商务平台的目标是为用户提供完整可靠的购物解决方案，完善即时通信、社区资源、搜索服务、物流服务等，最大限度地降低交易成本，成为一个便捷、安全、易用的平台。

（二）C2C 电子商务的运作方式

1. 拍卖平台运作方式

目前，eBay、淘宝网都为网上拍卖提供平台，利用多媒体手段提供产品资讯，供买方参与和竞价，最后卖家再根据买家信誉和出价拍出货品。这种方式实际上是传统拍卖形式的在线实现。这种拍卖方式中交易的商品主要是手机、电脑和女性用品（服装、化妆品）。

2. 店铺平台运作方式

店铺平台运作方式是指电子商务企业提供平台以方便个人开店铺，可通过会员制的方式收费，也可通过经营广告或提供其他服务的方式收费。对于个人用户而言，选择一个好的平台对于个人网店的成功十分关键。因此，在开店前需要投入时间和精力对各种平台进行分析和比较，再根据自己的需求选择适合自己的平台。一般而言，在资源许可的前提下，可以同时在多个平台上开设店铺。

（三）国内C2C电子商务平台

1. 淘宝网

2003年5月，淘宝网（www.taobao.com）在杭州正式成立。它是阿里巴巴公司创办的中国第一家提供免费注册、免费认证、免费开店服务的C2C网站。淘宝网在2003年7月正式上线，并作出了“三年免费”的承诺。淘宝网允许买卖双方直接公布任何联系方式，并且可以通过即时通信工具交流。它目前拥有1 000万名终端消费者，每天的访问量达到9 000万人次，是国内最大的个人交易网站，同时也是全球最大的C2C网站之一。

2. 拍拍网

拍拍网（www.paipai.com）是腾讯旗下的C2C电子商务交易平台，该网站于2005年9月12日上线发布，2006年3月13日正式运营。成立之初，依托于腾讯QQ超过7.417亿的庞大用户群以及3.002亿活跃用户的优势资源，拍拍网有良好的发展基础。2014年3月10日，拍拍网被京东商城收购。2014年7月17日，经过京东商城重塑的新的拍拍网正式上线运营。2015年“双十一”，京东宣布拍拍网不再接受商家入驻。2016年4月1日拍拍网正式关闭，至此，这个曾经排名第二的C2C平台退出了电子商务的舞台。

3. 易趣网

易趣网（www.eachnet.com）是中国第一家C2C电子商务网站，也是最早提供网上开店服务的购物网站之一，它于1999年8月由邵亦波和谭海音在上海合作创办。2002年3月，全球最大的电子商务网站美国的eBay公司注资3 000万美元，与其结成战略合作伙伴。2004年7月，经过整合，易趣网推出新品牌“eBay易趣”，并于同年9月17日完成与eBay网站的平台对接。2006年12月，eBay与TOM在线合作，成立新的合资公司。2010年2月，易趣正式推出海外代购业务，为买家提供代购美国购物网站商品的服务。2012年4月，易趣成立TOM集团的合资子公司。

五、O2O电子商务模式

（一）O2O电子商务的内涵

O2O即线上到线下（online to offline）的简称，是一种不同于B2C和C2C的新的电子商务模式，在这种模式下用户通过网络平台选择自己需要的产品或者服务，完成决策并进行网上下订单，然后到商户门店进行消费，消费后根据自己的体验在网站上对商家进行评价。

曾经飞速发展的团购网站是一种典型的O2O模式，但是O2O模式并不仅仅限于团购，也并不是因为团购火了后才出现。O2O模式产生于早期的在线预订服务，如携程和去哪儿网站的机票和酒店预订等，随着电子商务的发展，这些网站提供在线支付的功能，开始真正将用户由线上开始向线下转移，使O2O模式日益成熟，现在的O2O模式已经涉及诸多行业，逐渐成为消费者日常消费的一种工具。

（二）O2O电子商务模式的特征

O2O模式是一种有利于消费者、商家和O2O运营商的商务模式，在这种模式下，所有的参与者可以实现三方共赢。

首先，对于消费者而言，O2O 电子商务模式就是取得优惠券。消费者通过网络寻找相应的商圈，可了解自己所需的商圈中的商家和所提供服务的信息以及其他人对它的评价，在更全面地了解信息后做出购买决策。这样做不仅拓宽了选择的余地，还可以通过线上对比来选择最称心的服务，同时可以通过预订的形式获得优惠的价格。

其次，对于商家而言，O2O 电子商务模式就是低成本网络营销。以网络为媒介，线下的商户门店可以借助网络对线下商品及服务进行展示，并提供在线支付的“预约消费”，这对于商户及其商品和服务是一个良好的推广营销机会。网络用户众多，商家通过在线营销可以降低营销成本、提高效率和增强营销效果。

最后，对于运营商而言，O2O 电子商务就是一种新的盈利模式。一方面利用网络快速、便捷的特性能为用户带日常生活实际所需的优惠信息，因此可以快速聚集大量的线上用户；另一方面能为商家带来有效的宣传效应，同时可以定量统计的营销效果，因而可以吸引大量的线下实体商家，为网站运营商带来巨大的广告收入及规模经济效应。

（三）O2O 模式与 B2C 和 C2C 模式的比较

1. 交易对象的比较

O2O 模式下，O2O 运营网站主要提供的是本地生活消费服务，涉及吃、住、行、娱乐等日常消费，以及房产建材和汽车、家装、婚庆、教育等大宗消费。这些服务的共同特点就是必须由消费者自己到服务场所去完成商流的转化。传统的 B2C 和 C2C 模式主要提供的是实物商品，涉及的行业非常多，只要是可以通过线下物流或者电子化信息传输方式实现商流转化的商品，均属于 B2C 和 C2C 模式的交易对象。总体来看，传统的 B2C 和 C2C 模式以实物商品交易为主，O2O 模式则以服务交易为主。

2. 作用范围的比较

由于 O2O 模式主要服务于本地生活消费，这类本地生活消费（如餐馆、理发店、电影院、家政服务等）一般都有自己的作用半径，消费者通常会根据自己的生活区域选择合适的消费商圈。例如，一家设在西安高新区的理发店，它的主要消费人群就是在高新区生活、工作的人，而不会是在长安区生活、工作的人，更不会是在北京、上海等地生活、工作的人。而传统的 B2C 和 C2C 模式是通过网络出售实物商品，因此只要用户有需求，可以购买任意区域内卖家出售的商品，商品的买卖均不会受到时空的限制。也就是说，一个西安高新区的用户可以从网上购买任一地区（包括国外）的卖家出售的商品，这是 O2O 模式做不到的。因此，O2O 模式的作用半径远远小于 B2C 和 C2C 模式。

3. 交易流程的比较

O2O 模式的交易流程主要包括两个方面，一是线上交易部分，二是线下消费部分。从 O2O 消费者的角度来看，O2O 模式的交易流程如下：线上商品或服务信息搜索——下订单——支付——线下消费——反馈信息。从线上撮合、线上支付、线下消费到消费反馈形成一个完整的 O2O 闭环交易流程。传统的 B2C 和 C2C 模式的交易流程也由两大部分组成，一是线上交易处理，二是线下物流配送及付款。同样，从消费者的角度来看，其交易流程如下：线上商品信息搜索——下订单——支付方式选择——物流环节——确认收货——评价。从交易流程来看，在线支付是 O2O 模式的核心部分。由于不需要物流环节，因此交易流程变得更高效灵活，不再受到物流因素的制约。

（四）O2O 电子商务的应用案例

O2O 目前已广泛应用于在线旅游、房地产、订票、移动互联网、餐饮、汽车租赁、电子优惠券、奢侈品等诸多领域。2014 年电子商务市场细分行业结构中，B2B 电子商务（包括规模以上企业 B2B 电子商务和中小企业 B2B 电子商务）市场份额占比 74.6%，网络零售市场份额占比 21%，O2O（指本地生活服务 O2O）市场份额占比 4.4%。

以京东商城为例。2014 年 3 月京东举行零售业 O2O 战略签约仪式，宣布与包括快客、好邻居、良友、美宜佳等在内的上万家便利店以及 ERP（企业资源计划系统）服务商进行 O2O 合作，布局京东 O2O，京东提供数据支持，便利店作为其末端实现落地。京东与獐子岛集团拓展生鲜 O2O，为獐子岛开放端口，獐子岛提供高效的生鲜供应链体系。另外，京东还与服装、鞋帽、箱包、家居家装等品牌专卖连锁店进行优势整合，借此扩充产品线，实现渠道全面下沉，各连锁门店借助京东的精准营销最终实现“零库存”。

不同于其他电商侧重于营销端、支付端的 O2O，京东 O2O 从根本上革新了传统零售门店的经营形态。通过京东平台上便利店的官网，消费者可借助 LBS 定位，在其旗下所有门店中找寻最近的店面进行购物，而且由于仓储体系的共通，便利店可以在网上扩充品类建立线上卖场、生鲜超市、冷饮店等多类业态，大大丰富产品品类，改变现有产品结构，形成多种销售模式。在未来，还可发展出预售模式，让商家按需进货和按需生产，最终实现“零库存”。

其次，京东 O2O 利用线下门店及其中央厨房、冷链、常温物流体系，提供更低成本和更高效率的配送服务，彻底改变了以往消费者光临线下商店的消费模式，转为直接送货上门，消费者在家收货。同时，京东商城联手便利店推出更具个性化的物流服务，如“1 小时达”、“定时达”、“15 分钟极速达”、“上门体验”、“就近门店的售后服务”等，也让消费者切实体会到 O2O 带来的便捷网购生活。可以看到，京东的 O2O 模式基于线上大数据分析，与线下实体店形成优势互补。这既发挥了京东的平台优势、物流优势，又扩大了其市场地盘，弥补了其用户结构单一的短板。

本章小结

本章内容主要包括两个方面，一是电子商务框架体系，二是电子商务模式。

在电子商务框架部分，本章首先基于电子商务以“商务”为中心的理论，从商务实现机理的角度，以商流、信息流、资金流、物流、人员流、信用流为主线，直观地介绍了“5F+2S+1P”的电子商务的基本框架，另外介绍了基于四个层次及两大支柱的电子商务的总体框架，最后介绍了由采购者、供应者、支付系统、认证中心、物流中心和电子商务服务提供商等基本要素组成的电子商务的系统框架，从不同的角度分析了电子商务的组成元素、影响要素和运作机理。

在电子商务模式部分，本章主要介绍了四种电子商务模式——B2B，B2C，C2C，O2O。其中，B2B 电子商务模式即企业间的电子商务应用模式，它是电子商务的一种重要模式，目前主要的应用形式包括电子市场、电子分销商、服务提供商、信息中介等模式。B2C 电子商务模式即企业与消费者之间的电子商务模式，目前发展较为成熟的 B2C 电子商务的类型主要有：门户网站、电子零售商、内容提供商、交易经纪人、社区服务提供商等。C2C 电子商务模式为买卖双方提供一个在线交易平台，使卖方可以主动提供商品上网出售或拍卖，而买方可以自行选择商品进行购买和竞价，目前主要有拍卖平台和店铺平台两种运作方式。O2O 即线上到线下的简称，是一种不同于 B2C 和 C2C 的新的电子商务模式，这种模式下用户通过网络平台选择自己需要的产品或者服务，完成决策并进行网上下订单，然后到商户门店进行消费，消费后根据自己的体验在网站上对商家进行评价。O2O 模式是一种有利于消费者、商家和 O2O 运营商的商务模式，在这种模式下，所有的参与者可以实现三方共赢。

思考题

1. 分析说明电子商务的基本框架。

2. 解释电子商务的总体框架并举例。

3. B2B 电子商务的优势和特征是什么？

4. 举例说明 B2C 电子商务的常见应用。

5. O2O 电子商务与 B2C 和 C2C 相比有什么独特的优势？

6. 在你比较熟悉的一个网站上进行一次购物体验，根据购物过程绘制该电子商务模式的应用流程图。

7. 查询资料，比较淘宝网和易趣网这两大电子商务平台的异同点，并分析易趣网的市场份额被淘宝网侵占的原因。

8. 收集资料，关注最新出现的电子商务模式有哪些。

9. 以餐饮业为例，查找资料，分析现有餐饮业常见的 O2O 应用形式有哪些。

参考文献

[1] 仝新顺，王初建，于博．电子商务概论［M］．北京：清华大学出版社，2010.
[2] 邓顺国．电子商务概论［M］．北京：中国水利水电出版社，2010.
[3] 庞大连，张冰新．电子商务概论［M］．北京：北京大学出版社，2008.
[4] 李洪心．电子商务概论［M］．大连：东北财经大学出版社，2010.
[5] 李琪．电子商务概论［M］．北京：高等教育出版社，2009.
[6] 杨路明．电子商务概论［M］．北京：中国人民大学出版社，2010.
[7] 扈健丽．电子商务概论［M］．北京：北京理工大学出版社，2010.
[8] 张则岭．电子商务概论［M］．长沙：中南大学出版社，2010.

[9] 吴强，李心颖．电子商务概论［M］．武汉：武汉理工大学出版社，2010.

[10] 张涛，郑绮萍．电子商务概论［M］．北京：机械工业出版社，2011.

[11] 方艳丽．O2O电子商务新模式的浅析［J］．无线科技互联，2013（6）：132.

[12] 杨盛强．O2O电子商务模式之我见［J］．信息与电脑，2012（9）：17-19.

[13] 吴芝新．简析O2O电子商务模式［J］．重庆科技学院学报（社会科学版），2012（13）：73-74.

[14] 京东布局O2O签约万家便利店　打造新型零售业态［EB/OL］．http：//www.100ec.cn/detail—6160787.html，2014/03/18.

[15] Timmers，Paul. Electronic commerce：Strategies and Models for Business-to-Business Trading. Chichester：New York John Wiley & Sons Ltd，1999，p32.

[16] Amit，Zott C. Value creation in e-business［J］．*Strategic Management Journal*，2001（22）：493-520.

[17] Rappa M. Managing the digital enterprise-business models on the web，http：//digitalenterprise.org/models/models.

[18] Allan Afuah and Christopher L.，Tucci，Internet Business Models and Strategies：Text and Cases［M］．Trwin：McGrow-Hill，2001，pp. 56-71.

技术篇

第3章

电子商务基础技术

本章导读

本章介绍与电子商务相关的部分重要技术，包括计算机网络技术、Web技术、数据库技术和电子数据交换技术等。这些技术在电子商务活动中占据着重要的地位，通过这些技术的介绍，可以使读者更好地了解电子商务技术领域。

引导案例

CCEC的技术基础

中国商品交易中心（China Commodity Exchange Center，CCEC）是国家经济贸易委员会于1997年初批准组建，并依《中华人民共和国公司法》注册成立的全国性经济组织。其商务网络系统于1997年10月在全国正式开通，网络域名为ccec.com或ccec.com.cn。CCEC创建的中国电子商务平台，是为中国企业利用国际互联网进入全国和全球大市场，进行企业间商品交易而设计开发的专用平台。CCEC电子商务应用平台的成功建设，为企业提供了低成本进入国际互联网和进行低成本交易的商务平台工具和手段，引发了流通领域的深刻变革，极大地推动了中国电子商务的发展。

1. 系统结构

CCEC基于开拓创新、以人为本、积极开放的企业文化，与国内外IT业的同行建立起广泛的合作和战略联盟关系，精心构筑深厚丰富的社会资源。

系统所采用的软硬件如下：

硬件：RISC与Intel构架服务器

软件：操作系统IBOMAIX，Microsoft Windows NT 4.0

数据库：DB2，SQL Server 7.0

电子商务解决方案：IBM NET. Commercc 系统

平台：Microsoft MCIS 系统平台

2. 特点

(1) CCEC 的主办者只提供交易平台和相关的服务，一般不参与商品交易活动。

(2) CCEC 以市场交易平台为核心。

(3) 交易以 B-M-B 为主要的形式，多种形式并存，以市场交易平台为中心演化为多种交易模式。

(4) CCEC 的发展要求规模化和专业性。

资料来源：wenku. baidu. com.

思考题：

1. CCEC 的系统结构是如何构架的？

2. 网络技术在 CCEC 电子商务应用平台中发挥着什么样的作用？

第 1 节　计算机网络技术

计算机网络化是信息社会的重要特征之一。世界上有很多机构把自己内部的计算机连在一起组成“计算机群”，这就形成了网络，即我们通常讲的计算机局域网。为了在更大范围内共享信息资源，人们又将这些网络连接起来，形成了城域网和广域网。互联网就是全球最大的、开放性的由众多网络互连而成的广域网，它的出现，促进了世界各国之间的科技、文化和经济的交流。在电子商务的应用中，互联网和各种专用网络是基础设施。因此，可以说计算机网络技术是电子商务技术中最基础、处于最底层的技术。

一、计算机网络概述

(一) 计算机网络的发展

计算机网络是 20 世纪中期发展起来的一项新技术，是计算机技术和通信技术相结合的产物。信息产业的发展，要求提供一种快速的信息存取和查询手段，这只能通过计算机网络来实现。

计算机网络经历了由简单到复杂、由低级到高级的发展过程，概括起来可分为以下四个阶段：

第一阶段：远程终端联机系统阶段。计算机技术与通信技术相结合，形成了初级的计算机网络模型。此阶段网络应用的主要目的是提供网络通信、保障网络连通。这个阶段的网络严格来说仍然是多用户系统的变种。

第二阶段：计算机网络阶段。在计算机通信网络的基础上，形成了网络体系结构与协议完整的计算机网络。此阶段网络应用的主要目的是提供网络通信、保障网络连通、网络数据共享和网络硬件设备共享。

第三阶段：计算机网络的互连阶段。计算机解决了计算机联网与互连标准化的问题，提出了符合计算机网络国际标准的“开放式系统互连参考模型”，从而极大地促进了计算机网络技术的发展。此阶段网络应用已为企业提供信息共享服务。

第四阶段：信息高速公路阶段。计算机网络向互连、高速、智能化和全球化发展，并且迅速得到普及，实现了全球化的广泛应用。

（二）计算机网络的分类

计算机网络的分类与一般的事物的分类方法相同，可以按事物所具有的不同性质特点即事物的属性分类。通俗地讲，计算机网络是由多台计算机（或其他计算机网络设备）通过传输介质和软件物理（或逻辑）连接在一起组成的。

网络类型的划分标准多种多样，可以从不同的角度将网络划分为不同的类别：

（1）按数据传输与交换系统的所有权可分为专用网和公共网。

（2）按网络的拓扑结构可分为总线形网络、星形网络、环形网络、树形网络等。

（3）按网络的地理范围可分为局域网、城域网和广域网。

二、局域网

局域网是指在一个较小的地理范围内各种计算机网络设备互连在一起的通信网络，可以包含一个或多个子网，通常物理设备之间的距离局限在几千米的范围内（见图3—1）。20世纪90年代，局域网技术在传输介质、局域网操作系统与客户机/服务器应用方面取得了重要的进展。由于数据传输技术的发展，在以太网中用非屏蔽双绞线实现了10Mbps的数据传输，在此基础上形成了网络结构化布线技术，使以太网在办公自动化环境中得到了更为广泛的应用。Novell NetWare，Windows NT Server和IBM LAN Server等操作系统，以及具有很强网络功能的UNIX和Linux操作系统的发展使局域网日益成熟。客户机/服务器结构的应用，使网络应用软件的开发达到了更高的水平。

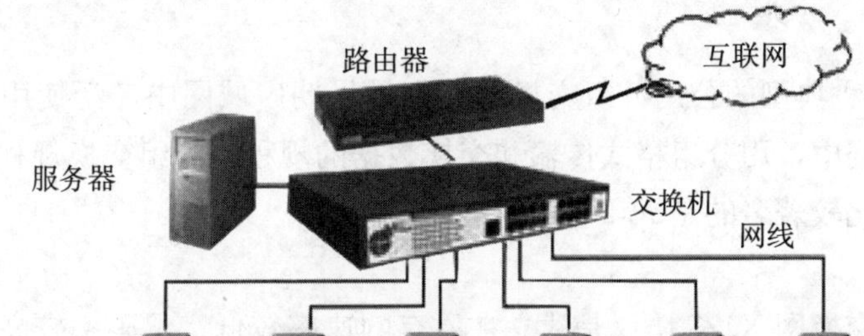

图3—1　局域网示意图

局域网常用的传输介质有同轴电缆、双绞线、光纤与无线通信通道。为了克服传统的共享介质局域网的所有节点共享一条公共通信传输介质、网络效率低的缺点，人们提出了交换式局域网的概念。交换式局域网可以在局域网交换机的多个端口之间建立多个并发连接，来提高局域网宽带速度。从局域网应用的角度看，局域网的特点主要有：

（1）局域网覆盖有限的地理范围，它适用于一个单位在有限范围内实现计算机、终端与各类信息处理设备的联网。

（2）局域网提供高数据传输速率、低误码率的高质量数据传输环境。

（3）决定局域网特性的主要技术为网络拓扑、传输介质与介质访问控制方法。

三、广域网

广域网又称远程网，它覆盖的地理范围从几十公里到几千公里不等（见图 3—2）。广域网能连接多个城市或国家，或横跨几个洲，形成国际性的远程网络。广域网的通信子网主要使用分组交换技术，利用公用分组交换网、卫星通信网和无线分组交换网，将分布在不同地区的局域网或计算机系统互连起来，达到资源共享的目的。下面简单介绍几种常用的广域网。

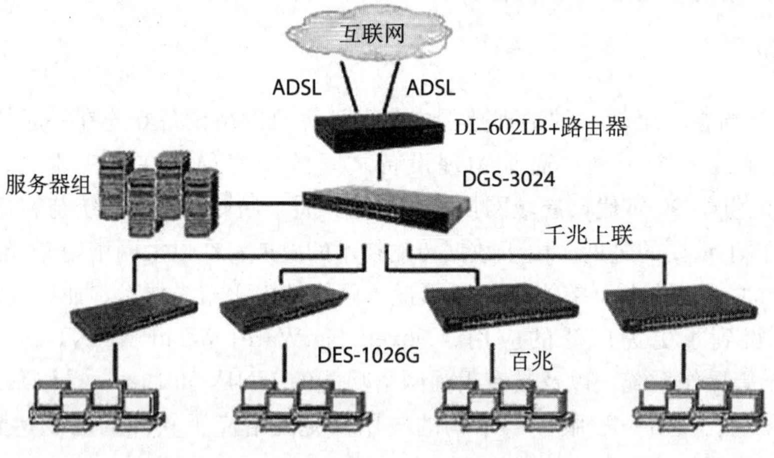

图 3—2　广域网示意图

1. X. 25 网

X. 25 网是一种典型的公用分组交换网，也是早期广域网中广泛使用的一种通信子网。在分组交换网中，用分组格式传输和交换数据的规程是分组交换规程。涉及分组交换的规程很多，比较著名的是 X. 25 协议。

2. 帧中继网

传统的分组交换网 X. 25 协议是建立在原有的速率较低、误码率较高的电缆传输介质上的。为了保证数据传输的可靠性，X. 25 协议包括差错控制、流量控制及拥塞控制等内容。但 X. 25 协议的执行过程复杂，必然会增加网络传输的延迟时间。针对这种情况，人们提出了一种建议，那就是在数据传输速率高、误码率低的光纤上，使用简单的协议来减少网络传输的延迟，而必要的差错控制功能将由用户设备来完成。

帧中继是一种减少节点处理时间的技术。帧中继的原理很简单，它是基于数据帧在光纤上传输基本不会出错的前提来设计的。因此，帧中继交换机只要一检测到帧的目的地址就立即开始转发该帧。也就是说，一个节点在接收到帧的首部后，就立即开始转发该帧的某些部分。在传统的X.25网中，在分组传送过程中对每个通信子网的节点大约要进行20次的差错检测及其他的各种处理。然而在一个帧中继网络中，节点在收到一帧时，大约只需执行6个检错步骤，这将明显减少帧在节点的延时。实验结果表明，采用帧中继的一帧的处理时间比X.25网减少一个数量级。因此，帧中继方式也称为X.25网的流水线方式。

3. 宽带综合业务数字网

现代通信的一个重要特点是信息的数字化及通信业务的多样化，因此国际电话电报咨询协会提出了将语音、数据和图像等业务综合在一个网内的构想，即建立综合业务数字网。

宽带综合业务数字网（Broadband Integrated Services Digital Network，B-ISDN）是在ISDN的基础上发展起来的，可以支持不同类型、不同速率的业务，既包括连续型业务，也包括突发型业务，其业务分布范围极为广泛，包括速率不大于64Kb/s的宽带业务（如语音、传真），宽带分配型业务（广播电视、高清晰度电视），宽带交互型通信业务（可视电话、会议电视），宽带突发型业务（高速数据）等。

B-ISDN的主要特征是：以同步传输模式（synchronous transfer mode，STM）和异步传输模式（asynchronous transfer mode，ATM）兼容的方式，在同一网路中支持范围广泛的声音、图像和数据的应用。ATM不仅能把语音、数据、图像等各种业务都综合到一个网内，而且具有实现带宽动态分配和多媒体通信的优点。

4. 异步传输模式

异步传输模式（ATM）是新一代的数据传输与分组交换技术，也是网络技术研究与应用的热点之一。目前的网络已不限于传统的语音通信和基于文本的数据传输，在多媒体网络应用中需要同时传输语音、数字、文字、图形与视频信息等多种类型的数据，并且不同类型的数据对传输的服务要求不同，对数据传输的真实性要求越来越高。这种应用将会增加网络突发性的通信量，而不同类型的数据混合应用时，各类数据传输的服务质量是不同的。多媒体网络应用及实时通信要求网络传输的高速率与低延迟，传统的线路交换与分组交换网很难满足这种综合数据业务的需要。而ATM技术恰恰能满足此类应用的要求，不仅线路交换方式的实时性好，而且分组交换方式的灵活性好，因此B-ISDN选择了ATM作为它的数据传输技术。ATM宽带交换是实现B-ISDN的关键和核心。

四、互联网

（一）互联网概述

互联网即国际计算机互联网，又称国际计算机信息资源网，它是位于世界各地并且彼此互相通信的一个大型计算机网络。组成互联网的计算机网络包括小规模的局域网、城市规模的城域网以及大规模的广域网。这些网络通过普通电话线、高速率专用线路、卫星、微波和光缆把不同国家的大学、公司、科研部门，以及军事和政府组织连接起来。互联网采用的协议是TCP/IP。

互联网在中国的发展历程如下：

(1) 1998年：中国诞生了第一个存储、发送电子邮件的网络，即中国学术网。

(2) 1990年10月：中国学术网在互联网主要的信息管理机构InterNIC注册了中国的最高级域名.cn，为中国加入互联网迈出了重要一步。

(3) 1990年：建立了中国研究网；中国第一个跨区的通过光纤传输的计算机网络开始建设，这就是中关村地区教育与科研示范网。

(4) 1993年3月：中国科学院高能物理研究所与美国斯坦福大学进行科研合作，通过租用专线的方式建立了一条传输速率为64Kb/s的国际信道。

(5) 1994年5月：中国正式加入互联网。

目前，中国有四大互联网骨干网：

(1) 中国科技网。它是由中国科学院主持建设的，其前身是中关村地区教育与科研示范网。

(2) 中国公用计算机互联网。它是中国第一个商业化全国性计算机网络，由当时的邮电部主持建设。它与其他两个学术性互联网最大的区别是，不限制用户在网上进行商业活动，用户的入网手续相对比较简单。

(3) 中国教育和科研计算机网。它是由国家教委主持，由清华大学等10所大学共同承担建设的，于1995年12月正式开通运行。它包括全国主干网、地区网和校园网三个层次结构，是一个完全采用TCP/IP协议的计算机网络。

(4) 中国金桥信息网。也称国家公用经济信息通信网，是中国的商业化信息网络，由当时的电子工业部主持建设。

（二）互联网的功能

互联网为我们提供多种服务，包括电子邮件服务、远程登录服务、文件传送服务，还包括WWW服务、Gopher信息查询服务。

1. 电子邮件服务

电子邮件服务是一种通过计算机网络与其他用户进行联系的现代化通信手段。用户使用互联网提供的电子邮件服务的前提是拥有自己的电子邮箱。电子邮箱是由提供邮件服务的机构建立的，实际上是在该机构与互联网联网的计算机上分配一个专门用于存放往来邮件的磁盘存储区域，且这个区域是由电子邮件软件系统管理的。电子邮件系统采用“存储转发”方式为用户传递电子邮件，用户只要连入网络，便可以随时查阅电子邮件。

2. 远程登录服务

远程登录是指在网络通信协议Talent的支持下，用户的计算机通过互联网登录到远程计算机的过程。在进行远程登录时，用户首先应在Talent命令中给出远程计算机的通信域名或IP地址，然后输入自己的用户名和口令。互联网上的一些数据库还提供开放远程登录服务，查询这类数据不需要事先取得账户及口令，可以使用该系统公开的公共账户。

3. 文件传送服务

文件传送服务允许互联网上的用户将一台计算机上的文件传送到另一台计算机上，

该服务是由文件传送协议（File Transfer Protocol，FTP）支持的。使用FTP几乎可以传送任何类型的文件，如文本文件、二进制文件、图像文件、声音文件、数据压缩文件等。

4. WWW服务

万维网是一个基于超文本文件的信息查询工具，它最大的特点是操作方法简单及显示方式图文并茂。WWW服务采用客户机/服务器结构。在服务器终端，定义了一种组织多媒体文件的标准——超文本标记语言，在每一个超文本文件中通常都有一些超级链接，把该文件与其他文本文件连接起来构成一个整体；在客户端，WWW系统通过浏览器工具软件可以查阅超文本文件。

5. Gopher信息查询服务

Gopher可将用户的请求自动转换成FTP或Talent命令，在菜单的引导下，用户通过选取自己需要的信息，就可以对互联网上的远程联机系统进行实时访问。

（三）互联网的接入方式

互联网服务提供商（Internet service provider，ISP）是用户接入互联网的入口，它一方面为用户提供互联网接入服务，另一方面为用户提供各种类型的信息服务。从用户的角度考虑，ISP位于互联网的边缘，用户的计算机通过某种通信线路连接到ISP，借助ISP与互联网的连接通路访问互联网。用户的计算机可以通过多种通信线路连接到ISP，但归纳起来可以分为两类：电话线路和数据通信线路。

1. 通过电话线路连接到ISP

用户的计算机和ISP的远程访问服务器（remote access server，RAS）均通过调制解调器与电话网相连。用户在访问互联网时，通过拨号方式与ISP的RAS建立连接，借助ISP与互联网的连接通路访问互联网。

电话线路是为传输音频信号而建设的，计算机输出的数字信号不能直接在普通的电话线路上进行传输。调制解调器在通信的一端负责将计算机输出的数字信号转换成普通电话线路能够传输的信号，在另一端将从电话线路上接收的信号转换成计算机能够处理的数字信号。

互联网服务提供商要能够同时支持多个用户与之建立连接。一条电话中继线在一个时刻只能支持一个用户接入，若要支持多个用户同时接入，则必须提供多条电话中继线。

在用户端，可以是一台计算机直接通过调制解调器与电话网连接，也可以是一个局域网利用代理服务器，通过调制解调器与电话网连接。但是由于电话线路所能支持的传输速率有限，因此一般比较适合单机连接。

电话拨号线路的传输速率较低，目前较好的线路的最高传输速率可以达到56Kbps，一般的线路只能达到33.6Kbps，而较差的线路的传输速率可能更低，因而电话拨号线路比较适合小型单位和个人使用。电话拨号线路除受速率的限制外，它的另外一个特点就是需要通过拨号建立连接，由于技术原因等多方面因素的影响，在大量信息的传输过程中连接有时会中断，因此其应用受到限制。

2. 通过数据通信线路连接到ISP

通过数据通信线路连接到ISP的模式是：用户的主机或局域网利用路由器，通过数据通信网与 ISP 相连，借助 ISP 与互联网的连接通路访问互联网。数据通信网的种类很多，如 X.25、帧中继和 ISDN 等，这些数据通信网均由电信部门管理，用户和 ISP 可以租用。电信部门自身也提供互联网服务，也是一个 ISP，用户选择的 ISP 既可以是数据通信网服务的提供商，也可以是其他 ISP。目前国内数据通信网服务的提供商主要有中国移动、中国电信和中国联通。

用户端的规模既可以小到一台计算机，也可以大到一个企业网或校园网。但是由于用户租用的数据通信线路的宽带通常较宽，若只连接一台计算机，则显得比较浪费。所以在这种接入形式中，用户端通常为具备一定规模的局域网。

第 2 节　Web 技术

一、Web 的工作原理

在互联网发展的早期，用户必须记住烦琐的操作命令，因此只有专业人员才能熟练使用。Web 的出现使得互联网的易用性大大改善，极大地推动了互联网的普及。Web 是一种把互联网所有现有的资源全部链接起来，采用图形界面，集网络技术、超文本技术以及多媒体技术于一体的信息服务系统。通过使用 Web，一个不熟悉网络使用方法的人也可以很快成为互联网的行家，自由地使用互联网的资源。

Web 允许用户通过跳转或“超级链接”从某一页面跳到其他页面。可以把 Web 看作一个巨大的图书馆，Web 节点就像一本书，而 Web 页面好比书中特定的页。页面可以包含新闻、图像、动画、声音、3D 视频以及其他任何信息，而且能存放在全球任何地方的计算机上。由于它具有良好的易用性和通用性，因此非专业用户也能非常熟练地使用。另外，它制定了一套标准的易为人们掌握的超文本标记语言（HTML）、信息资源的统一定位格式（Uniform Resource Locator，URL）和超文本传输协议（HTTP）。所以说，Web 是建立在客户机/服务器模型之上，以 HTML 语言和 HTTP 协议为基础，能够提供面向各种互联网服务和一致的用户界面的信息浏览系统。

二、Web 的架构

（1）超文本标记语言（HTML）。这是 Web 网页的格式，它提供了格式和超文本链接功能。

（2）超文本传输协议（HTTP）。这是 Web 服务器与浏览器之间的通信协议。

（3）共通网关页面（Common Gateway Interface，CGI）。这是从 Web 服务器中呼叫程序的界面。要使用 Web 功能，就必须有浏览器。浏览器的功能是在使用者与互联网之间提供一个图形界面，它将必要的指令发送出去以从其他电脑获取资料，再将这些资料格式化，显示在使用者的屏幕上。使用 HTML 格式化的文件中有卷标语法，它会告知浏览器要以何种格式呈现内容。

（4）浏览器与服务器。构成以 Web 为主的电子商务构架所需的主要组件有客户端浏览器、Web 服务器和其他厂商的服务器。

客户端浏览器与 Web 服务器互动，Web 服务器则居中撮合其他厂商的服务器的互动。Web 服务器的功能可以分为信息取得、资料和交易管理及安全性管理。其他厂商的服务器可以是提供内容、信息处理工具及电子付款系统的其他 Web 服务器。

客户端的浏览器位于使用者的 PC 中，为其他种类的内容提供了一个界面。如果使用者从 Web 服务器中取得了一个图形档案，浏览器会自动地激活浏览器的延伸功能来显示出这个图形档案。图形档案的格式有好几种，如 JPEG，GIF，TIFF，BMP 和其他格式。浏览器要有足够的智能才能分清它所下载的档案，并利用某种延伸功能显示出这个档案。浏览器也能控制本地端的档案。

三、Web 浏览器的基本功能

目前广泛使用的浏览器软件的功能都很强大，它们通常具备以下基本功能：

（1）查找、启动与终止链接：在网页上，一般加亮的或有下划线的文字可以作为链接，带彩色边界的图像或图标也可以作为链接。一旦用户用鼠标点击一个链接时，它的 URL 地址会显示在状态区内，同时将被链接的页面显示在屏幕上。即单击一个链接就可以把一个网页从一个 Web 服务器传送到本地计算机上。当用户单击一个链接时，浏览状态指示器开始工作，表示传送网页的过程正在进行中。

（2）通过按钮与菜单项来链接：浏览器不但可以从目录内容区进行链接，还可以通过按钮或菜单项来实现链接。对曾经浏览过的网页，可以方便地通过按钮或菜单项来链接。按钮对最近几次浏览过的网页有效，菜单项可以扩大直接选择链接的范围。

（3）使用历史命令与书签命令：当用户使用历史命令时，用户能查看最后访问过的网页。书签命令能够提供更多的网页地址的记录。一旦用户将一个网页地址加入书签列表中，只要用户不将它移出或更换，它将一直保留在书签中。

（4）自由设定屏幕窗口：用户可以自由选定是否显示工具按钮、定位区与导向按钮。

（5）选择起始页：用户可以自行设置起始页，即打开窗口时第一个在屏幕上出现的页面。用户可以改变起始页，也可以随时恢复到缺省状态。起始页的地址存储在计算机的硬盘中，以后每次运行浏览器软件时，起始页都将自动出现在屏幕上。

（6）改变式样、字体与色彩：用户可以根据自己的偏好对浏览器界面进行设置。

（7）查看内嵌图像与外部图像：网页不仅可以提供文字内容，而且可以方便地传送图像。通常，图像与文本、表格等元素是同时显示在主页中的，这种图像被称为内嵌图像。与文字内容相比，图像的字节数一般比较大，因此图像的传输时间较长。为此，用户也可以将图像的下载方式设置为“不下载不显示”，代之以在图像处显示一个小小的标记，通过单击这一标记来下载并显示该图像。外部图像是单独的图像文件。外部图像的链接过程与网页的链接过程基本相同。外部图像与文件及网页一样，都有唯一的 URL 地址。

（8）保存与打印主页：一般的浏览器软件都提供了将网页作为一个文件保存到用户

的计算机中的功能。用户可以将一个网页保存为一个磁盘文件，而不是将该网页显示在屏幕上。当这个文件存入磁盘后，用户能以正常打开文件的方式显示网页。用户也可以根据需要，打印当前网页。

四、Web 服务器技术

Web 服务器是可以向发出请求的浏览器提供文档的程序。当 Web 浏览器（客户端）连到服务器上并请求查看文件时，服务器将处理该请求并将文件发送到该浏览器上，附带的信息会告诉浏览器如何查看该文件（即文件类型）。服务器可以用 HTTP 进行信息交流。下面介绍一些常用的 Web 服务器。

（1）Apache。Apache 是最流行的 Web 服务器软件之一。Apache 取自“a patchy server”的读音，意思是“充满补丁的服务器”。Apache 是一个公开源代码的服务器程序，正是由于这一点，很多人可以不断地为它开发新的功能、新的特性，修改原来的缺陷，使它成为最受欢迎的服务器软件之一。它的突出优点是完全免费、源代码完全开放、配置简单、占用机器资源少、性能稳定、安全性高等。

Apache 有多种产品，有可以支持 SSL（即安全套接层，Secure Socket Layer）技术的产品，有可以在互联网上提供秘密性传输、口令验证、数字证书等安全措施的产品，也有可以支持多个虚拟主机的产品。全球很多著名的网站如 Yahoo!，W3 Consortium，Financial Times 等都是 Apache 的产物。它的成功之处主要表现在源代码开放、支持跨平台应用（可以运行在 Unix，Windows，Linux 等诸多系统平台上）以及可移植性等方面。

（2）Tomcat。Tomcat 是一个免费的开源的 Servlet 容器，是一款优秀的 Web 服务器。Servlet 是一种服务器端的 Java 应用程序，具有独立于平台和协议的特性，可以生成动态的 Web 页面。Tomcat 作为一个 Servlet 容器，负责把客户请求传给 Servlet 并把响应结果反馈给客户。

（3）IIS。IIS 是一个综合性的信息服务器，使用户不仅可以发布网页，而且可用动态服务器页面（active server pages，ASP）、Java、VBScript 生成页面，并有一些扩展功能。IIS 6.0 的新特性包括可靠性、可伸缩性、安全性、可管理性、增强的开发与国际化支持、应用程序兼容性等。

（4）BEA Weblogic。Weblogic 是一套基于 Java、功能强大的电子商务套件，提供了许多功能强大的中间件以方便程序人员编写 JSP 和 Servlet 等电子商务应用程序，可以为企业提供一个完整的商务应用解决方案。BEA Weblogic 是用于开发、集成、部署和管理大型分布式 Web 应用、网络应用和数据库应用的 Java 应用服务器。

五、Web 制作语言

（一）HTML

1. HTML 文件的概念

HTML（Hyper Text Markup Language）即超文本标记语言，它通过多种标准化的标记符号（tag）对网页内容进行标注，对页面超媒体内容的输出格式以及各内容部分之间的逻辑上的组织关系等进行描述和指定。

2. HTML 文件的特点

HTML 是 Web 页面的基础。使用 HTML 描述的网页文件被称为 HTML 页面或者 HTML文件，这种文件以“. html”或者“. htm”为扩展名，是一种纯文本文件，可以使用记事本、写字板等文本编辑器来进行编辑，也可以使用 Frontpage 和 DreamWeaver 等网页制作工具进行创建和编辑。

3. HTML 文件的结构

HTML 文件均以<html>标记符开始，以</html>标记符结束。<head>和</head>标记符之间的内容用于描述页面头部的信息，例如页面标题、关键词等信息。在<body>和</body>标记符之间的内容即页面的主体内容。HTML 文件的整体结构如下所示：

```
<html>
<head>
页面的头部信息
</head>
<body>
页面的主体内容
</body>
</html>
```

4. HTML 标记的格式

HTML 文件的所有控制语句称为标记，标记放在一对尖括号之间，格式如下：

<标记>HTML 语言元素</标记>

（1）标记分为成对标记符和非成对标记符。标记符忽略大小写，HTML 源文件为文本文件，多个标记符可写成一行，甚至整个文件可写成一行，一个标记符的内容可以写很多行。

（2）可使用标记符的属性来进一步限定标记符，一个标记可以有多个属性项，各属性项的次序不限定，各属性项间用空格进行分隔。

（3）HTML 中使用的注释语句为<！——…——>，注释内容可插入文本中的任何位置，注释内容将不显示。

（二）建立页面布局

1. 建立 HTML 文件

操作步骤如下：

（1）单击“开始”按钮，选择“程序”→“附件”→“记事本”，并打开“记事本”窗口。

（2）在记事本中，输入如图 3—3 所示的 HTML 语句。

（3）执行“文件”→“保存”命令，将文件保存为 1 - 1. htm。

（4）在浏览器中打开所建立的 HTML 文件。

说明：除了记事本之外，还可以使用写字板来编辑 HTML。

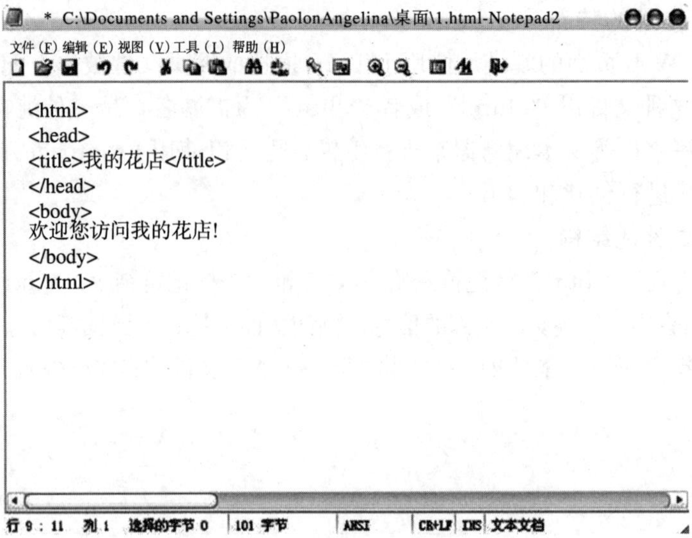

图 3—3　HTML 语句示例

2. 常用 HTML 标记的设置

操作步骤如下：

（1）在文本文件编辑器中编写 HTML 文件（可参考下面的示例编写）。

（2）保存 HTML 文件。

（3）在浏览器中预览所编辑的 HTML 文件效果。

1）<Hi>标题标记。

［示例 1］设置标题标记。在记事本中输入以下 HTML 语句，保存后的浏览效果如图 3—4 所示。

```
<html>
<head>
<title>我的花店</title>
</head>
<body>
<h1>欢迎您访问我的花店！</h1>
<h2>欢迎您访问我的花店！</h2>
<h3>欢迎您访问我的花店！</h3>
<h4>欢迎您访问我的花店！</h4>
<h5>欢迎您访问我的花店！</h5>
<h6>欢迎您访问我的花店！</h6>
<h7>欢迎您访问我的花店！</h7>
</body>
</html>
```

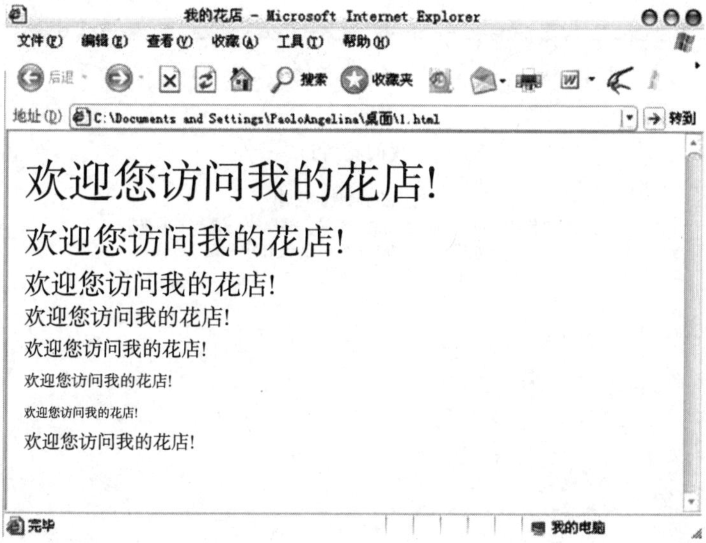

图 3—4　示例 1 的浏览效果

<hi>标记符用于定义段落标题的大小级数。最大的标题级数是<h1>，最小的标题级数是<h6>。使用<hi>标记符的 align 属性可控制文字的对齐方式，属性值可以是 left（左对齐）、center（居中对齐）或者 right（右对齐）。

2）<P>段落标记。

［示例 2］设置段落标记。输入以下 HTML 语句，保存后的浏览效果如图 3—5 所示。

```
<html>
<head>
<title>我的花店</title>
</head>
<body bgcolor="#FFFF99" >
<h1 align="center" >我的花店！</h1>
<p align="center" >欢迎您访问我的花店</p>
<p align="center" >花可以传情，可表达思念之情，亲情，感恩的心
情，衷心的祝福！</p>
<p align="center" >祝愿进入我的花店的朋友天天有好心情！</p>
</body>
</html>
```

<P>标记符用于划分段落，控制文本的位置。<P>是成对标记符，用于定义内容从新的一行开始，并与上段之间空一行。其 align 属性定义新开始的一行内容在页面中的对齐位置，属性值可以是 left（左对齐）、center（居中对齐）或者 right（右对齐）。

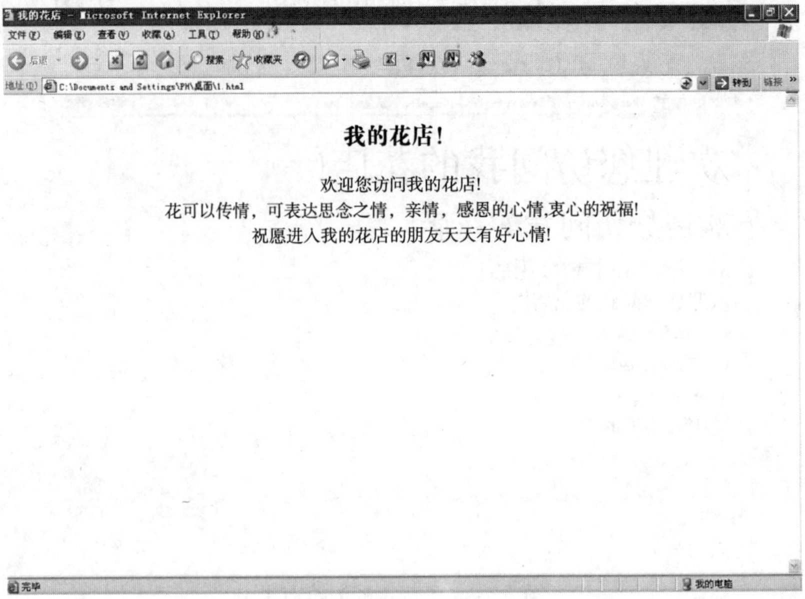

图 3—5　示例 2 的浏览效果

3）
换行标记。

［示例 3］设置换行标记。将示例 2 中相应段落中的段落标记<P>替换为换行标记
，输入以下 HTML 语句，保存后的浏览效果如图 3—6 所示。注意段落标记<P>和换行标记
预览效果的不同。

```
<html>
<head>
<title>我的花店</title>
</head>
<body bgcolor="#FFFF99" >
<h1 align="center" >我的花店！</h1>
<hr align="center" width="100%" size="4" color="#3333FF" >
<p align="center" >欢迎您访问我的花店</p>
花可以传情，可表达思念之情，亲情，感恩的心情，衷心的祝福！<br>
祝愿进入我的花店的朋友天天有好心情！<br>
<hr align="center" width="100%" size="4" color="#3333FF" >
</body>
</html>
```


标记符用于定义从新的一行显示，它不产生一个空行，但连续多个
标记可以产生多个空行的效果。
标记符是非成对标记符。

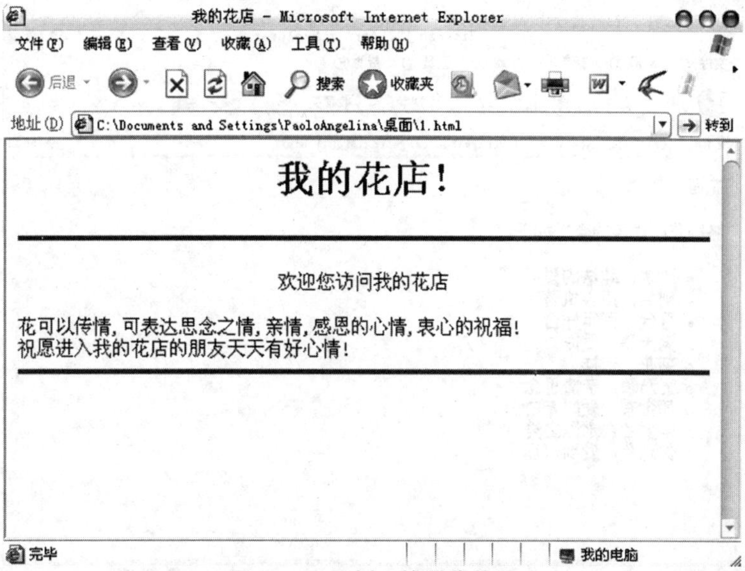

图 3—6　示例 3 的浏览效果

4）列表标记。

［示例 4］设置项目列表标记。输入以下 HTML 语句，保存后的浏览效果如图 3—7 所示。

```
<html>
<head>
<title>花语</title>
</head>
<body bgcolor="#FFFF99" >
<hl align="center" ><font face="宋体" >花语</font></hl>
<p>各种花所代表的含义如下：</p>
<ul>
<li>玫瑰：纯洁的爱</li>
<li>剑兰：用心执著</li>
<li>百合：百年好合</li>
<li type="circle" >满天星：爱怜</li>
<li type="circle" >菊花：吉祥</li>
<li type="circle" >康乃馨：亲情思念</li>
<li type="circle" >郁金香：爱的表白</li>
<li type="circle" >紫罗兰：永恒之美</li>
<li type="circle" >勿忘我：爱到永远</li>
</ul>
</body>
</html>
```

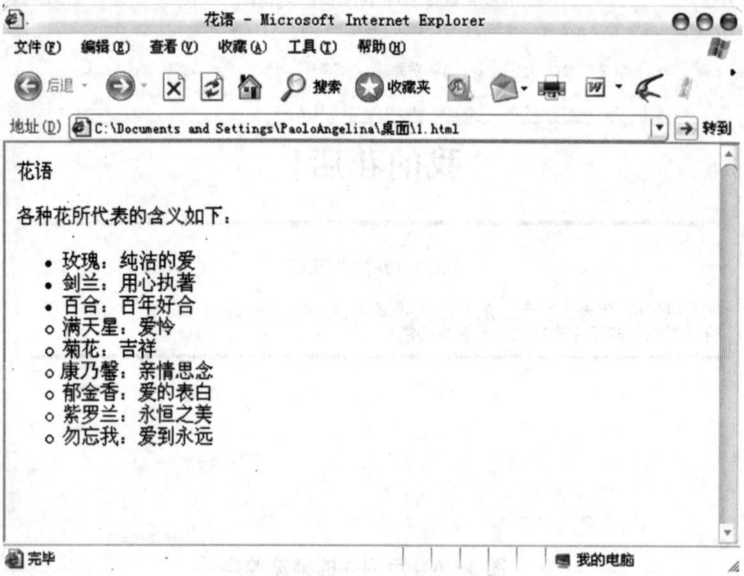

图 3—7　示例 4 的浏览效果

列表标记包括“项目列表”标记<ul>、“编号列表”标记<ol>。<ul>和<ol>标记都是成对标记。在<ul>标记之间还可以使用<li>标记来设定项目内容，其 type 属性可以显示不同形状的项目符号。

3. <a>链接标记的设置

[示例 5] 设置链接标记。输入以下 HTML 语句，保存后的浏览效果如图 3—8 所示。

```
<html>
<head>
</head>
<body bgcolor=" #FFFF99" >
<p><a href="1-7.htm" >花语</a></p>
<p><a href="bg.htm" target="right" >花节</a></p>
<p><a href="http://www.sina.com.cn" >友情链接</a></p>
<p><a href="mailto:gltxiaohong@buu.com.cn" >与我联系</a></p>
</body>
</html>
```

HTML 是通过<a>标记符来实现超链接的，它是成对标记符，主要属性有：

（1）href：链接文件的地址。

（2）target：链接目标的位置。

指向电子邮件的链接：

<a href="mailto：gltxiaohong@buu.com.cn" >与我联系</a>

指向站点内文件的链接：

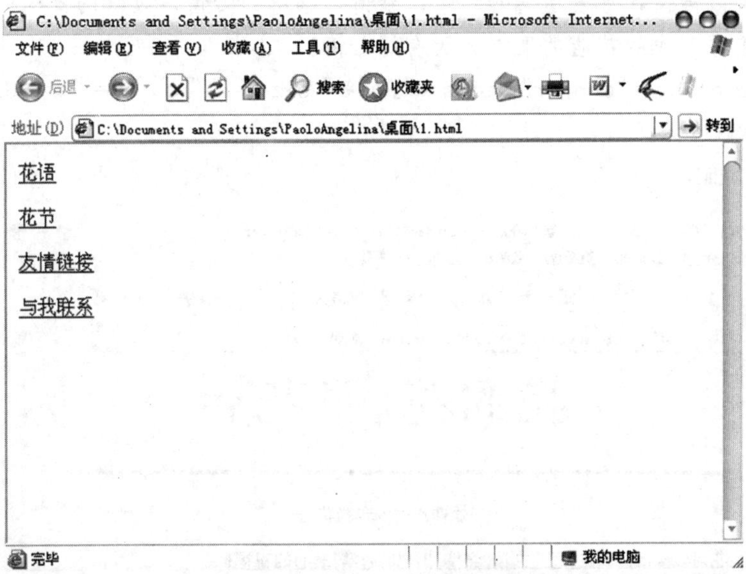

图 3—8　示例 5 的浏览效果

```
<a href="bg. htm" target="right" >花节</a>
```

指向其他网站文件的链接：

```
<a href="http://www. sina. com. cn" >友情链接</a>
```

(三) 文字与表格

1. 建立 HTML 文件

操作步骤如下：

(1) 单击“开始”按钮，选择“程序”→“附件”→“记事本”，打开“记事本”窗口。

(2) 在记事本中输入 HTML 语句。

(3) 执行“文件”→“保存”命令，将文件保存为 htm 或 html 格式。

(4) 在浏览器中预览所建立的 HTML 文件。

2. <font>标记的设置

[示例 6] 设置字体标记。设置示例 2 中相应段落的字体，输入以下 HTML 语句，保存后的浏览效果如图 3—9 所示。

```
<head>
<title>我的花店</title>
</head>
<body bgcolor="#FFFF99" >
<h1 align="center" ><b><font color="#FF0000" face="隶书" size="+5" >我的花店！花店</font></b></h1>
<hr align="center" width="100%" size="4" color="#3333FF" >
<p align="center" >欢迎您访问我的花店</p>
```

```
花可以传情，可表达思念之情，亲情，感恩的心情，衷心的祝福！<br>
祝愿进入我的花店的朋友天天有好心情！<br>
<hr align="center" width="100%" size="4" color="#3333FF" >
</body>
</html>
```

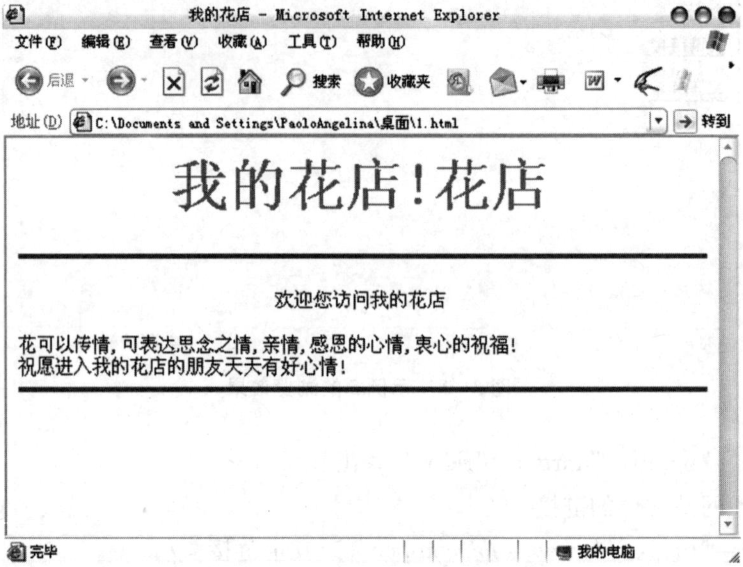

图 3—9　示例 6 的浏览效果

<font>标记用来定义文字的字体、大小和颜色，是成对标记符。主要属性有：

（1）face 属性：定义文字所使用的字体，如 face= “隶书”。

（2）size 属性：定义文字的大小，属性值为 1～7，也可以使用相对大小来设置，如 size= “+5”，size= “−5”。

（3）color 属性。定义文字的颜色，可以使用颜色的英文名称来表示颜色，如 color= “red”；也可使用 16 进制的 RGB 代码来表示颜色，如 color= “#FF0000”，在使用 16 进制的 RGB 代码来表示颜色时，需在颜色代码前加“#”。

此外，字体标记符还包括<b>…</b>粗体标记符、<i>…</i>斜体标记符等。

3. <table>表格标记的设置

[示例 7] 设置表格标记。在记事本中输入以下 HTML 语句，保存后在浏览器中浏览，效果如图 3—10 所示。

```
<html>
<head>
<title>我的花店</title>
<style type="text/css" >
<! --.style3 {font-size: 24px; } -->
</style>
```

```
</head>
<body bgcolor="#FFFF99">
<table width="317" height="182" border="1">
<tr>
<td colspan="2"><div align="center" class="style3">节日</div></td>
<td><div align="center" class="style3">名称</div></td>
</tr>
<tr>
<td rowspan="3"><div align="center" class="style3">5月</div></td>
<td><div align="center" class="style3">1日</div></td>
<td height="36"><div align="center" class="style3">国际劳动节</div></td>
</tr>
<tr>
<td><div align="center" class="style3">4日</div></td>
<td height="31"><div align="center" class="style3">中国青年节</div></td>
</tr>
<tr>
<td><div align="center" class="style3">12日</div></td>
<td><div align="center" class="style3">护士节</div></td>
</tr>
<tr>
<td colspan="2"><div align="center" class="style3">6月1日</div></td>
<td><div align="center" class="style3">儿童节</div></td>
</tr>
</table>
</body>
</html>
```

在<table>和</table>之间放置表格内容，<table>标记是成对标记符。在表格中，行是用<tr>…</tr>标记来定义的，一行使用一个<tr>…</tr>标记，每行中的列是用<td>…</td>标记来定义的，一列使用一个<td>…</td>标记。<table>、<tr>、<td>标记都有相应的属性，用来定义表格中内容的显示方式。<table>表格标记的主要属性有：

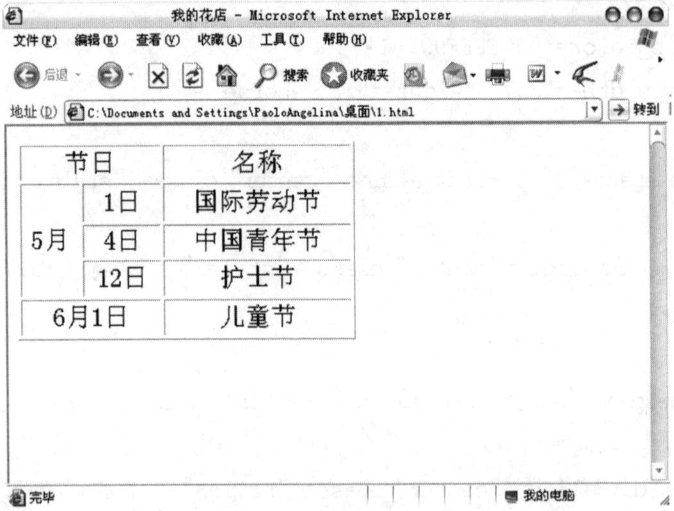

图 3—10　示例 7 的浏览效果

（1）rowspan：定义该单元格所跨行数。

（2）colspan：定义该单元格所跨列数。

六、动态网页制作

（一）动态元素相关知识

1. DHTML

（1）DHTML 的定义。DHTML 又称动态网页，它将内容对象化，应用编程语言来操作页面上的对象，不必通过服务器就可以与用户交互信息、更新页面的内容。动态页面技术包括 javascript，vbscript，css，layer 等。

（2）DHTML 的基本结构。DHTML 包括 HTML、CSS、脚本程序、浏览器对象和网页对象等。

DHTML 是基于 HTML 语言，通过 CSS 技术扩展了 HTML 的样式定义语法和语义，使用脚本程序调用或控制浏览器对象和网页对象，从而使页面具有动态效果和交互功能。

2. CSS 层叠样式表

CSS 是一种用于定义网页内容显示样式的技术。通过样式可以设定许多属性，如字号、颜色、页边距等。

样式表的建立要符合 CSS 规则，它们一般被定义成以下形式的句法：

HTML 标志 {标志属性：属性值；标志属性：属性值；标志属性：属性值；标志属性：属性值；…}

其中，标志属性为样式要套用的对象，一般是 HTML 标记。

3. 脚本语言

（1）脚本语言（JavaScript，VBscript 等）介于 HTML 和 C，C++，Java，C# 等编程语言之间。HTML 通常用于格式化和链接文本，而编程语言通常用于向机器发出一系列复杂的指令。

（2）脚本语言与编程语言有很多相似之处，尤其是其函数与编程语言比较相似，也涉及变量。它与编程语言最大的区别是，编程语言的语法和规则更加严格和复杂。

（3）脚本语言与程序代码有关系：脚本也是一种语言，同样由程序代码组成。脚本语言一般都由相应的脚本引擎来解释执行。

（4）脚本语言是一种解释性的语言，例如 WBscript，JavaScript，Installshield Script 等，它不像 C/C++等可以编译成二进制代码，以可执行文件的形式存在。脚本语言一般都是以文本形式存在，类似于一种命令。

（二）编辑图像

1. 编辑图像概述

［示例 8］在 FrontPage 中利用横幅广告管理器组件插入横幅广告。

横幅广告中的图片尺寸应尽量一致，为此需要利用图像编辑处理软件对图像进行适当的处理。我们以 Photoshop 工具为例进行介绍，对图片进行适当的处理，图片大小设置为 200×100 像素，操作步骤如下：

（1）单击“开始”按钮，选择“程序”→“Adobe Photoshop9.0”，打开 Photoshop 工作窗口，如图 3—11 所示。

图 3—11　Adobe Photoshop 9.0 工作窗口

（2）在 Photoshop 工作窗口中执行“文件”→“打开”命令，打开图像文件，然后执行“图像”→“图像大小”命令，在弹出的“图像大小”对话框中将图像的宽度设置为 200 像素，高度设置为 100 像素，如图 3—12 所示，单击“好”按钮。

（3）对图像应用滤镜效果。执行“滤镜”→“风格化”→“风”命令，在弹出的“风”对话框中进行参数设置，单击“好”按钮。

（4）保存图像。执行“文件”→“存储为”命令，在弹出的“存储为”对话框中设置保存路径、文件名称及文件的类型。单击“保存”按钮，会弹出选项对话框，进行品

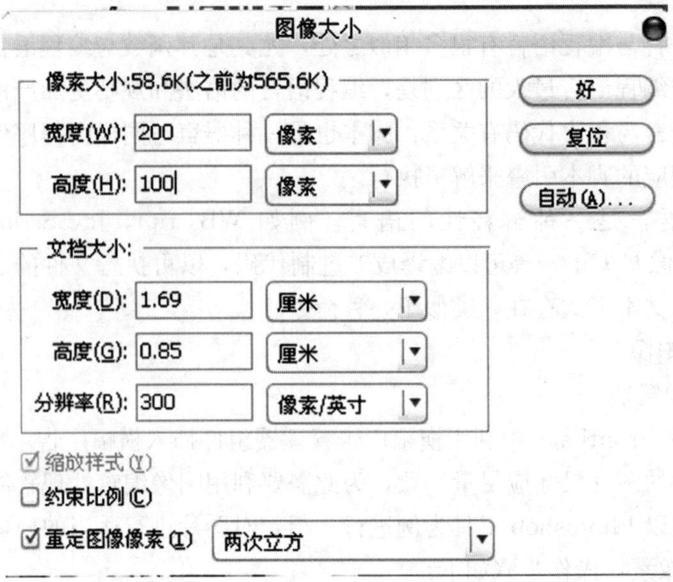

图 3—12　图像大小设置示例

质等设置后单击“好”按钮，完成文件的保存操作。

2. 在 FrontPage 中插入横幅广告

操作步骤如下：

（1）单击“开始”按钮，选择“程序”→“Microsoft FrontPage”，在“Microsoft FrontPage”窗口中执行“文件”→“保存文件”命令，将新建文件保存为 guanggao. htm。

（2）在 FrontPage 中执行“插入”→“组件”→“横幅广告管理器”命令，打开“横幅广告管理器属性”对话框，如图 3—13 所示，设置宽度为 200，高度为 100，过滤效果为“分解”，每幅图片显示 3 秒，单击“添加”按钮，将所需要的图片添加到“显示图片”列表框中，单击“上移”、“下移”按钮调整横幅广告图像变换的次序，单击“确定”按钮。

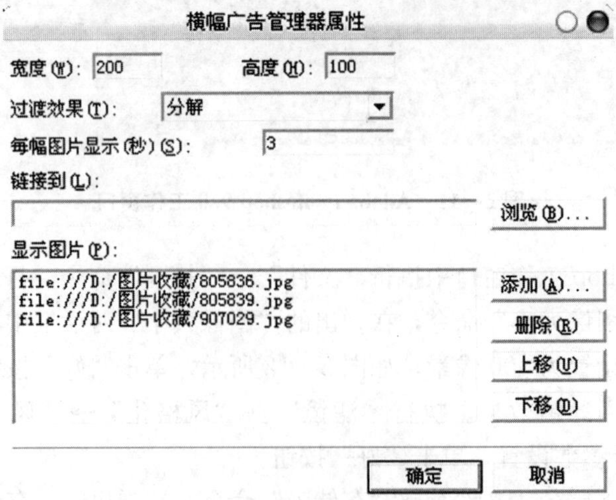

图 3—13　横幅广告管理器设置示例

（3）保存后在浏览器中进行预览，每隔 3 秒钟变换一幅图片。

3. 在 FrontPage 中应用动态 HTML 效果

［示例 9］在 FrontPage 中应用动态 HTML 效果，操作步骤如下：

（1）单击“开始”按钮，选择“程序”→“Microsoft FrontPage”。打开“Microsoft FrontPage”窗口，执行“文件”→“保存文件”命令，将新建文件保存为 dtsg. htm。

（2）在 FrontPage 窗口中输入文本“电子商务”，然后选中文本执行“格式”→“动态 HTML 效果”命令，在出现的“HTML 效果”工具栏中进行设置，如图 3—14 所示。

图 3—14　应用动态 HTML 效果示例

（3）保存后在浏览器中预览。

4. 建立及应用 CSS 样式文件

［示例 10］使用 FrontPage 建立名为“mystyle. css”的外部 CSS 样式文件，并在其他页面文件中应用此样式文件。

（1）创建 CSS 样式文件。操作步骤如下：

1）单击“开始”按钮，选择“程序”→“Microsoft FrontPage”，打开“Microsoft FrontPage”窗口。

2）在 FrontPage 窗口中，选择“文件”→“新建”→“网页”，如图 3—15 所示，在“新建”对话框中单击“样式表”选择卡，选择要创建的样式类型，然后单击“确定”按钮。

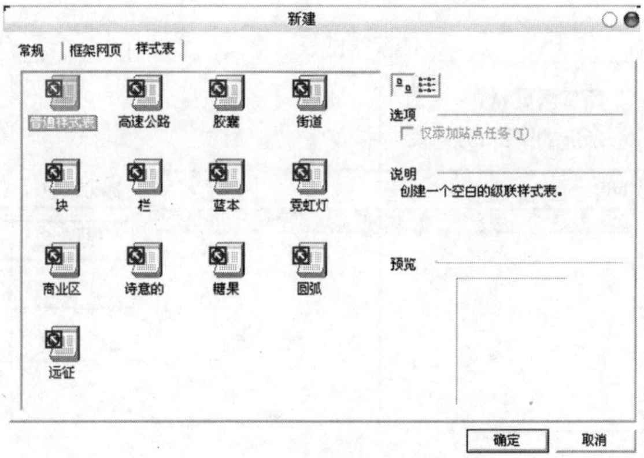

图 3—15　创建 CSS 样式文件示例

3）单击样式工具栏中的样式按钮，弹出“样式”对话框。

4）单击“样式”对话框中的“新建”按钮，弹出“新样式”对话框，如图 3—16 所示，在“名称（选择器）”中输入样式名称，单击“格式”按钮进行字体、段落、边框等样式的修改。

5）单击“确定”按钮后，会在“样式”对话框的样式栏中显示用户自定义的样式。再单击“确定”按钮，完成样式文件的创建。

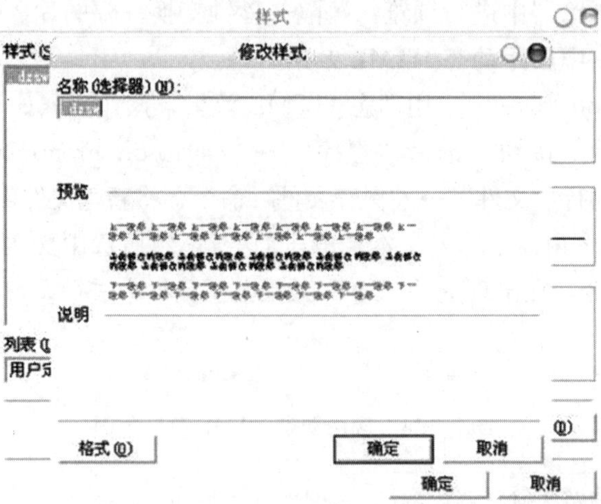

图 3—16　样式修改示例

6）执行“文件”→“保存文件”命令，以“mystyle. css”保存文件。

（2）应用外部 CSS 样式。操作步骤如下：

1）新建页面文件并进行保存操作，输入文字内容“电子商务网页制作 FrontPage 样式的应用”。

2）执行“格式”→“样式表链接”命令，在打开的“链接样式表”对话框（见图 3—17）中进行设置，选择“所选的网页”选项，单击“添加”按钮，选择所要链接的样式表文件，单击“确定”按钮。

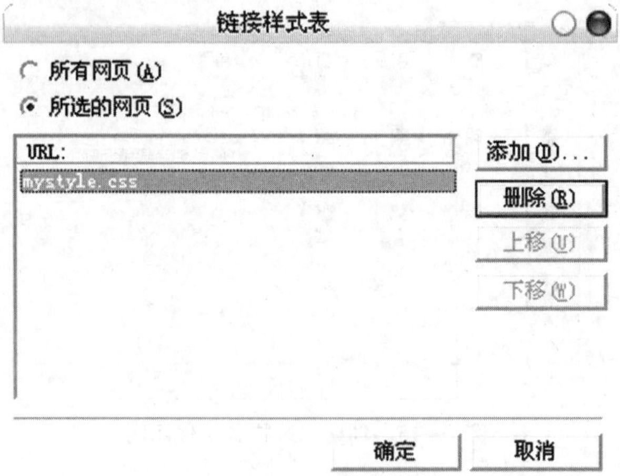

图 3—17　链接样式表

3）选中文字，切换到 HTML 视图下，将<body>区中的“<p>这是样式的应用</p>”HTML 语句修改为：<p class＝“dzsw”>这是样式的应用</p>，保存文件后的浏览效果如图 3—18 所示。

大多数时候可以不为具体的 HTML 标记符定义格式，而是定义一些开放的格式，只有在内容需要的时候才引用这些格式。

图 3—18　应用外部 CSS 样式效果图

（三）视频与音频

1. 视频基础知识

视频将整个视频流中的每一幅图像逐幅记录，信息量非常大。数字视频将传统模拟视频（包括电视与电影）片段捕获，转换成电脑能调用的数字信号。因为视频是我们利用视频录制设备直接采录的，所以比较容易取得。经过编辑再创作后就成为需要的数字视频，也就是电影文件。数字视频总能使多媒体作品变得生动和完美。

视频格式主要有三种：

（1）avi 文件。avi 文件图像质量好，可以跨多平台使用，但体积过于庞大，而且压缩标准不统一。目前此格式使用普遍。

（2）mov 文件。mov 文件是苹果公司开发的专用视频格式，后来移植到 PC 机上。它与 avi 大体属于同一品质，但其使用不如 avi 普遍。

（3）mpg 文件。mpg 是压缩视频的基本格式。它的压缩方法是将视频信号分段取样（每隔若干幅画面取下一幅“关键帧”），然后将相对各帧未变化的画面忽略不计，仅仅记录变化内容，因此压缩比很大。mpg 还有 mpv 和 mpa 两个变种。mpv 只有视频，不包含音频，mpa 则不包含视频，只有音频。

2. 音频基础知识

声音是多媒体的重要方面之一，它可以给多媒体带来令人惊奇的效果，还能最大限度地影响显示的效果。多媒体中的声音有音乐和音效两类。就音乐而言，除了我们熟悉的普通音乐之外，还有电脑特有的 MIDI 音乐。音效包括各种各样的声音，如拖动鼠标发出的声音。在模拟音频技术中，通常以磁介质来记录声音，存储介质的磁性变化将会直接影响到模拟音频的回放质量。而数字音频没有这样的烦恼，即使被复制无数次，数字音频信号也不会出现任何信号丢失或发生变化的情况。数字音频技术是通过将声波波形转换成一连串二进制的数据来保存声音的。

声音文件的格式主要有三种：

（1）wav 文件。声音文件最基本的格式是 wav 格式。它把声音的各种变化信息（频率、振幅、相位等）逐一转成 0 和 1 的电信号记录下来，记录的信息量相当大，其具体大小与记录的声音质量高低有关。

（2）mid 文件。mid 文件也称 midi 文件，其记录方法与 wav 完全不同。人们在声卡中事先将各种频率、音色的信号固化下来，在需要发一个什么音时就到声卡里去调那个音。一首 midi 乐曲的播放过程就是按乐谱指令去调出那一个个音来。因此，midi 文件的体积都很小，即使是长达十多分钟的音乐也不过十多千字节至数十千字节。

（3）mp3 文件。mp3 可以说是目前最为流行的多媒体格式之一。它是将 mav 文件以 MPEG2 的多媒体标准进行压缩，压缩后体积由原来的 1/10 变为 1/15，而音质基本不变。

3. 在页面背景中插入音乐

[示例 11] 使用<bgsound>背景音乐标记符在页面中插入背景音乐，操作步骤如下：

（1）以“记事本”方式打开要插入背景音乐的文件或在 Frontpage 中切换到“HTML”视图下。

（2）在<head>……</head>输入下列语句：

```
<head>
<bgsound src="music.mid" loop="-1" >
</head>
```

（3）执行“文件”→“保存文件”命令，将文件保存为 musci.html。

（4）在浏览器中进行浏览。

<bgsound>背景音乐标记符可以在展示页面的同时播放音乐，其主要属性有：

（1）Src：链接的声音文件地址。

（2）loop：播放音乐的次数，当 loop<0 时为无穷次循环。

4. 插入 Flash 动画

[示例 12] 在 FrontPage 中插入 Flash 动画，操作如下：

（1）单击“开始”按钮，选择“程序”→“Microsoft FrontPage”，打开“Microsoft FrontPage”窗口。

（2）在 FrontPage 中执行“插入”→“高级”→“插件”命令，打开“插件属性”对话框并进行设置，如图 3—19 所示。

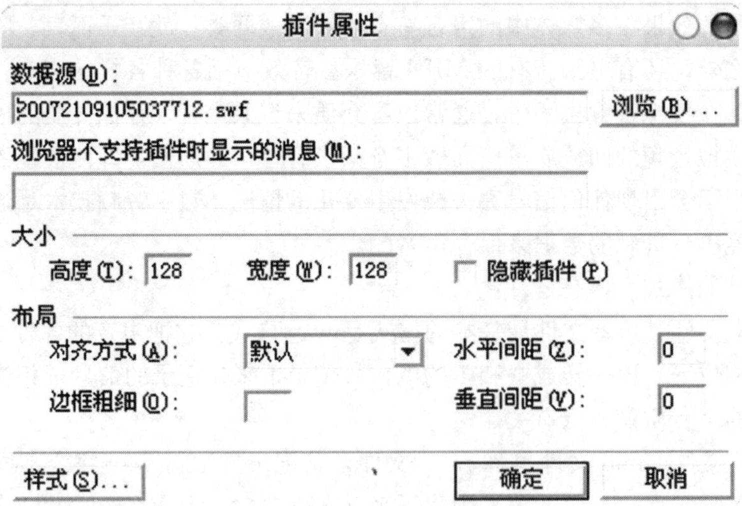

图 3—19　示例 12 中的操作

（3）执行“文件”→“保存文件”命令，将文件保存为 flash.htm。

（4）在浏览器中进行浏览，如图 3—20 所示。

注意：

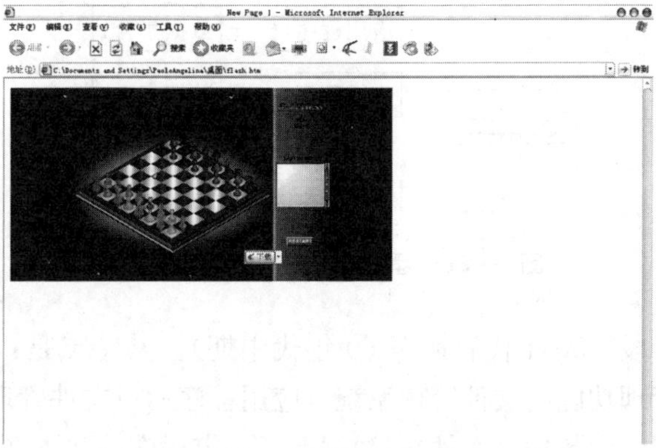

图 3—20　示例 12 的浏览效果图

(1) 在网页中插入的 Flash 动画文件格式为 swf。

(2) 在 FrontPage 中使用<embed>标记来定义 Flash 动画文件。

第 3 节　数据库技术

一、数据库技术概述

数据库技术是研究数据库的结构、存储、设计、管理和使用的一门软件学科。在电子商务业务中需要使用存储在数据库中的大量信息，例如，商家为用户提供的商品信息、认证中心存储的交易方的信息、配送中心需要使用的配送信息、商家管理的用户的一些购买信息等。这些信息的存储和使用需要良好的数据库技术提供支持，包括数据模型、数据库系统、数据库建设系统和数据仓库、联机分析处理和数据发掘技术等。应用于电子商务中的数据库技术主要完成数据的采集、存储和组织，以及决策支持、Web 数据库建设等任务。

计算机的最大特点就是能够高速地处理大量的数据。计算机诞生以来的应用实践表明，数据处理是计算机的基本功能之一，如果计算机不具备处理数据的能力，企业就无法利用计算机完成大量的数据处理工作。数据处理的核心问题就是数据管理，也就是如何对数据进行分类、组织、编码、存储、检索和维护，数据库就是在这种数据处理的要求下产生的。

数据库技术的发展经历了几个阶段：

(1) 人工管理阶段（20 世纪 50 年代中期以前）。其特点是：没有操作系统，有专门的管理数据的软件，用户既要定义数据的逻辑结构，也要设计数据的物理结构；面向应用组织数据，每一个应用程序对应于一组专有数据；数据不能共享，冗余度大；数据既没有物理独立性也没有逻辑独立性。图 3—21 为程序与数据的存放示意图。

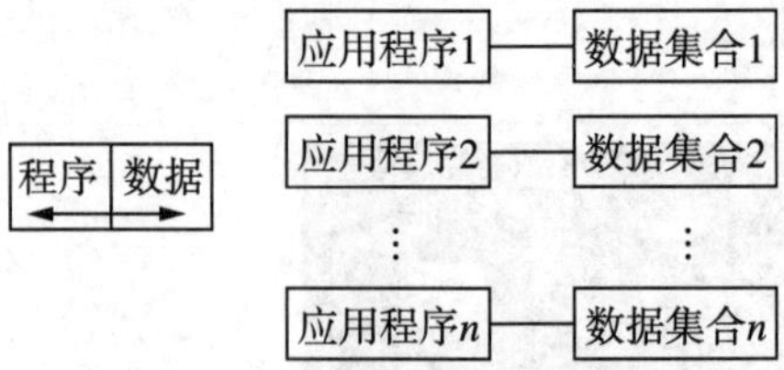

图 3—21　程序与数据的存放示意图

（2）文件处理阶段（50 年代后期至 60 年代中期）。其特点是：软件方面有了操作系统，如包含数据管理功能的文件管理系统；应用程序通过文件管理系统存取系统文件中的数据；面向应用组织数据（文件）；数据有了一定程度的共享（文件共享），冗余度仍较大（不同的文件中存在重复数据）；数据和程序仍缺乏独立性。图 3—22 为文件系统管理示意图。

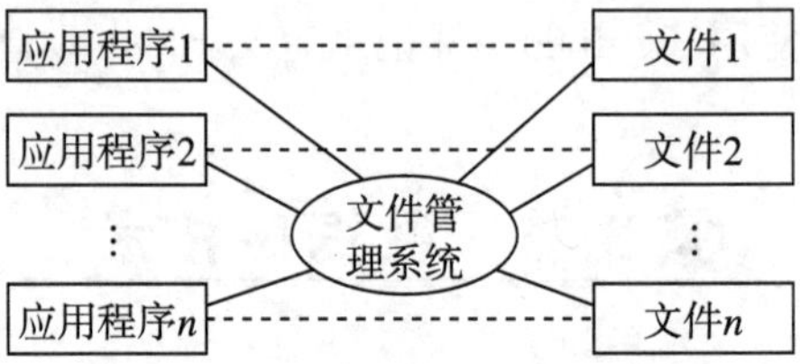

图 3—22　文件系统管理示意图

（3）数据库系统管理阶段（60 年代后期）。其特点是：有了专门管理数据的软件（数据库管理系统），应用程序通过数据库管理系统存取数据；面向数据组织数据；数据冗余度小，具有高度的共享性；数据和程序具有高度的独立性，既有物理独立性又有逻辑独立性。图 3—23 为数据库系统管理示意图。

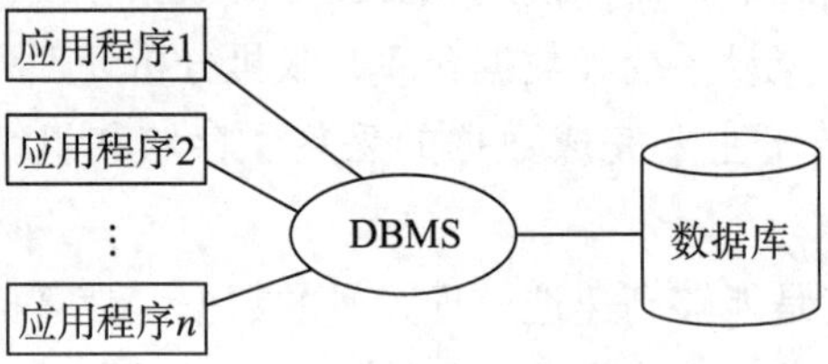

图 3—23　数据库系统管理示意图

二、数据库系统的构成与特点

（一）数据库系统的构成

数据库系统是由计算机系统、数据、数据库管理系统和有关人员组成的具有高度组织化特性的总体，是一个由使用人员和维护人员、加工设备以及数据资源组成的完整计算机应用系统。

（1）计算机系统。计算机系统指用于数据库管理的计算机硬软件系统。

（2）数据。数据是数据库中存储的基本对象。文字、图形、图像、声音、档案记录、货物的运输情况等都是数据。

（3）数据库。数据库是长期存储在计算机内的有组织的、可共享的数据集合。数据库需要大容量的主存以存放和运行操作系统、数据库管理系统程序、应用程序以及数据库、目录、系统缓冲区等，需要大容量的辅存以直接存取设备。数据库既有存放实际数据的物理数据库，也有存放数据逻辑结构的描述数据库。

（4）数据库管理系统。数据库管理系统是一组对数据库进行管理的软件，通常包括数据定义语言及其编译程序、数据操纵语言及其编译程序以及数据管理例行程序。

（5）数据库管理员。数据库管理员就是对数据库进行有效控制的操作人员，负责建立和维护数据库，提供数据的保护措施和编写数据库文件。包括设计数据库管理系统的人员和一般用户。

（二）数据库系统的特点

数据库系统有如下特点：

（1）面向全组织的复杂数据结构。数据库中的数据结构不仅描述了数据本身，而且描述了整个组织数据之间的联系，实现了整个组织数据的结构化。

（2）数据冗余度小，易于扩充。由于数据库从组织的整体来看待数据，数据不再只是面向某一特定的应用，而是面向整个系统，减少了数据冗余和数据之间不一致的现象。在数据库系统下可以根据不同的应用需求选择相应的数据加以使用，使系统易于扩充；数据与程序独立，数据库系统提供了数据的存储结构与逻辑结构之间的映射功能及总体逻辑结构与局部逻辑结构之间的映射功能，使得当数据的存储结构改变时，逻辑结构保持不变，或者当总体逻辑结构改变时，局部逻辑结构可以保持不变，从而实现了数据的物理独立性和逻辑独立性，把数据的定义和描述与应用程序完全分开。

（3）统一的数据控制功能。数据库系统提供了数据的安全性控制和完整性控制，允许多个用户同时使用数据库资源。

数据库的上述特点，使得信息系统的研发从以程序为中心转向围绕共享的数据库来进行，实现了数据的集中管理，提高了数据的易用性和一致性，从而能更好地为决策服务。因此，数据库技术在信息系统应用中起着越来越重要的作用。

三、数据库技术与电子商务

数据库对电子商务的支持是全方位的，从底层的数据到上层的应用都涉及数据库技术，主要包括以下方面。

（一）数据的收集、存储和组织

这是传统数据库系统的主要内容。对于参与电子商务的企业而言，数据不仅来源于企业内部管理信息系统，而且包括大量的外部数据。数据是企业的重要资源，是决策的依据，是进行各类生产经营活动的基础。

（二）决策支持

由于电子商务是利用网络来做生意，网络将时空距离对商务活动的影响降到最小，因此参与电子商务的企业面对的市场是一个全球化的市场。这给企业带来了机遇，同时也带来了挑战。一方面，由于电子商务的介入，企业可以得到更多的经济信息，有利于企业的经营。例如，企业可以在全球范围内采购原材料，货比三家，买到性价比最高的产品。另一方面，由于电子商务交易的全球化，某地区的价格变动会影响其他地区，甚至可能波及全球市场，从而使得电子商务市场变化频繁，这就加大了企业预测市场动向和规划经营管理策略的难度。在这样的环境中，电子商务决策变得更加重要。企业应该充分利用电子商务的大量数据进行分析，并依据分析结果作出正确的决策，随时调整经营策略，以适应市场的需求。

（三）对电子数据交换的支持

电子数据交换（EDI）是电子商务的重要组成部分。要想成功地实现电子数据交换，企业的基础设施建设是关键，而数据库系统建设是其中重要的一环。如果有良好的数据库系统的支持，就可以实现从应用到应用的 EDI 过程。这一过程如下：企业内部的管理信息系统依据业务情况自动产生 EDI 单证，并传输给贸易伙伴；对方传来的 EDI 单证也可以由系统自动解释，并存入相应的数据库，整个过程无人工干预。在这一过程中，可以设立一个 EDI 数据库，专门用于有关数据的处理。这样的管理方式简单明了，但如果数据库之间的沟通不顺畅，就可能出现数据不一致的现象。

（四）Web 数据库

当前许多企业纷纷在 Web 上开发自己的主页来介绍自己的产品和服务。有的网页不仅有琳琅满目的商品和优惠的价格，而且有专家和买家的评价，牢牢抓住了网上用户的心理。企业不仅可以通过这种方式发布自己的信息，而且可以收集顾客的需求信息。Web 数据库是一个新生事物，它将 Web 与数据库相结合，集二者的优点于一身。前端有界面友好的 Web 浏览器，后台有成熟的数据库作支撑，无疑会给企业带来一个良好的应用环境。

数据库是企业信息管理系统中用来管理信息的工具，离不开数据库技术的支持。电子商务作为新型的企业经营模式，当然也离不开数据库技术的支持。今天，数据库技术正在为推进电子商务应用发挥巨大的作用；将来，随着数据库技术的飞速发展，它一定会为优化企业管理模式做出更大的贡献。

第 4 节　电子数据交换技术

一、电子数据交换的含义与特点

电子数据交换（EDI）是指商业贸易伙伴之间，将按照标准、协议予以规范化和格式化的经济信息，通过电子数据网络在计算机系统之间进行自动交换和处理。EDI 数据流程见图 3—24。

EDI 是电子商业贸易的一种工具，将商业文件（如订单、发票、货运单、报关单和

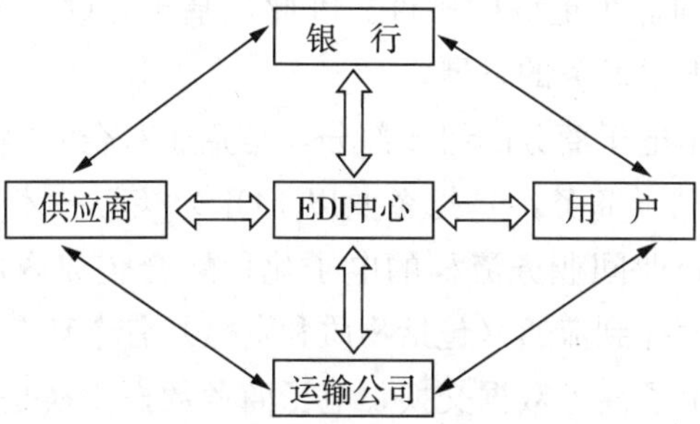

图 3—24　EDI 数据流程图

进出口许可证）按统一的标准编制成计算机能识别和处理的数据格式，在计算机之间进行传输。由此可知，EDI 具有以下特点：

（1）EDI 是企业（制造商、供应商、运输公司、银行等）之间传输商业文件的依据；

（2）传输的文件数据采用共同的标准，具有固定格式；

（3）通过的数据通信网络一般是增值网和专用网；

（4）数据是从计算机到计算机自动传输的，不需要人工介入操作。

电子数据交换与电子邮件或传真有所不同（见表 3—1）。

表 3—1　　电子数据交换与电子邮件、传真的比较

比较项目	电子数据交换	电子邮件、传真
传输内容	格式化的标准文件，并有格式检验功能	自由格式文件
人工干预	计算机系统自动处理，不需要人工干预	人工接收书信
安全保密	具有安全保密功能	安全保密功能弱
通信网	数据通信网	电话网、电报网

在商业领域使用 EDI 是出于以下原因。首先，不再需要日常的文书工作，可提高劳动生产率并且减少错误，文件能够被存取以备将来使用。其次，增加利润，降低成本（如使用较少的纸张和劳动力），库存购买系统的效率更高（通过电子方法检测库存订购点，所以速度快），通过比较短的贸易循环使现金得到增加。最后，能更加有效地为顾客服务，大大缩短订单处理时间，并使之变得更加可靠。这样就可以节省更多的时间来为顾客提供新的、更好的服务。

二、电子商务和电子商务数据交换的关系

电子商务数据交换是 20 世纪 70—90 年代电子商务发展的产物。EDI VAN 服务安全可靠，在国际贸易、通关、交通运输、政府招标、公用事业等领域广泛应用。90 年代，基于互联网的 EDI 出现且发展迅速，电子商务数据交换作为企业之间商业信息交换的标准格式继续沿用。互联网技术的快速发展，为电子商务数据交换的推广应用，特

别是在中小企业的应用创造了更好的条件。因此，基于互联网的 EDI 将极大地促进基于电子商务数据交换的电子商务的发展。

电子商务数据交换是电子商务的组成部分，是企业对企业电子商务的基础。企业对企业电子商务即企业间电子商务，是指企业以 EDI 为核心技术，以广域网和互联网为主要的互联手段，实现企业间业务流程的电子化，配合企业内部的电子化生产管理系统，提高企业从生产、库存到流通（包括物质和资金）各个环节的生产率的电子商务形式。电子商务必然涉及电子商务数据交换，电子商务数据交换是实现电子商务的一种技术手段。电子商务的内容比电子商务数据交换更为广泛，既包括企业之间的数据交换，也包括企业与消费者之间的数据交换（见表 3—2）。

表 3—2　　电子商务数据交换与电子商务的比较

比较项目	传统电子商务数据交换	电子商务
用户	商业机构、政府部门	商业机构、政府部门、社会团体、个人
服务内容	传送订单、发票等处理数据	除电子商务数据交换外，提供多种不同内容的综合信息服务
数据交换格式	UN/EDIFACT，ANSIX12 两种格式	支持行业或机构自定标准和格式
数据表现形式	文字	文字、图像、图形、声音、视频等
系统使用方式	电子邮件、报文	基于 HTTP 和 TCP/IP 的一种交互式商务沟通
通信协议	X. 400，X. 500，X. 25 等	X. 400，X. 500，X. 25，TCP/IP 协议，PPP 协议
网络	专用网、增值网	公用网、互联网

三、电子商务数据交换的组成要素及应用

（一）电子商务数据交换的组成要素

电子商务数据交换的三个基本组成要素是：

1. 信息网络

这是电子商务数据交换实现的基础。可利用公用电话交换网（PSTN）、分组交换网（PSPDN）、综合业务数字网（ISDN）、甚小口径无线地面站 VSAT 数据网，以及各种广域网（WAN）、城域网（MAN）和局域网（LAN）来建立 EDI 增值网络。

2. 由计算机硬件、专用软件组成的应用系统

这是电子商务数据交换实现的前提。电子商务数据交换用户单位要建立计算机应用系统，而数据处理系统（electronic date processing，EDP）的硬件由 PC 机（或服务器）、调制解调器等组成，软件由转换软件、翻译软件、通信软件等组成。转换软件将计算机系统的文件转换为翻译软件能理解的中间文件，或将翻译软件接受的中间文件转换成计算机系统的文件；翻译软件将中间文件翻译成电子商务数据交换标准格式，或将

后者翻译成前者；通信软件将要发送的EDI标准格式文件外层加上通信信封，送到EDI交换中心信箱，或将接收的文件从信箱取回，计算机应用系统能对EDI传递的单证等经济信息进行自动处理。

3. EDI标准化

这是电子商务数据交换的关键。EDI报文必须按照国际标准进行格式化。目前应用最广泛的EDI国际标准是UN/EDIFACT标准，除符合业务格式外，还要符合计算机网络传输标准。

（二）数据交换关键技术和应用范围

1. 数据交换关键技术

（1）通信技术。电子商务数据交换采用各种数据通信网，例如分组交换网（PSDN）、数字数据网（DDN）、综合业务网（ISDN）、帧中继网（FRN）、卫星数据网（VAST）、数字移动通信网（GSM），以及各种网络的广域网（WAN）、局域网（LAN）和增值网（VAN）。20世纪90年代互联网迅速发展，可用来进行EDI电子数据交换。通常采用的通信协议包括Async，Bisync，X.25，X.400，X.435等。

（2）标准化技术。EDI标准有国际标准和行业标准之分。国际标准是UN/EDIFACT标准，具体包括EDI基础标准、单证标准、报文标准、EDI/FACT标准、EDI通信标准、EDI安全保密标准、EDI网络管理标准以及EDI应用相关代码标准。此外，汽车、化工、电子和石油天然气等行业都有自己的行业标准，但目前开始放弃行业标准，采用国际标准。

（3）安全保密技术。包括密码加密技术、密钥管理技术、数字签名技术。

（4）计算机数据处理技术。包括EDI技术、MHS报文处理技术、管理信息系统技术、EDI翻译软件、EDI与其他应用系统集成技术。

2. 数据交换应用范围

数据交换适用于需要进行表单数据处理与交换的行业，主要有：商业、零售业，外贸业，工业、制造业、化工业、石油业、汽车业，银行保险业，交通运输业，公用事业，其他有大量单据往来的行业，以及对销货/存货量的关系相当敏感的行业。

四、电子数据交换的标准

EDI标准是由各企业、各地区代表共同讨论、制定的电子数据交换共同标准，可以使各组织之间的不同文件格式通过共同的标准达到文件交换的目的。标准化是实现EDI系统的一个非常关键的环节。如果大家都采用一个通用的数据格式进行交换，就无须修改自己的应用系统和数据格式，可以实现快速、准确的数据交换。对于发展EDI应用来说，最重要的就是制定一种稳定的、具有通用性的、可以被广大用户接受的数据格式标准。

EDI的标准应该遵循以下两条基本原则：

（1）提供一种发送数据及接收数据的各方都可以使用的语言，这种语言所使用的语句是无二义性的。

（2）这种标准不受计算机机型的影响，既适用于计算机间的数据交流，又独立于计算机之外。

目前国际上存在两大标准体系：一个是流行于欧洲、亚洲的，由联合国欧洲经济委员会（United Nations/Economic Commission for Europe，UN/ECE）制定的UN/EDIFACT标准；另一个是流行于北美的，由美国国家标准委员会（American National Standards Institute，ANSI）制定的ANSI X.12标准。

五、美的集团EDI应用案例

1. 企业简介

美的集团是一家以家电制造业为主的大型综合性企业集团，2013年9月18日在深交所上市，旗下拥有小天鹅、威灵控股两家子上市公司。1968年，美的创业，1980年，美的正式进入家电业，1981年注册美的品牌。2014年美的集团有员工13万人，旗下拥有美的、小天鹅、威灵、华凌、安得、美芝等十余个品牌。集团在国内建有15个生产基地，辐射华南、华东、华中、西南、华北五大区域；在越南、白俄罗斯、埃及、巴西、阿根廷、印度等6个国家建有生产基地。

主要生产家用空调、商用空调、大型中央空调、冰箱、吸尘器、取暖器、电水壶、烤箱、抽油烟机、净水设备、空气净化器、加湿器、灶具、消毒柜、照明用具等家电产品，以及空调压缩机、冰箱压缩机、电机、磁控管、变压器等家电配件产品。现拥有中国最完整的空调产业链、冰箱产业链、洗衣机产业链、微波炉产业链和洗碗机产业链；拥有中国最完整的小家电产品群和厨房家电产品群；在全球设有60多个海外分支机构，产品远销200多个国家和地区。

2013年，美的集团整体实现销售收入达1 210亿元，其中外销销售收入达74亿美元。2013年“中国最有价值品牌”评价中，美的品牌价值达到653.36亿元，名列全国最有价值品牌第5位。截至2013年，美的集团为社会公益事业累计捐赠超过6亿元。2014年美的集团归属于上市公司股东的净利润达到105.02亿元，整体毛利率达到25.46%，同比上升2.17%。

2. 应用背景

随着自身业务在全球范围内不断扩大，美的集团已经形成了一个覆盖全球，从生产制造、供应商、物流、渠道到客户的庞大企业供应链群。2010年，美的制定“十二五”发展规划，定下了五年内进入世界500强，成为全球白色家电前三位的具备全球竞争力的国际化企业集团的发展目标。美的意识到，当前的市场竞争已经由企业与企业之间的竞争变为供应链与供应链之间的竞争，要实现既定目标，成为一个屹立于全球市场的企业，就必须进一步联合上下游的业务伙伴，密切合作，加强供应链一体化管理，共同增强整条供应链的竞争力，实现“敏捷供应链”。

敏捷供应链的第一步，便是提升供应链成员在业务合作中大量信息交换的速度和准确性，这将直接影响到整个供应链的运作效率。美的的供应链伙伴群体十分庞大，上下游企业和合作伙伴众多，每年需要交换大量的单据，美的与业务伙伴之间典型的信息交互如图 3—25 所示：

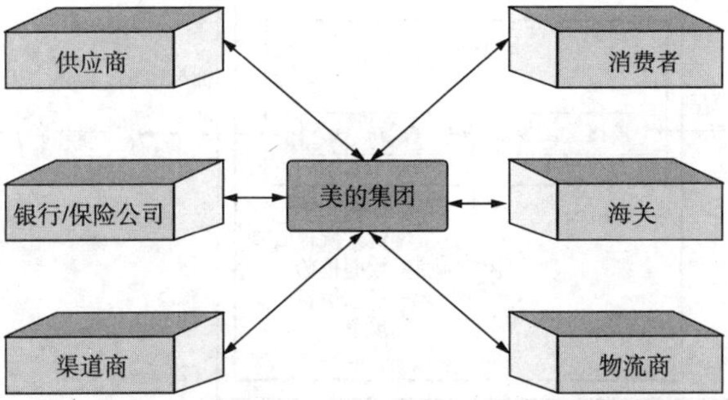

图 3—25　美的集团与业务伙伴之间典型的信息交互图

之前，美的集团采用人工的方式实现对大量业务单据的接收、处理和发送，需要花费较长时间；同时，人工处理方式难免发生错误。为了满足美的与供应链合作伙伴之间实时、安全、高效和准确的业务单据交互的需求，提高供应链的运作效率，降低运营成本，美的迫切需要利用企业级（B2B）数据自动化交互和传输技术，即 EDI 方案来解决这个问题。

在选型时，美的集团看重的是 EDI 解决方案的如下特性：

第一，美的供应链中合作伙伴众多，包括供应商、物流商、渠道商、银行和保险机构等，它们都有自己的业务数据标准和传输协议，同时，美的内部各子应用系统也有自己的数据标准，因此 EDI 平台方案必须具备强大的数据处理能力，能够将各类异构数据迅速转换为标准 EDI 报文，同时还要具备支持多种传输协议的能力。

第二，EDI 平台作为连接美的与众多合作伙伴的中间平台，是双方进行业务数据集成和交互的核心，其处理速度直接影响到业务流程的效率，因此需要具备数据快速处理和传输能力，同时，整个处理和传输过程应该完全自动化且无须人工干预。

第三，随着业务不断发展，美的供应链中的合作伙伴、业务流程、数据标准会发生相应的变动，因此 EDI 平台方案必须具备良好的灵活性，以迅速适应业务需求的变更和拓展。

3. 解决之道

经过反复的筛选和比较，美的集团最终选择了业界领先的供应链管理解决方案提供商锐特信息（SinoServices）为其提供 EDI 解决方案和技术支持。锐特信息提供了 SinoEDI 企业级数据整合解决方案，主要的功能模块包括：集成服务器、业务流程引擎、网关、映射转换、数据流管理、EDI 组件、适配器。

方案架构如图 3—26 所示。

SinoEDI 企业级数据整合解决方案支持各类传输协议、加密算法，同时也是一个性能非常优异的数据处理平台，支持任意数据格式之间的转换，数据流程可灵活定制，路由功能强大，且具备各类适配器与后台系统、数据源集成。开发、部署由图形化的统一开发平台来完成，简单易用。它具备以下优点：

(1) 高度灵活、反应敏捷，可高效、快速地适应业务需求的变化。不管是有新的合

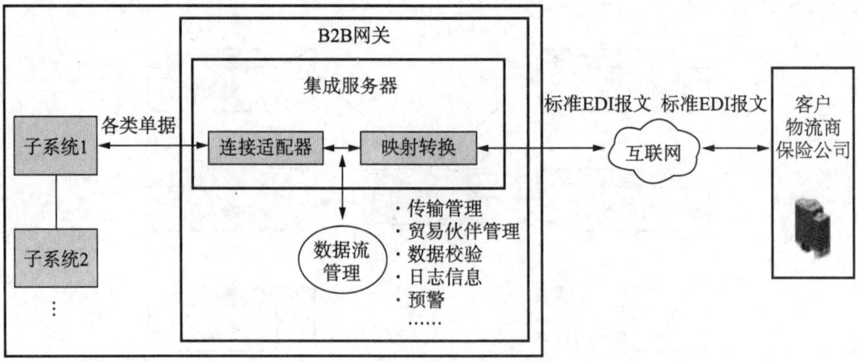

图 3—26　EDI 解决方案架构图

作伙伴的加入，还是有新的数据格式，EDI 平台都可在不影响现有平台运行的情况下，快速接入新合作伙伴，增加新的数据格式，且平台架构不会发生大的变化。

(2) 支持任何数据格式。强大的 EDI 引擎可支持各个时期各个版本的 EDI 标准，例如：EDIFACT，ANSI X12，RosettaNet，XML，IDOC，Flat File 等。

(3) 安全、高效、统一的 B2B 传输网关。B2B 传输网关提供了一个 B2B 传输的统一接入点，便于管理，具备强大的合作伙伴管理（TPM）功能；同时，保证所有通过网关的数据都能安全发送与接收，提供多层次的安全防护，包括协议安全策略、SSL/TLS 策略等。

(4) 强大的数据并发及处理能力。EDI 平台设计独特，具备高效的数据处理能力，性能极其出色。

(5) 实现与后台各种系统的无缝集成。如 SAP、IBM MQ、J2EE 应用、数据库等都有相应的直连接口，便于美的内部各业务系统与 EDI 平台的高度集成。

利用 SinoEDI 企业级数据整合解决方案，美的和各业务伙伴之间大量的数据和业务表单往来便可实现完全的自动化传输和识别，而不受各类数据源的结构和传输协议的影响。

4. 实施过程

2009 年 11 月 4 日，美的集团和锐特信息成立了由双方专家组成的项目实施小组，宣布 EDI 项目正式启动。

在项目实施过程中，锐特信息首先对 EDI 平台以及各种网络系统、数据备份、防火墙、入侵检测等运行环境进行部署、调试。同时深入美的业务系统应用的各部门，对实际工作业务流程等进行深层次的调研，并结合美的合作伙伴的业务和操作流程进行全面的分析。然后在调研的基础上，着手进行 EDI 平台的设计和开发，围绕所确定的业务范畴中的流程与数据的调研分析，按照产品线和业务类型的划分，分析企业数据流需求和详细的各类业务数据需求，在此基础上提交了整体项目分析和设计文档。此外，锐特信息对美的业务人员进行了 EDI 操作流程培训，对美的 EDI 平台管理人员分阶段进行了平台管理和监控方面的培训。

2010 年 2 月 3 日，是美的 EDI 项目值得纪念的日子，在这一天，伊莱克斯（Electrolux）作为美的第一家EDI对接合作伙伴，成功上线运行，实现了双方出货通知、发票等EDI流程的自动化。2010年11月4日，北滘码头成功上线运行，实现了美的与北滘码头的订舱确认、调柜指令等EDI流程的自动化。2011年5月4日，美的与中国出口信用保险公司（以下简称中信保）EDI对接成功，双方实现了费率同步、OA限额申请、LC限额申请、出运申报、出运反馈、收汇反馈等业务数据的交互。这一系列合作伙伴的上线，大大提高了双方业务贸易的效率，同时减少了人工干预的工作量。

5. 应用效益

成功运行一年多以来，美的的EDI已先后接入伊莱克斯、北滘码头、中信保等业务合作伙伴，美的集团明显感受到了集成、开放、灵活的EDI应用带来的效益：

首先，美的与业务伙伴之间的数据交互由过去的人工方式转变为完全自动化的方式，极大地提升了供应链的工作效率。

实施EDI前后美的集团的业务流程的变化如图3—27和图3—28所示：

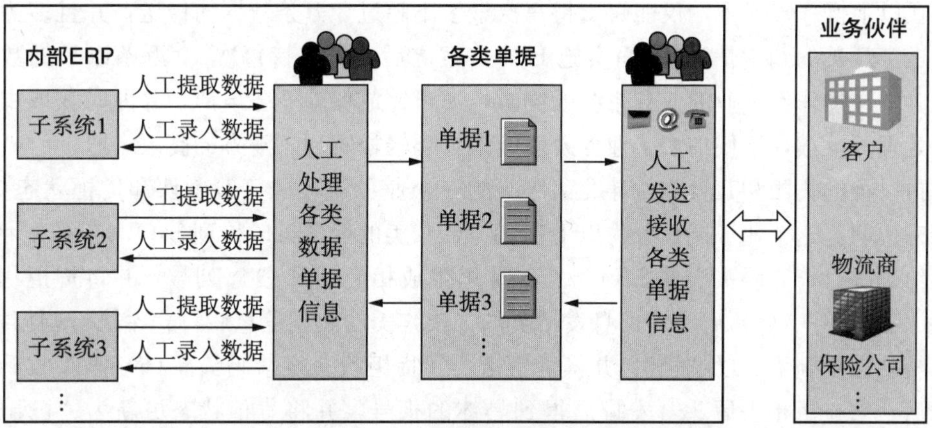

图3—27　实施EDI之前美的集团的业务流程图

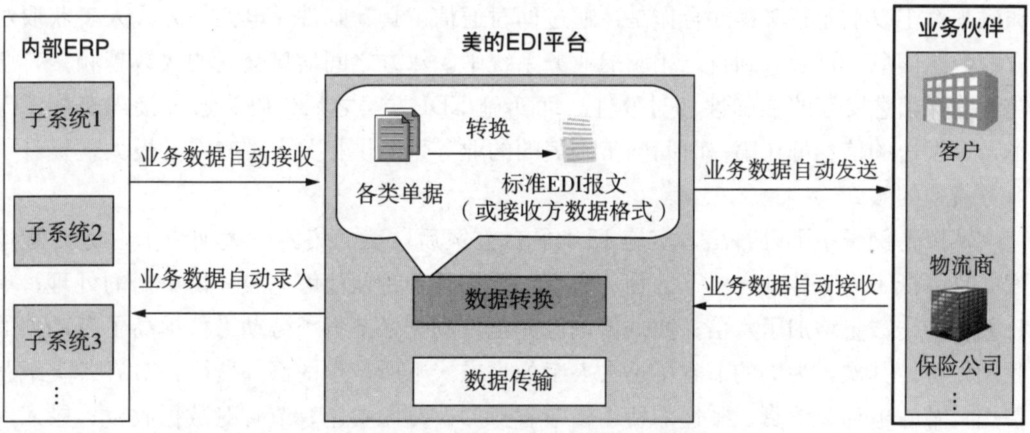

图3—28　实施EDI之后美的集团的业务流程图

以前的人工处理方式需要从美的的各个业务子系统（如ERP，CRM等）提取相关数据，再人工转换成合作伙伴所需要的单据格式，通过邮件、传真、电话等方式向相应的接收方发送（人工转换的过程可由美的或合作伙伴方实现）。同样，当从合作伙伴处接收到各类异构形态的单据之后，要通过人工方式识别、读取，并录入到相应的子系统中。

现在，这个工作流程变为：EDI平台自动接收各子系统发出的数据，再自动转换成标准EDI报文（或者合作伙伴系统能够直接识别的数据格式），然后自动传输给接收方。整个过程无须人工干预，极大地提升了工作效率。

先以美的集团和其合作伙伴中信保的一个业务流程“短期出口险申报”为例加以说明。短期出口险申报的笔数多，数据来源多，数据在传送给中信保之前要做很多“预加工”。例如，美的内部以“订单”为管理单位，而中信保以“发票”为最小业务识别单位，因此，美的要对同一张发票下的订单做金额合计，出运日、商品、运输方式也需要按业务规则提取，合并成一张发票提交中信保。同时，数据多以Excel报表作为传递的载体，美的先要从业务管理系统中导出Excel数据，再做数据加工处理，之后交给中信保。在以上操作方式下，仅能够支持每次最多不超过3万条数据的传送，并且多为单向的传送（从美的到中信保）。而实施EDI方案之后，可支持每次10万条以上的数据传送，美的在操作本企业的业务系统的同时，即可完成保险业务申请，并即时获取中信保业务处理的反馈，不仅加快了业务处理速度，还轻松实现了双方的高效沟通。

再以美的集团和其合作伙伴北滘码头的一个业务流程“订舱确认和货柜状态更新”为例来说明。这个业务流程分为以下步骤：（1）美的船务订舱得到S/O号。（2）将S/O号发给码头。（3）码头根据S/O号在系统里生成相应的S/O序列号，并将货柜状态更新为“已派单”。（4）码头将信息发给美的。（5）美的收到信息后，仓库执行调柜指令，将货柜状态更新为“已调柜”，并将货柜指令和货柜状态发给码头。（6）码头收到调柜指令后，安排货柜去码头，安排后得到具体的柜号，并将货柜状态更新为“已出场”，发送给美的。（7）货柜从码头上船后，码头将离港日期、大船封条号等信息发给美的。如果实际柜号因为某些原因再次修改，码头需要将修改后的信息发给美的。以前，美的和码头对于以上业务流程的合作是：通过即时通信工具、邮件、电话等方式人工获取对方的数据信息，再录入到自己相应的业务系统中。双方之间信息交互的次数越频繁，便越难确保信息交互的准确性和时效性。而实施EDI方案之后，码头通过接入美的EDI平台，发送的信息可在第一时间同步到美的的业务系统供相关人员查看，极大地提升了业务流程的效率。

从以上例子中可以看出，实施EDI平台方案后，美的集团大大加快了业务处理速度并且降低了人工处理方式下的相关成本：平均几秒钟便能够完成一份单据的处理；单日数据传送数量增加了六倍；数据传输已完全自动化，节省了劳动力，提高了劳动力的利用效率。其次，为美的节省了过去人工处理方式下所产生的额外费用：节省各类纸张费用；节省电话、传真、邮递的费用；节省打印、复印费用；节省对数据收发、录入人员的管理费用。最后，由于实现了无纸化和全自动操作，大大减少了人工处理过程中由于人为操作、纸质文件丢失等造成的出错。

除了以上这些即时的效益之外，EDI应用对美的全面提升竞争力有着深远的作用：

企业运作效率的提升让美的更加轻松地扩展业务，并快速适应业务增长带来的数据交互的增加；由于供应链对请求的响应速度提高，可以在最短的时间内将产品送达消费者手里；减少人工方式下产生的错误，提升客户满意度；以更有竞争力的价格向下游供货，提高客户的忠诚度；提升企业形象，以高效、精准的工作方式赢得更多合作伙伴以及增强合作关系；为企业走向世界，与海外客户及合作伙伴建立良好关系奠定坚实的基础。

6. 实施经验

通过美的集团、美的合作伙伴和锐特信息三方的共同努力，对整个项目进行统筹安排、分步实施，确保了项目顺利实施。项目的成功上线以及后期应用的深化，关键在于做好如下三点：

（1）对企业相应业务流程加以改造。之前，企业内部和业务伙伴之间已形成了相应的业务操作流程，而采用 EDI 之后，业务操作流程将有所调整，更新后的流程通过 EDI 平台固化下来，形成了统一的、规范的数据交互模式。

（2）项目推进过程中往往会涉及企业内部和企业间多个业务部门的合作，因此沟通至关重要。锐特信息对美的的业务和 IT 人员做了完善的 EDI 知识、EDI 平台操作和业务流程变更等方面的培训，并配合美的做好 EDI 项目的宣传推广，让相关人员充分了解 EDI 平台带来的效益。在项目实施前期，锐特信息作为美的的代表，直接与美的合作伙伴进行沟通，同时，锐特信息将与美的合作伙伴之间的沟通情况汇总给美的，并为其做相应的说明和解答，这样的沟通方式大大加快了项目实施的进程。

（3）根据美的业务伙伴的实际情况，推荐最简便的解决方案。例如，合作伙伴与美的之间使用的是 Excel 单证往来，锐特信息可为其设计具有类似 EDI 功能的 Excel 单证格式，完全不改变其日常的业务单证制作流程。这样可以最迅速地推广 EDI 的应用。

本章小结

本章介绍了与电子商务相关的部分重要基础技术，包括计算机网络技术、Web 技术、数据库技术和 EDI 技术。在介绍各种技术基本概念的基础上，给出了这些技术在应用中的一些实例。不了解电子商务基础技术，就不会理解信息技术对于商务模式的深刻影响，也就难以把握电子商务发展的未来。所以，掌握电子商务基础技术是非常必要的。

计算机网络技术是电子商务技术中最基础、处于最底层的技术。计算机网络技术包括局域网技术、广域网技术以及互联网技术。Web 是一种把所有互联网现有的资源全部链接起来，采用图形界面，集网络技术、超文本技术以及多媒体技术为一体的信息服务系统。数据库技术是研究数据库的结构、存储、设计、管理和使用的技术。应用于电子商务中的数据库技术主要完成数据的采集、存储和组织，以及决策支持、Web 数据库建设等任务。EDI 是电子商业贸易的一种工具，将商业文件（如订单、发票、货运单、报关单和进出口许可证）按统一的标准编制成计算机能识别和处理的数据格式，在计算机之间进行传输。

应用计算机网络技术可构建出纵横交错的网络，将大量的计算机连接到这个网络中；Web 技术为企业提供了一个可以推广业务、增强服务的平台；数据库技术解决了大量信息在网络中存储、共享的难题；电子数据交换技术实现了网络中可靠的信息交流。这些技术都为电子商务的实现奠定了基础。

思考题

1. 建立计算机网络的主要目的是什么？
2. 按覆盖的地理范围进行分类，计算机网络可以分为哪几类？
3. 数据库和网络数据库分别有什么特点？
4. 什么是 Web 浏览器？它有什么作用？
5. HTML 语言是什么？
6. 请用 HTML 语言制作以“我的大学生活”为主题的网页。
7. EDI 的标准是什么？它应遵循什么样的原则？
8. 网站提供的数据库系统有哪些？如果你所在的企业是一家中型企业，需要建立自己的电子商务网站，你会选择哪些工具？
9. 长江重型机械厂主要生产机床和磨床，想同供应商建立密切联系，以便能够直接进入这些公司的订货系统来订货。厂长知道你精通 Web，想让你介绍一下如何用互联网来建立这种关系，有哪些可供选择的方案，是否有公司可以提供所需的硬件和软件。

参考文献

[1] 方美琪．电子商务概论［M］．北京：清华大学出版社，2009.
[2] 杨天翔．电子商务概论［M］．北京：复旦大学出版社，2008.
[3] 宋箭．电子商务应用基础［M］．上海：上海科学普及出版社，2005.
[4] 程元栋，刘培刚．电子商务概论［M］．上海：华东理工大学出版社，2008.
[5] 赵莉，吴学霞．电子商务概论［M］．武汉：华中科技大学出版社，2009.
[6] 桂学文，王伟军．电子商务案例分析［M］．北京：高等教育出版社，2010.
[7] 覃征．电子商务基础［M］．北京：科学出版社，2007.
[8] 刘红军，王敏晰，彭立．电子商务技术教程［M］．北京：机械工业出版社，2006.
[9]（美）加里·P·施奈德．电子商务（第七版）［M］．北京：机械工业出版社，2008.
[10]（英）伊恩·麦克唐纳·伍德．卓越的变革［M］．北京：机械工业出版社，2002.
[11]（英）威廉·斯托林斯．数据与计算机通信［M］．北京：电子工业出版社，2015.
[12] 丁跃潮．Web 编程技术［M］．北京：高等教育出版社，2015.
[13] 海涛．计算机网络通信技术［M］．重庆：重庆大学出版社，2015.

第4章

电子支付

本章导读

本章主要介绍电子支付的概念，网络银行的含义、网络银行的显著优势以及我国网络银行的现状，第三方支付平台的基本概念与发展现状，移动支付的种类以及发展趋势。

引导案例

网络银行的先行者——中国银行

中国的网络银行起步于1996年2月，当时中国银行在国际互联网上建立了主页，率先在互联网上发布信息。此后，招商银行、中国工商银行、中国建设银行、中国农业银行、中信实业银行、民生银行等先后设立网站。

从1996年起，中国银行在网络银行的开发上加大投入，其网上支付系统采用了先进的SET标准。1998年3月，中国银行首次向客户提供网络银行服务，用户可以通过网络银行进行账户查询、银证转账、网上支付等。中国银行的网络银行与其1 000万张长城卡相结合，推出"支付网上行"，日均处理业务500笔，产生了明显的集成效益。当时，中国银行的用户约为40万。

在四大国有商业银行中，中国银行是最早提供网络银行服务的，在新的市场中具有较大优势。它定位于企业财务管理平台的技术开发和流程设计，通过近两年的多次业务系统升级改造，不断满足集团企业的财务管理、资金集中和现金管理需求。作为首家通过国际资深审计机构安全审计的网上银行，它将安全、稳定运行和风险规避作为首要的建设原则，在两年里进行了三次安全系统升级改造，使网银整体安全机制、CA身份认证、数字签名和数据传输安全始终在同行业领先；实现操作页面个性化定制，e-mail自动通知付/收款信息，实时查询款项是否到账以及到账的具体日期与时间，拥有强大、灵活、全面配合企业财务管理的授权控制机制；通过网银渠道和相关产品组合，为集团企业客户实现集团现金管理方案和资金集中管理提供服务。

资料来源：http：//www.cnki.net，http：//baike.haosou.com/doc/5356725－5592227.html＃5356725－5592227－3.

思考题：

1. 中国银行的网络银行业务主要有哪些？
2. 中国银行的网络银行业务还存在哪些问题？

第1节　电子支付

一、电子支付的基本概念

（一）电子支付的相关概念

电子支付（electronic payment），是一种使用电子现金或信用卡进行交易支付的方式。它是指电子交易的当事人（包括消费者、厂商或者金融机构），通过电子终端而非传统的货币形式，在互联网或者其他专用网络上向银行等金融机构发出支付指令，从而实现资金的支付和转移。一般来说，电子支付包括以下几个流程：支付的发起、支付指令的交换与清算、支付的结算等。从严格意义上讲，清算与结算是不同的过程，清算的目的是结算，但在一些金融系统中并不严格区分清算与结算。

清算（clearing），指结算之前对支付指令进行发送、对账、确认的处理，还可能包括指令的轧差。

轧差（netting），指交易伙伴或参与方之间各种余额或债务的对冲，以产生结算的最终余额。

结算（settlement），指双方或多方对交易相关债务的清偿。

（二）电子支付的发展阶段

电子支付经历了以下发展阶段：

（1）银行利用计算机处理银行间的业务，办理结算；

（2）银行计算机与其他机构计算机之间的结算，如代发工资等；

（3）利用网络终端向客户提供各项银行业务，如客户在ATM上取款、存款等；

（4）利用银行销售点终端（POS）向客户提供自动的扣款服务；

（5）网上支付，即电子支付，可随时随地通过互联网进行直接转账结算，形成电子商务环境。

二、电子支付的特点

支付是电子商务中非常重要的一个环节，同时也是电子商务中对于准确性和安全性要求最高的业务过程。与传统的支付方式相比，电子支付往往会涉及很多复杂的技术问题，具有以下特征：

(1) 电子支付是采用先进的技术通过数字流转来完成信息传输的，各种支付方式都是采用数字化的方式进行款项支付的；传统支付则是通过现金的流转、票据的转让及银行的汇兑等物理实体的流转来完成款项支付的。

(2) 电子支付的工作环境是基于一个开放的系统平台（即互联网）；传统支付则是在较为封闭的系统中运行。

(3) 电子支付使用的是最先进的通信手段，如互联网、外联网；传统支付使用的则是传统的通信媒介。电子支付对软硬件设施的要求很高，一般要求有联网的微机、相关的软件及其他一些配套设施；传统支付则没有这么高的要求。

(4) 电子支付具有方便、快捷、高效、经济等优势。用户只要拥有一台 PC 机，便可足不出户，在很短的时间内完成整个支付过程。所支付的费用仅相当于传统支付的几十分之一，甚至几百分之一。

三、电子支付的类型

(一) 根据支付时间的不同划分

(1) 预支付（pre-paid）。预支付是指先付款、后购买。预支付系统基本上是通过将电子货币保存到硬盘或一张智能卡上的方式来运行的。包含电子货币的文件叫做虚拟钱包（virtual wallet），可以在任何时候使用这些电子货币为商品和服务完成在线支付。

(2) 即时支付（instant-paid）。即时支付即交易时付款。即时支付实现起来最复杂，因为必须直接访问银行的内部数据库方能实现即时付款。即时支付的安全措施必须比其他付款类型更严格，可通过借记卡或直接借记实现。

(3) 后支付（post-paid）。后支付即先购买、再支付。

(二) 根据支付工具的不同划分

随着计算机技术的发展，电子支付的方式越来越多，主要分为三大类：

(1) 电子货币类，如电子现金、电子钱包等。

(2) 电子信用卡类，包括智能卡、借记卡、电话卡等。

(3) 电子支票类，如电子支票、电子汇款、电子划款等。

这些方式有各自的特点和运作模式，适合不同的交易过程。

(三) 根据电子支付指令发起方式的不同划分

(1) 网上支付是以互联网为基础，利用银行所支持的某种数字金融工具，在购买者和销售者之间进行金融交换，从而实现购买者与金融机构、销售者之间的在线货币支付、现金流转、资金清算、查询统计等过程。

(2) 电话支付。电话支付是电子支付的一种线下实现形式，是指消费者使用电话（固定电话、手机）或其他类似电话的终端设备，通过银行系统从个人银行账户里直接完成付款的方式。

(3) 移动支付。移动支付是使用移动设备通过无线方式完成支付行为的一种新型的支付方式。移动支付所使用的移动终端可以是手机、PDA、移动PC等。

四、近年来中国电子支付市场的发展

2005年是中国电子支付的元年。在这一年，中国电子支付市场增长迅猛，电子支付法规初步完善，中国的电子支付实现了跨越式发展。《中国支付体系发展报告》显示，2005年以来，我国电子支付在业务量和支付金额方面都有了跨越式的发展：2007年商业银行网上支付、电话支付和移动支付合计22.57亿笔，金额为259万亿元，同比分别增长41.3%和69%；2008年增至30.75亿笔，金额为286.30万亿元，同比分别增长36.24%和10.54%。中国人民银行公布的报告显示，2014年中国电子支付业务保持增长态势，移动支付业务快速增长，相关金额同比增速超过30%，其中移动支付增速尤为显著，同比涨幅逾100%。2014年支付体系运行总体情况报告显示，全国共发生电子支付业务333.33亿笔，金额1 404.65万亿元，同比分别增长29.28%和30.65%。其中，网上支付业务285.74亿笔，金额1 376.02万亿元，同比分别增长20.70%和29.72%；移动支付业务45.24亿笔，金额22.59万亿元，同比分别增长170.25%和134.30%。报告指出，截至2014年末，全国人均持有银行卡3.64张，较上年末增长17.04%。其中，人均持有信用卡0.34张，较上年末增长17.24%。北京、上海信用卡人均拥有量仍远高于全国平均水平，分别达到1.70张和1.33张。《2015年中国电子支付行业研究报告》显示了2009—2014年中国整体网民和网络支付用户规模，对未来几年企业网银及个人网银规模也做出了预测，如图4—1和图4—2所示。

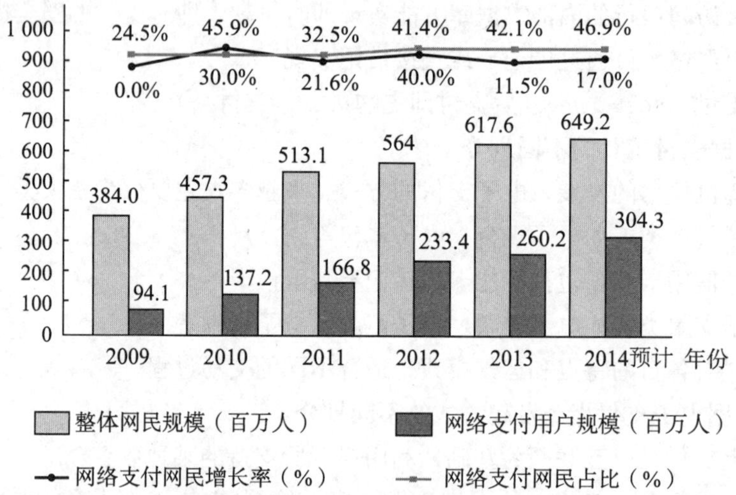

图4—1　2009—2014年我国整体网民和网络支付用户规模及增长率

资料来源：《2015年中国电子支付行业研究报告》，见 www.cnnic.cn。

艾瑞咨询统计数据显示，2015年中国第三方互联网支付交易规模达11.8万亿元，同比增长46.9%，增速有所放缓。在第三方互联网支付整体增速放缓的趋势下，宝付仍保持稳步上升，全年交易额1 000多亿元。艾瑞咨询认为，2015第四季度，航旅、

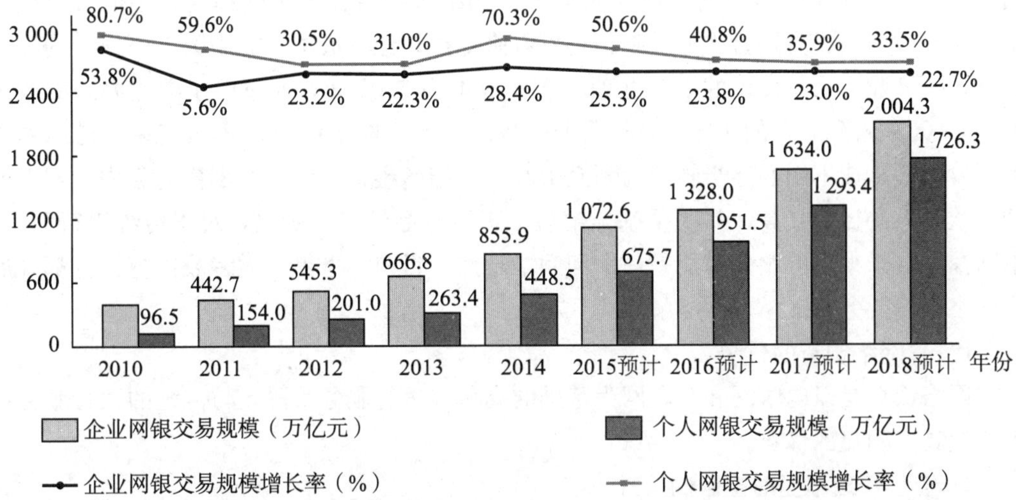

图 4—2　2010—2018 年我国企业网银与个人网银交易规模趋势图

资料来源：《2015 年中国电子支付行业研究报告》，综合企业公开财报及银监会统计信息，根据艾瑞统计预测模型估算。

网游等传统行业增速较稳，基金交易规模环比增速有所提升，加上第四季度电商行业进入旺季，网购、电商 B2B 交易规模环比增长较快，使得第三方互联网支付交易规模有所增长。但整体增速有所放缓，主要原因是由于移动互联网的快速发展，使用户行为向移动端迁移，加上各互联网巨头、传统机构纷纷布局移动互联网领域，加快了用户的转移速度，用户习惯在移动端养成，导致互联网支付用户的平台使用黏性下降。

第 2 节　网络银行

一、网络银行概述

（一）网络银行的定义

网络银行又称网上银行、在线银行，是指银行利用互联网技术，通过互联网向客户提供开户、查询、对账、行内转账、跨行转账、信贷、网上证券、投资理财等传统服务项目，使客户足不出户就能够安全便捷地管理活期和定期存款、支票、信用卡及个人投资等。可以说，网络银行是在互联网上的虚拟银行柜台。因此，网络银行又被称为“3A 银行”，因为它不受时间、空间限制，能够在任何时间（anytime）、任何地点（anywhere）以任何方式（anyway）为客户提供金融服务。

全球第一家真正意义上的网络银行——美国安全第一网络银行（Security First Network Bank，SFNB）成立于 1995 年 10 月 18 日，这对传统的银行业产生了前所未有的冲击。于是，传统的银行纷纷建立起自己的网络银行。一项统计表明，58.6％的企业使用网络银行办理50%以上的传统柜台业务。网络银行替代率不断提高，不但可以缓解柜台业务压力，提高银行服务效率，还可以降低银行经营成本。据中国工商银行的测算数据，一笔业务通过传统的柜台办理的交易成本为3.06元，通过电子渠道办理的成本为0.49元，不到柜台的1/6。随着电子商务的发展，电子银行逐步从交易渠道向销售渠道发展，从成本中心逐步转变为利润中心。以招商银行为例，在零售业务中，网上办理汇款业务的比率最高，其次是基金销售、理财产品销售。所以，对于传统银行而言，不断挖掘电子渠道的服务潜能是一个利润增长点。目前，世界上大多数传统银行都开展了网络银行业务。

（二）网络银行的优势

网络银行是以内联网和互联网为基础的高科技银行服务手段，与传统的银行服务体系相比具有明显的优势。

1. 经营管理不受时空限制

在网络经济时代，互联网把整个社会都紧密地联系起来。一方面，网络银行通过内联网和互联网实现内部经营管理一体化和敏捷化、决策层和执行层的直接沟通，使执行部门收集到的客户信息能立即传递到决策部门，决策部门据此迅速反应，从而满足客户日益多元化、个性化的需求；另一方面，由于网络银行向客户提供全天候、大范围、跨地区乃至跨国界的实时金融服务，因此网上客户可以通过网络随时随地获得银行服务，而且一笔交易往往在几分钟甚至几秒钟内就可以完成，大大提高了银行的服务效率。

2. 可以大幅降低银行经营成本

银行经营的网络化可以使银行职员减少、组织结构扁平化、经营效率提高，使得银行的经营成本下降。另外，网络银行通过互联网提供服务来分流客户，使有形营业场所数量大幅减少，而且先进的网络系统可以同时为大量客户提供服务，也使得经营成本降低。有关资料显示，美国银行柜台服务的交易成本为1.08美元，电话服务为0.54美元，而通过网上银行只有0.13美元。经营成本的降低，将促进银行提供更具竞争力的金融服务。

3. 服务更加多元化、个性化

在知识经济时代，消费者需要的金融服务更加多元化、个性化。网络银行充分发挥互联网的互动性、敏捷性，在市场细分的基础上开发出更具个性化的金融产品，例如网上购物、网上缴费、电子钱包、网上证券服务等，满足消费者多元化的消费需求。网络银行甚至可以针对某个消费者的特殊需求开发出其需要的金融产品，成为真正的“个性银行”，实现真正意义上的“一对一营销”。

4. 实现电子化、无纸化操作

网络银行是信息革命、知识经济推动金融电子化的产物。随着作为网络银行支付工具的电子钱包、智能信用卡等网上电子货币的出现，以及电子票据支付等业务的开通，银行的支付工具从传统的纸张化向电子化发展。目前，银行的现金业务量大大减少，银行与客户已通过计算机实现了人机无纸化操作。

二、网络银行的模式和构成

（一）网络银行的模式

网络银行的模式包括两个方面的内容：运行机制和业务模式。

1. 网络银行的运行机制

第一种模式是完全虚拟的网络银行，即所有银行业务及交易都依靠互联网进行。例如1995年10月，美国在互联网上成立了全球第一家网络银行——美国安全第一网络银行。尽管它在亚特兰大有实际存在的办公室，但主要业务都在网上经营，它通过互联网提供全球范围的全新金融服务，客户只需轻点鼠标便可办理开户、存款、转账、付款等业务。这类网络银行是未来网络银行的主要发展方向。

第二种模式是在传统银行的基础上发展而来的，将传统银行业务拓展到互联网上来完成。例如，中国银行从1996年起进行网上银行的开发，1997年建立了自己的网页，1998年开始提供网上银行服务，1998年3月中国第一笔网上电子交易成功。目前，中国银行、中国工商银行、中国建设银行、招商银行、光大银行等众多银行已提供网上银行服务。

2. 网络银行的业务模式

第一种模式，把网络银行针对的客户群确定为零售客户，把网络银行作为银行零售业务柜台的延伸，提供24小时不间断服务，以降低银行的成本。

第二种模式，网络银行以批发业务为主，即在网上处理银行的交易（如拆借）、银行间的资金往来（结算和清算）。

第三种模式，是前两种的结合，包括两方面的业务。至于采用哪种方式，关键要看金融机构对所要推出的网络银行业务的市场定位和服务内容。未来功能齐全的网络银行应采取第三种模式。

（二）网络银行的构成

网络银行的构成分为：技术构成、组织构成和业务构成。

（1）技术构成。主要包括硬件技术、软件技术和客户应用技术三部分。硬件技术由主机系统和终端系统构成，其中，主机技术根据网络银行业务发展的需要分为大中型机技术和微机技术；软件技术包括操作系统、编译系统和数据库管理系统等；客户应用技术兼有硬件技术和软件技术，如IC卡技术、银行卡技术和提款卡技术等。

（2）组织构成。网络银行一般由五个部门组成，分别是市场推广部（又称市场部）、客户服务部（又称客户部、信用卡/银行卡部）、信息技术部（又称科技部或技术部）、财务部和后勤部。各个部门的主管称为部门经理。

（3）业务构成。网络银行主要有三方面的业务：

1）基本技术支持业务，如网络技术、数据库技术、系统软件和应用软件技术的支持，特别是网络交易安全技术的支持，使网络银行业务得以不断拓展和发展。

2）网络客户服务业务，如客户身份认证、客户交易安全管理、客户信用卡/银行卡等电子货币管理，以及客户咨询等。

3）网络金融产品及服务业务，如网络财经信息查询、网上股票交易、信用卡申请以及综合网络金融服务等。

三、我国网络银行的发展现状及存在的问题

（一）我国网络银行的发展现状

目前，我国几乎所有大中型商业银行都推出了自己的网上银行业务或在互联网上建立了自己的主页和网站。网络银行已成为各银行实现业务创新、提升自身形象和核心竞争力的主要方式。2010 年，中国网络银行市场全年交易额达 553.75 万亿元，网络银行用户数达到 3.017 亿。截至 2014 年末，我国网上银行个人客户为 9.09 亿户，同比增长 19.71%。《2014 年度中国银行业服务改进情况报告》显示，我国电子银行、互联网金融的出现早于网络银行，经营模式相对成熟，其中电子银行面向所有企业和个人用户，互联网金融则针对小微企业和普通个人，两者发展势头强劲，业务已深入在线金融服务市场。中国网络银行总体发展继续保持快速增长的势头，第三方支付的使用也随着网络购物的兴起而得到用户更多的关注；个人网银用户比例稳步攀升，活跃用户的比例以及网银的使用频率均有不同程度的提高；企业网银用户比例保持稳定，柜台业务替代率有所上升。

虽然目前我国尚未出现像美国安全第一网络银行那样完全依赖或主要依赖信息网络开展业务的纯虚拟银行，但是我国网络银行服务的内容比较丰富，主要为交易类业务，如存贷款利率查询、外汇牌价查询、投资理财咨询、账户查询、账户资料更新、挂失、转账、汇款、银证转账网上支付（B2B 和 B2C）、代客外汇买卖等，部分银行已经开始试办网上小额质押贷款、住房按揭贷款等授信业务。比如，浙江网商银行是由阿里巴巴集团的关联企业浙江蚂蚁小微金融服务集团有限公司作为主要发起人发起设立的电商银行，也是我国首批试点成立的民营银行之一，于 2015 年 6 月 25 日正式开业，注册资本 40 亿元。浙江网商银行定位为网商首选的金融服务商、互联网银行的探索者和普惠金融的实践者，为小微企业、大众消费者、农村经营者与农户、中小金融机构提供服务。浙江网商银行是中国第一家将核心系统架构在金融云上的银行，基于金融云计算平台，浙江网商银行拥有处理高并发金融交易、海量大数据和弹性扩容的能力，可以利用互联网和大数据的优势，给更多小微企业提供金融服务。目前访问官网为 https://www.mybank.cn/index.htm，其首页截图如图 4—3 所示。

图 4—3　浙江网商银行网页截图

（二）我国网络银行存在的问题

虽然网络银行业务在我国的发展如火如荼，但是我国网络银行在发展过程中也暴露出三个方面的问题：

（1）我国的金融立法工作相对滞后，监管制度以及网络交易立法不够健全和完善。当前很多网络银行采用的规则都是协议，难以解决出现争端时责任的认定、仲裁结果的执行等复杂的法律关系问题。此外，我国网络银行受银监会的监管，但由于网络银行技术层面的原因，网络银行还受其他行业主管部门（如工信部）的管理。由于没有明确的规则来划分这些监管部门之间的责任，因此难免会造成不同部门之间责任模糊，出现交叉管理与监管真空的现象。这些因素都从某种程度上影响了我国对网络银行的监管力度。

（2）技术水平落后制约了我国网络银行的发展。我国网络基础建设及技术水平比较落后，信息化程度偏低，阻碍了网络银行的推广与发展。我国的网络基础建设相对落后，电脑普及率、光纤覆盖率及网络吞吐能力都非常有限。与发达国家相比，我国网络普及率较低，这在某种程度上使得网络银行业务的推广受到限制，影响了网络银行的用户数量及业务量的增长。同时，由于网上交易制度设计的缺陷、技术路线设计的缺陷、技术风险缺陷等因素的影响，可能导致网上银行交易存在较大的风险。这种风险是电子商务活动及网上银行独有的风险，它不是局限于交易双方，而是可能导致整个支付系统的系统性风险。

（3）我国网络银行发展过程中还存在一些缺陷。与外资网络银行相比，国内网络银行起步较晚并且受到诸多因素的影响，导致业务品种比较单一，经营范围狭窄，主要集中在传统业务的网络化上，而在网络创新业务和高科技产品发展上创新能力不足，缺乏应对外资银行挑战的综合竞争能力。同时，我国的银行体系、信用制度还不够完善，缺乏良好的市场环境和权威的社会信用评估机构，人们的信用意识比较薄弱，支付方式仍然以现金为主。而且大部分开办网络银行业务的中资银行，普遍强调业务的发展，忽视了对网上银行业务风险的评估和管理，这是我国传统银行发展网络银行业务的极大隐患。

第 3 节　第三方支付

一、第三方支付概述

（一）第三方支付的概念

随着阿里巴巴、淘宝网等第三方电子商务平台的迅猛发展，如何解决人们对电子支付的信任问题成为电子商务发展新阶段的难题，为了解决这个难题，第三方支付应运而生。第三方支付是指具备一定实力和信誉保障的独立机构，采用与各大银行签约的方式，提供与银行支付结算系统接口的交易支持平台的网络支付模式。第三方支付企业的作用就是通过搭建一个公用平台，将成千上万的小商家和银行连接起来，为商家、银行、消费者提供服务，从中收取手续费。

在第三方支付模式中，买方选购商品后，使用第三方平台提供的账户进行货款支付，并由第三方通知卖家货款到账、要求发货，买方收到货物，并检验商品进行确认后，通知第三方付款给卖家，第三方再将款项转至卖家账户。可以说，第三方支付目前作为主要的网络交易手段和信用中介，最重要的作用是在网上商家和银行之间建立起连接，实现第三方监管并提供技术保障。例如，买家在淘宝网上选购商品后，使用其第三方平台（支付宝）提供的账户进行货款支付，由第三方通知卖家货款到达、进行发货；买方检验物品后，再通知第三方付款给卖家，这样，第三方支付平台就从理论上杜绝了电子交易中的欺诈行为。

（二）第三方支付的特点

（1）支付手段多样且灵活。客户可以使用网络支付、电话支付、手机短信支付等多种方式进行支付。

（2）除了资金传递功能外，还有对交易双方进行约束和监督的功能。例如，如果出现交易纠纷，比如卖家收到买家订单后不发货或者买家收到货物后找理由拒绝付款，支付宝会对交易进行调查，并且对违规方进行处理，监督和约束交易双方。

（3）为网络交易提供保障。例如：当买家购买商品时，钱不是直接打到卖家的银行账户上，而是先打到支付宝的银行账户上，此时，第三方就相当于一个独立的金融机构，当买家确认收到货并且没有质量问题时，会通知支付宝把钱打入卖家的账户，支付宝在交易过程中保障了交易的顺利进行。

二、第三方支付的流程

第三方支付不仅使得商家看不到客户的信用卡信息，而且避免了信用卡信息在网络上多次公开传输而被窃取的情况发生。以 B2C 交易为例，第三方支付模式的交易流程如图 4—4 所示。

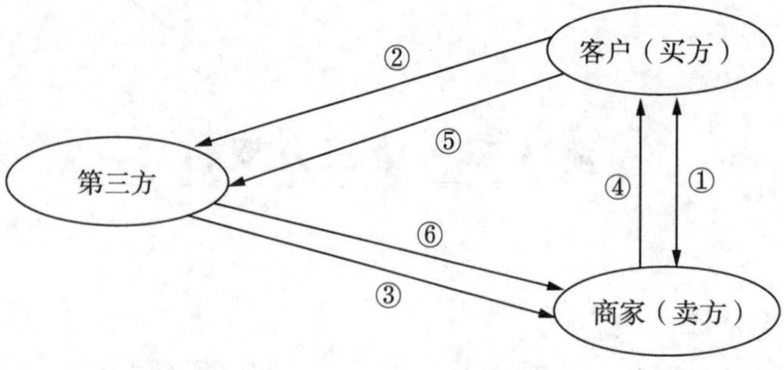

图 4—4 第三方支付模式交易流程

说明：① 客户在电子商务网站上选购商品，最后决定购买，买卖双方在网上达成交易意向；

② 客户选择利用第三方作为交易中介，客户用信用卡将货款划到第三方账户；

③ 第三方支付平台将客户已经付款的消息通知商家，并要求商家在规定时间内发货；

④ 商家收到通知后按照订单发货；

⑤ 客户收到货物并验证后通知第三方；

⑥ 第三方将其账户上的货款划入商家账户，交易完成。

三、我国第三方支付产业的发展现状及存在的问题

（一）我国第三方支付产业的发展现状

我国第三方支付业务始于 2000 年左右，最早的第三方支付企业是成立于 1999 年的北京首信股份公司和上海环迅电子商务有限公司，当时的第三方支付出现在 B2C 网站服务领域。近年来，我国的第三方支付交易额规模始终保持高速增长。易观国际数据显示，2013 年我国第三方支付市场交易规模总额达到了 17.9 万亿元，比 2012 年的 12.9 万亿元增长 43.2%。目前，互联网支付整体规模仍然占据第三方支付市场的首位，其交易规模总额突破了 5.9 万亿元，同比增长 56.9%，与 2010 年和 2011 年相比增长幅度都高达 90%以上。从每年交易额增长的幅度中很容易看出，第三方支付市场行业的竞争正在逐步加剧。2013 年，我国的互联网支付注册账户数达到 14.41 亿，移动支付注册账户数也在短时间内迅速增加到 2.88 亿。移动支付交易规模同比增长率高达 491.2%，达到 8 543 亿元。

我国的第三方支付产业近年来发展迅猛，目前，第三方支付企业有中国银联、首信易支付、云网、支付宝、贝宝、网银在线等 50 多家企业，其中支付宝、财付通、ChinaPay 银联电子支付和快钱等支付平台稳定占据大部分市场份额。总体来说，第三方支付市场的企业集中度非常高：非独立第三方平台（如支付宝、财付通）依托自身资源快速发展，独立第三方支付平台（如快钱）数量多，竞争十分激烈。下面是四大支付平台基本情况的比较（见表 4—1）。

表 4—1　　四大支付平台基本情况的比较

支付平台	面市时间	是否收费	服务领域	主要客户
支付宝	2003 年 10 月	全免费	C2C，B2C，B2B	企业、个人
财付通	2005 年 9 月	全免费	C2C，B2C，B2B	企业、个人
ChinaPay 银联电子支付	2002 年 6 月	适度收费	C2C，B2C，B2B	企业、个人
快钱	2005 年 1 月	适度收费	B2C、手机、电话	企业、个人

下面简单介绍支付宝、财付通和 ChinaPay 银联电子支付这三种第三方支付平台。

（1）支付宝（www.alipay.com）。是一个第三方网上支付平台，由阿里巴巴集团于 2004 年 12 月创办，现为阿里巴巴集团的关联公司。支付宝最初是淘宝网为了解决网络交易安全问题所设的一个功能，使用的是“第三方担保交易模式”，由买家将货款打到支付宝账户，由支付宝向卖家通知发货，买家收到商品确认后通知支付宝将货款支付给卖家，至此完成一笔网络交易。支付宝于 2004 年 12 月独立成为浙江支付宝网络技术有限公司。余额宝是由第三支付平台即支付宝为个人用户提供的余额增值服务，具有简单、快捷且高效的特点。通过余额宝，用户不仅可以直接购买基金理财产品、网上购物、向支付宝转账，而且支付宝的资金转入后，在第二个工作日进行份额确认后便开始产生收益。这就如同购买了一款货币基金，且收益比银行的活期存款利率更高。余额宝兼具支付和理财投资功能，为用户提供了更多的投资理财选择。2013 年 6 月，

在推出短短十几天内，余额宝的规模就达到 66.01 亿元，用户达到 251.01 万户，并以惊人的速度增长，2014 年 2 月底余额宝的总体规模约为5 000亿元，天弘增利宝货币基金也以 202.17 元的规模在 2014 年第一季度高居行业榜首。在使用支付宝付款时，用户终端机与支付宝服务器之间的连接使用128 位 SSL 加密通信，有很强的安全保障。

（2）财付通（www.tenpay.com）。是腾讯公司于 2005 年 9 月正式推出的在线支付平台，致力于为互联网用户和企业提供安全、便捷、专业的在线支付服务。财付通构建全新的综合支付平台，业务覆盖 B2B，B2C 和 C2C 各领域，提供卓越的网上支付及清算服务。针对个人用户，财付通提供了在线充值、提现、支付、交易管理等丰富功能；针对企业用户，财付通提供了安全可靠的支付清算服务和极富特色的 QQ 营销资源支持。

（3）ChinaPay 银联电子支付（www.chinapay.com）。2000 年 6 月，ChinaPay（银联电子支付有限公司）正式成立。和其他的支付企业不同，ChinaPay 拥有全国性的支付网关。为了降低支付风险，很多客户往往会优先选择这种支付模式。然而，它也存在一定的缺陷，最大的问题在于无法准确地判断市场，从而降低了它的运行效率。

目前在我国，多数第三方支付平台是靠收取支付手续费生存，即第三方支付平台与银行约定一个基本的手续费率交给银行，然后第三方支付平台在这个费率上加上自己的毛利润，向客户收取费用。为了抢占市场，第三方支付公司给予客户的优惠条件层出不穷，向客户收取的费用一降再降，使得不少公司一直在赔本赚吆喝。

（二）我国第三方支付产业存在的问题

在我国电子商务不断发展的今天，第三方支付产业逐渐暴露出以下问题，应引起监管部门的注意。

1. 风险问题

在电子支付流程中，资金会在第三方支付服务提供商处滞留，即出现资金沉淀，如果缺乏有效的流动性管理，则可能存在资金安全方面的风险。同时，第三方支付机构开立支付结算账户，先代收买家的款项，然后付款给卖家，这实际上已突破了现有的诸多特许经营的限制，它们可能为非法转移资金和套现提供便利，因此形成潜在的金融风险。

2. 电子支付经营资格的认证、保护和发展问题

第三方支付结算属于支付清算组织提供的非银行类金融业务，银行将以牌照的形式提高门槛。因此，对于那些从事金融业务的第三方支付公司来说，面临的挑战不仅仅是如何盈利，更重要的是能否拿到即将发出的第三方支付业务牌照。

3. 业务革新问题

金融业务的扩展和金融增值服务的不断涌现，使第三方支付业务大胆改革创新。到目前为止，全球拥有手机的人多于拥有电脑的人，相对于单纯的网上支付，移动支付领域将有更大的作为。所以能否抓住机遇改进自己的业务模式，将决定第三方支付产业最终能否走出困境，获得发展。

4. 恶性竞争问题

电子支付行业存在的恶意竞争问题可能影响支付服务质量，甚至给电子商务行业

的发展带来负面冲击。目前，国内的专业电子支付公司已经超过40家，而且多数支付公司与银行之间采用纯技术网关接入模式，这种支付网关模式容易造成市场严重同质化，引起支付公司之间激烈的价格战。这会直接导致这一行业“利润削减快过市场增长”，在中国，惯用的价格营销策略已让电子支付行业吞下了利润被摊薄的苦果。

5. 法律、法规支持问题

在保护电子商务交易的同时，从支付认证、支付标准和交易公开性的角度看，我国必须考虑建立一些标准，为工商管理、税收管理和政府的行业管理做政策上和技术上的准备。如何规范电子支付业务、防范支付风险、保证资金安全、维护广大商户和用户在电子支付活动中的合法权益，已成为影响我国电子支付产业健康发展的关键问题。《支付清算组织管理办法》和《电子支付指引（第二号）》颁布后，有望在一定程度上解决这个问题。

第4节 移动支付

一、移动支付的概念

随着移动通信业务领域不断扩大，各种移动增值业务层出不穷，移动支付成为其中的一个亮点。移动支付，又称手机支付，是允许用户使用其移动终端（通常是手机）对所消费的商品或服务完成账务支付的一种服务方式。它将客户的手机号码和银行账号进行绑定，通过手机短信、语音等操作方式，随时随地为手机用户提供移动的个性化金融服务和快捷的支付渠道。整个移动支付价值链包括移动运营商、支付服务提供商（比如银行、银联等）、应用提供商（比如学校、公共事业组织等）、设备供应商（比如终端厂商、卡供应商、芯片供应商等）、系统集成商、商家和终端用户。

2003年2月，欧洲四家最大的无线运营商——西班牙的Telefonica Moviles公司、德国的T-Mobile公司、英国的Orange公司和沃达丰公司宣布组建移动支付服务联盟，其中，英国的沃达丰是全球最大的移动运营商。其主要目的是为商人、手机用户和银行提供安全的支付手段。四家移动运营商的总用户超过2亿。ARC Group发布的策略报告显示，2011年全球移动支付总额约为861亿美元，比2010年的489亿美元增长75.9%。到2015年，全球移动支付交易总额有望达到6 700亿美元，远高于2014年的2 400亿美元。而众多运营商也看到了移动支付的巨大商机。在我国，中国联通和中国移动分别于2002年下半年在广东推出了移动支付业务。

此外，第三方移动支付服务提供商所提供的理财类产品快速地带动了移动支付用户黏性的增长。例如支付宝的“余额宝”、微信的“理财通”、网易的“现金宝”、电信的“添益宝”等理财类产品，因用户基数较大而很容易获得支付客户，用户的支付习惯也很容易在一定的范围和领域里得到培养，这就大大地增加了用户的应用黏性。

微信支付是由微信和第三方支付平台财付通共同推出的移动支付新产品，旨在为广大用户及商户提供便捷的支付服务。实现微信商业化的关键在于使微信的各项功能实现生态闭环，微信支付模式的开启使得交易和结算能够直接在微信应用内部实现。微信官方在 2014 年 3 月 4 日宣布微信支付接口向已通过认证的服务号正式开放，使微信公众平台服务号可以通过对微信支付接口的调用直接为用户提供快捷的微信支付服务。2014 年 4 月 8 日，微信正式对外开放智能开放平台。此后，“微信零钱”以及信用卡还款等支付功能逐步推出。据相关统计，截至 2014 年 10 月 26 日，微信的用户数量已突破 6 亿，短短的两年时间，微信已成功吸引了半成以上的中国移动互联网用户。

二、移动支付的种类

移动支付形式多样，大体上讲，有以下几种分类方式。

1. 根据支付金额大小划分

可以将移动支付分为微支付和宏支付。微支付是指交易额少于 10 美元的支付行为，通常是指购买移动内容业务，例如游戏、视频下载等；宏支付是指交易额较大的支付行为，例如在线购物。两者之间最大的区别就在于安全要求级别不同。例如，对于宏支付方式来说，通过可靠的金融机构进行交易鉴权是非常必要的；而对于微支付方式来说，使用移动网络本身的 SIM 卡鉴权机制就足够了。

2. 根据支付时支付方与受付方是否在同一现场划分

可以将移动支付分为远程支付和现场支付。如通过手机购买彩铃就是远程支付，而通过手机在自动售货机上购买可乐就是现场支付。

3. 根据实现方式的不同划分

可以将移动支付分为两种：一种是通过短信、WAP 等远程控制完成的支付；另一种是通过近距离非接触技术完成的支付，主要的近距离通信技术有射频识别技术、近距离无线通信技术和蓝牙等。

三、移动支付产业的发展现状及存在的问题

（一）移动支付产业的发展现状

移动支付业务最早出现于 20 世纪 90 年代初的美国，随后在韩国和日本出现并迅速发展。如今，韩国和日本已经成为全球移动支付领域的领跑者，最早将移动钱包、移动信用卡应用于商业领域。在韩国，三大移动运营商与首尔运输管理机构计划让首尔及周边地区乘客使用手机支付交通费用。届时，SK，KTF，LG 手机用户将可通过手机查询电子钱包余额并通过移动网络进行充值。在日本，NTT DoCoMo 推出的移动支付业务品牌 Osaifu-Keitai 应用广泛，目前已经拥有 2 000 多万用户。NTT DoCoMo 将i-mode技术和非接触型 IC 卡技术相结合，使 Osaifu-Keitai 的用户可以将移动电话变成钱包、信用卡、ID 卡或房门钥匙，实现移动支付功能、车票功能以及近距离信息获取和传递功能。

艾瑞咨询集团发布的《2015 年中国电子商务软件行业研究报告》显示，随着电子

商务行业的快速发展，特别是移动端的开拓、线上线下的延伸以及云技术的革新，商家在电子商务管理软件方面的需求越来越旺盛，中国电子商务软件市场整体规模将不断扩大，市场竞争日愈激烈，市场集中度不断加强。艾瑞分析认为，2015—2016年中国电子商务软件行业或将迎来新一轮洗牌。商派、管易、网店管家、E店宝、又一城、百胜等核心企业在综合服务能力上的优势将更加明显，中小型企业更适合深耕垂直细分领域，将专业软件做到极致。基于移动互联网的电子商务，正在将传统固定网络中蓬勃发展的网络购物和电子支付等业务“复制”过来，重新“粘贴”在移动网络之中，形成新的阵地。随着移动互联网应用的日益丰富，更加需要电子支付来提供支付渠道，以便构建基于移动互联网的完整的电子商务交易流程。因此，移动支付业务也就顺理成章地成为当前我国移动增值业务发展的重点。

2015年7月23日，中国互联网络信息中心（CNNIC）发布第36次《中国互联网络发展状况统计报告》。该报告显示，截至2015年6月，我国网民规模达6.68亿，互联网普及率为48.8%；手机网民规模达5.94亿，占比提升至88.9%。随着手机终端的大屏化和手机应用体验的不断提升，手机作为网民主要上网终端的趋势进一步显现。

“手机钱包”是中国移动、中国银联、联动优势科技有限公司联合各大银行共同推出的一项新的移动电子支付通道服务。通过把客户的手机号码与银行卡等支付账户进行绑定，使用手机短信、语音、WAP、K-Java、USSD等操作方式，可随时随地为拥有中国移动手机的客户提供移动支付通道服务。使用该支付通道，客户可享受手机缴费、手机理财、移动电子商务付费等个性化服务，具体包括：查缴手机话费、动感地带充值、个人账务查询、购买彩票、手机订报、购买数字点卡、电子邮箱付费、公共事业缴费等。近年来，我国移动支付产业的竞争不断升级。移动运营商、金融机构和第三方支付业务提供商积极开展移动支付业务，抢占移动支付产业的主导地位（如表4—2所示）。

表4—2　　移动支付业务

业务提供方		业务开展情况
移动运营商	中国移动	2000年，与中国工商银行等金融部门合作，推出了应用SIK卡技术的手机银行业务
		目前，已与中国工商银行等10多家金融机构签署合作协议，开展话费账务查询、银行转账、手机缴费、电子支付、零售购物、票务等业务
	中国联通	2004年12月，与中国建设银行合作，推出手机银行业务
		2009年5月，在全国55个城市正式启动3G网络商用，同时在上海率先正式推出其应用非接触式通信技术的手机支付业务
	中国电信	推出天翼3G业务，可提供订购电影票、预约挂号、缴纳水电费用等服务
		2009年6月开始尝试推出手机银行业务

续前表

业务提供方		业务开展情况
金融机构	商业银行	推出了一些手机银行业务，以查询、转账和缴费为主，将其作为传统银行业务的补充
	中国银联	第一代移动支付业务：2002 年推出，截至 2009 年，已经在湖南、广东、山东、上海、厦门、青岛等 21 个省区市开通
		第二代移动支付业务：利用集成在移动终端上的具有非接触功能的 IC 卡芯片作为支付信息的安全载体，将银行卡和电子钱包信息存储在该芯片中，通过非接触通信和无线数据通信技术进行现场和远程的支付
第三方支付业务提供商	北京联动优势	全权代理中国移动手机钱包业务
	上海捷银	已经成为多家移动运营商、银行以及商户的合作伙伴，提供话费充值、电子票务、公用事业缴付等多种服务

我国移动支付领域的合作进一步加强，如中国移动联手中国银联成立了北京联动优势，中国联通联合中国建设银行推广手机银行业务等。特别是 2009 年以来，形成了局部产业联盟。2010 年 3 月，中国移动入股浦发银行，成为浦发银行第二大股东。根据双方签署的战略合作备忘录，浦发银行和中国移动将在移动金融和移动电子商务等领域展开紧密合作，包括开展移动支付业务、移动银行卡业务、移动转账业务等。同时，双方还将共同推动在基础银行业务和基础电信业务领域的合作，充分发挥各自的资源优势并发挥协同效应。2010 年 6 月，中国银联宣布，联合 18 家商业银行、中国联通、中国电信、手机制造商等共同成立移动支付产业联盟。中国银联表示，移动支付产业联盟是银行和移动运营商共建的基础服务平台，公交、地铁、水电气、影院、石油、医疗、商业零售等各行业用户都可以基于此平台开展服务，将打通支付、通信、芯片、智能卡、电子等不同行业间的壁垒。综上所述，我国移动支付产业已从竞争走向竞合。此外，我国的移动支付业务目前还集中在小额支付上，盈利能力弱。因此，向大额支付领域延伸将是未来的必然选择。首先，随着移动支付业务的推广，大众对移动支付将逐渐接受，有利于大额支付业务的开展。其次，手机支付技术逐渐成熟，安全性增强，为实现大额支付奠定了基础。最后，移动支付产业联盟的形成，将帮助移动运营商有效规避政策壁垒，发展大额支付业务。

（二）我国移动支付产业存在的问题

虽然近年来移动支付在我国电子商务市场上呈现出加快发展的趋势，但是我国的移动支付应用还远远落后于亚洲的日本、韩国、新加坡以及欧洲的奥地利、挪威等在移动支付应用方面领先的国家。我国的移动支付市场仍未得到充分开发，移动支付没有实现大规模商用，各运营商正在摸索一套适合中国的移动支付业务运营模式。从目前来看，我国的移动支付产业存在三个方面的问题：

（1）合作力度不够，运营模式亟待确立。移动支付是一个开放的市场，其中包括移动运营商、商业银行、第三方支付服务提供商、芯片制造商、手机制造商、设备终端提供商、商户手机用户等多个环节。产业链的各方只有在移动支付方面充分合作，才能在移动支付市场上获得切实的利益。在我国，无论是移动运营商还是银行，都希望在支付产业链中处于强势，这严重阻碍了移动支付业务的发展。

（2）消费习惯有待继续培养，应充分创造消费者需求。在我国，消费者虽然认为移动支付很便捷，但普遍对移动支付的安全性存在疑虑。虽然移动支付业务多种多样，但是移动运营商应该遵从移动支付业务的发展路径，合理部署移动支付业务的推出顺序，逐步培养我国消费者使用移动支付的消费习惯。

（3）法律法规不够完善，风险防范能力有待加强。由于我国移动支付行业起步较晚，目前用来规范相应行为的法律和法规相对较少，因此，立法机构应该着力建立一套完善的移动支付法律体系，从法律的角度来解决移动支付活动中遇到的问题，为正常的移动支付活动提供必要的法律保障。

本章小结

电子支付是指通过电子数字形式而不是传统的物理的货币现金形式，在互联网或者内联网上进行金融交易。与之相关的三个重要内容是网络银行、第三方支付以及移动支付。随着信息技术的发展，网络银行成为电子商务发展的要求，同时也是银行自身发展的要求。网络银行是指银行利用互联网作为其产品、服务和信息的业务渠道，向其零售客户和公司客户提供服务的银行。网络银行具有不受时空限制、低运营成本、多元化和个性化，以及能实现电子化、无纸化操作等特点。第三方支付是具备一定实力和信誉保障的独立机构，采用与各大银行签约的方式，提供与银行支付结算系统接口的交易支持平台。在第三方支付模式中，买方选购商品后，使用第三方平台提供的账户进行货款支付，并由第三方通知卖家货款到账、要求发货；买方收到货物，并检验商品进行确认后，通知第三方付款给卖家，第三方再将款项转至卖家账户上。第三方支付平台有支付手段多样、灵活以及能够约束和监督买卖双方等特点。移动支付，又称手机支付，是允许用户使用其移动终端（通常是手机）对所消费的商品或服务进行账务支付的一种服务方式，它将客户的手机号码和银行账号进行绑定，通过手机短信、语音等操作方式，随时随地为手机用户提供移动的个性化金融服务和快捷的支付渠道。

思考题

1. 什么是电子支付？电子支付有哪些特点？

2. 网络银行的特点、功能是什么？

3. 简述网络银行的模式。

4. 第三方支付的流程是怎样的？

5. 选取一个第三方支付工具（如支付宝或财付通）进行电子支付，体验第三方支付的优势和不足。

6. 列举自己进行移动支付的经历，说说移动支付有哪些优势。

7. 你认为第三方支付的发展存在什么风险？

8. 未来网络银行的发展前景如何？

参考文献

［1］杨坚争，杨晨光．电子商务基础与应用［M］．西安：西安电子科技大学出版社，2001.

［2］韩媛媛，李剑，苏永强．我国电子支付发展规划探讨［J］．金融会计，2010（7）.

［3］刘章发．我国网络银行存在的主要问题及对策［J］．产业与科技论坛，2011（8）.

［4］王晓东．我国网络银行发展现状及对策研究［J］．全国商情：经济理论研究，2011（7）.

［5］高晓红．网络银行监管：国际实践与对策选择［J］．山西财经大学学报，2002（1）.

［6］王静静．我国第三方支付产业发展现状［J］．合作经济与科技，2011（2）.

［7］王哲，周均旭．我国第三方支付的发展现状与研究对策［J］．改革与战略，2011（8）.

［8］崔玮．我国第三方支付产业现状及发展模式探讨［J］．管理与财富（学术版），2010.

［9］田云天．我国移动支付发展现状浅析［J］．金融电子化，2011（7）.

［10］赵霞．我国移动支付行业发展情况［J］．现代电信科技，2010（5）.

［11］刘楠．我国移动支付仍需克服三大瓶颈［J］．通信世界，2009（28）.

［12］庄志杰．我国移动支付的发展前景［J］．商场现代化，2008（12）.

［13］加里·P·施耐德．电子商务［M］．北京：机械工业出版社，2008.

［14］邵宾家．电子商务概论［M］．北京：高等教育出版社，2006.

［15］陈德人．电子商务概论——在实践中掌握电子商务［M］．杭州：浙江大学出版社，2008.

［16］陈娇娇，周葆生．互联网金融第三方支付发展研究［J］．山东农业工程学院学报，2015（3）.

［17］舒志军．中国网络银行的现状、问题及前景［J］．中国金融电脑，2002（9）.

［18］朱德润．电子商务中的第三方支付发展现状及对策研究［J］．中国科技经济新闻数据库，2015（4）.

［19］Robe J. Kauffinan，Eric A. Walden. Economics and Electronic Commerce：Survey and Directions for Research［J］. *International Journal of Electronic Commerce*，2001（2）.

第5章

电子商务物流

本章导读

本章主要阐述物流的概念及基本要素、电子商务对物流的影响、电子商务物流的概念及特征、电子商务常用的几种物流技术等内容。

引导案例

阿里牵头建物流公司菜鸟网络，电商竞赛白热化

耗资千亿的“菜鸟网络”

“这是一个充满理想主义色彩的项目。”在“中国智能骨干网”（China Smart Network，CSN）项目发布会上，阿里巴巴董事局主席马云这样评价CSN。马云给负责这个项目的新公司取名“菜鸟网络”，寓意为永远保持菜鸟般的学习心态。而菜鸟网络董事长是马云新增的一个头衔。

菜鸟网络注册资金50亿元，阿里为大股东，公司注册地在深圳，发布会也在深圳举行。除马云外，阿里集团CEO陆兆禧、阿里小微金融服务集团CEO彭蕾也同时出现在发布会现场，足见阿里对此的重视程度。深圳市市长许勤、银泰集团董事长兼总裁沈国军、复星集团董事长郭广昌、申通董事长陈德军等主要参与方代表均到场，各方对CSN的看重程度也可见一斑。银泰集团的沈国军出任菜鸟网络CEO。

CSN的参与方包括银泰集团、复星集团、富春集团、顺丰、申通、圆通、中通和韵达。CSN第一期投资额1 000亿元，整体投资估计在3 000亿元。中国人寿集团、中信银行将为CSN项目提供资金支持。该项目定位于“开放的社会化仓储设施网络”。CSN计划通过自建、共建、合作、改造等多种模式，在8～10年内建立一个能支撑日均300亿元网络零售额的智能物流骨干网络。

CSN 也是继“物流宝”之后，阿里巴巴集团在物流系统上又一次具有战略意味的举动。2010 年年中，阿里就提出过淘宝大物流计划。2011 年年初，阿里的物流信息管理系统“物流宝”正式推出。物流宝本质上是一个物流信息调配平台，阿里将第三方快递、仓储的信息接入进来，面向淘宝卖家提供入库、发货、上门揽件等服务。

物流宝的关键在于通过数据化分析追踪各地物流资源使用情况，减少货物在各地间的流转，以达到降低成本和提高效率的目的。在阿里内部，物流宝的代号是“天网”。

CSN 在阿里内部的代号是“地网”。物流宝与 CSN 的区别在于，物流宝的核心在于物流仓储资源的数据化分析和管理能力，以及第三方物流资源调配。CSN 的核心则在于建设仓储设施网络，其中包括自建模式。CSN 初期仓储设施的选址主要在靠近生产基地、交通设施的地区。马云将这个全国网络分为“八大军区”，各地区分步部署，以北京、深圳为先。

电商“物流竞赛”

2012 年开始，国内电商间的“物流竞赛”愈演愈烈。“当日达”、“次日达”、“一日几送”等诸如此类的物流词汇，被包括天猫、京东商城、苏宁易购、易迅网和当当网等在内的电商不断提及。不难看出，各家电商都将物流服务作为吸引用户的主要手段，物流能力成为电商平台竞争力的标准之一。

尤其是 2013 年以来，电商“物流竞赛”的火药味愈发浓厚。5 月中旬，京东商城宣布推出“一日四送”服务和 3 小时送达服务。京东此举被认为是针对易迅网的“一日三送”推出的。而易迅网也在京东宣布“一日四送”服务后高调回应，强调“一日三送”无须加价（京东的 3 小时送达需额外付费 49 元）。

电商在物流系统搭建上的竞争也在加剧。2013 年 1 月，阿里要牵头建 CSN 的消息被曝出，新公司设立和关键网络节点的选址工作早在那时就已启动。而 5 月，京东商城 COO 沈皓瑜对外宣称，其最大的物流项目“亚洲一号”将在当年年底投入使用。易迅网也紧随京东之后表示，2013 年将在全国新建 10 余个仓储配送基地。苏宁则表示，未来三年计划投入 200 亿建设物流。

电商物流的两种路径

在物流系统的搭建上，不同基因的电商选择了不同路径：平台基因的阿里巴巴选择集合现有物流公司资源为己所用，是轻资产模式；以自营起家的京东商城则不惜投入 35 亿元建“亚洲一号”，是重资产模式。

从阿里 B2B 到淘宝网再到天猫，阿里的电商业务一直是平台型思维，其在物流上的尝试亦是如此。无论是物流宝还是 CSN，阿里在其中都扮演着平台的角色，将第三方物流、仓储集合起来。这种轻资产模式的特点是阿里免去了实体物流的建设成本，不过需要极强的资源协调能力和平台号召力。

以京东商城、苏宁为代表的则是典型的自建物流的重资产模式，只是这种模式也正朝平台方向发展。以自营起家的京东正在物流上投入巨资，宣称仅“亚洲一号”的建设资金就达 35 亿元。2012 年京东 CEO 刘强东称，将在物流上投入百亿元。

2009 年初期做苏宁易购时，苏宁将线上和线下的物流割裂，两者无法互通。而在

2013年2月的集团架构调整中，宣布正式转型互联网化的苏宁将苏宁易购的物流职能统一到集团层面。线下实体店与电商的物流体系被整合起来，而200亿元的投入计划也意味着，苏宁在互联网转型中仍将以自建物流为主。

京东商城和苏宁的重资产模式的特点是前期资金投入大，但建成后对物流服务的质量把控更到位。

不过，京东商城、苏宁都计划将自建物流建设发展成平台型业务，即向第三方商家或者快递开放配送、仓储的能力。可见，重资产模式也在借平台思维提高自身资源的使用效率。

资料来源：《阿里牵头建物流公司菜鸟网络，电商竞赛白热化》，中国电子商务研究中心，http：//www.100ec.cn/detail——6102977.html，2013年5月28日。

思考题：

1. 联合配送有哪些优缺点？
2. 查阅网络资料，了解中国物流发展史，并总结大型物流公司的成功经验。

第1节　物流概述

一、物流的概念及其发展

物流最原始、最根本的含义是物的实体运动。可以说，物流的存在和人类的历史一样久远。在人类社会出现商品生产活动之后，生产和消费逐渐分离，于是诞生了流通——这个连接生产和消费的中间环节。随着工业文明的兴起，社会生产规模和消费规模逐渐扩大，流通对生产的反作用越来越突出。产需分离越大，分工越彻底，就越需要流通来弥合其间的差距。这就促使流通迅速发展，物流也就在这一发展过程中成长壮大起来。

物流的概念源于美国，早在20世纪20年代，美国学者克拉克就开始运用“physical distribution”（传统意义上的物流，指实物配送或实物分配，缩写为PD）这一概念作为企业经营的一个要素开展研究。第二次世界大战期间，美国陆军中开始用“现代物流管理”（logistics management）来指代物流，战后，美国陆军的理论、方法为企业和理论界所认同并广泛运用，“商业物流”（business logistics）或“销售物流”（sale logistics）等概念随之产生，强调合理有效地组织商品的供应、保管、运输、配送。实践证明，这取得了相当大的成效。

20世纪50年代末，PD概念被引入日本，目前中国国内使用的“物流”一词，实际上是日语“物的流通”的简称。在日本，物流最初是指销售物流，仅限于销售领域，后来逐渐扩展到采购、供应和生产领域。

进入80年代以后，随着经济社会的高速发展，物流所面临的经济环境有了很大变化，原来狭义的物流概念受到了前所未有的挑战和批判。一是传统的狭义物流观念只重视商品的供应过程，忽视了与生产有关的原材料和部件的调配物流，而后者在增强企业竞争力方面处于很重要的地位，因为原材料和部件的调配直接关系到生产的效率、成本和创新，比如日本丰田公司的生产管理就首先从原材料和部件的调配入手；二是传统的物流是一种单向的物质流通过程，即商品从生产者手中转移到消费者手中，而没有考虑商品消费之后包装物或包装材料等废弃物品的回收以及退货所产生的物流活动；三是传统物流只是生产销售活动的附属行为，并主要侧重于物质商品的传递，从而忽视了物流对生产和销售在战略上的能动作用，特别是以日本为主的准时制生产管理体系在世界范围内的推广，使得以时间为中心的竞争日益重要，促使物流行为直接决定生产决策。

为了应对经济环境的变化和对传统物流的批判，1984 年美国物流管理协会正式将物流这个概念由“physical distribution”改为“logistics”，并将现代物流定义为“为满足顾客需求而实施的原材料、半成品、完成品以及相关的信息从发生地向消费地流动的过程，以及为使保管能有效、低成本地进行而开展的计划、实施和控制行为”。这个定义强调顾客满意度、物流活动的效率，将物流从原来的销售物流扩展到了调配、销售物流等。

此后物流的概念又得到进一步发展。1991 年 11 月，荷兰乌德勒支市举办了第九届物流国际会议，在这次会议上，人们对物流的内涵进行了更多的拓展，接受了欧美的现代物流概念，认为物流不仅应包括生产前和生产过程中的物质、信息流通过程，而且应向生产之后的市场营销活动、售后服务、市场组织等领域发展。有些报告指出，物流“这个概念的现代含义如此之新，以至于在辞典中尚没有明确的定义，现代物流应该是指企业生产和经营的整个过程，所有实物、信息的流通和相关的服务活动，它涉及企业经营的每一个领域”。显然，概念的扩展使物流不仅包括与销售预测、生产计划的决策、在库管理、顾客订货的处理等相关的生产物流，而且延伸到与顾客满意相关的各种营销物流活动。

最近，美国物流管理协会又扩展了原有的物流领域，将物流的定义修改为“为了符合顾客的必要条件所发生的从生产地到销售地的物质、服务以及信息的流动过程，以及为使保管能有效、低成本地进行而从事的计划、实施和控制行为”。该定义强调了“物质”和“服务”，表明物流活动是从商品使用、废弃到回收的整个循环过程。

从以上表述可以看出，现代物流的目的是提高企业的收益（销售额的增加和利益的扩大），为此，要在服务时间（快速送达）、物流质量（优良的运送、无差错运送）、备货（所需要的商品和数量）、信息（在库信息、断货信息、运送中信息、送达信息）等方面提升服务品质，使从原材料的调配到商品的生产直至最终顾客的让渡整个过程中的物流成本降低。基于此，我们认为现代物流（logistics）是指，为了实现顾客满意，连接供给主体和需求主体，克服空间和时间阻碍的有效、快速的商品和服务流动的经济活动过程。

二、现代物流的基本功能要素

现代物流的基本功能要素包括包装、装卸、搬运、运输、储存保管、流通加工、配送、信息处理等。

1. 包装功能

包装是为了维持产品状态、方便储运、促进销售，采用适当的材料、容器等，使用一定的技术方法，对物品包封并予以适当地装潢和标识的操作活动（见图5—1）。包装按层次分为个装、内装和外装三种。个装是到使用者手中的最小单位包装，是对产品的直接保护状态。内装是把一个或数个个装集中于一个中间容器的保护状态。外装是为了方便储运，采取必要的缓冲、固定、防潮、防水等措施，对产品的保护状态。包装是生产的终点，同时又是物流的起点，它在很大程度上制约物流系统的运行状况。对产品按一定数量、形状、重量、尺寸大小配套进行包装，并按产品的性质采用适当的材料和容器，不仅决定了装卸搬运、堆码存放、计量清点是否方便高效，而且在一定程度上决定了运送工具和仓库的利用效率。

图5—1 产品包装活动

包装功能具体体现在以下几个方面：

（1）保护功能。该功能维持产品质量，是包装的基本功能。在物流过程中，各种自然因素（温度、湿度、日照、有害物质、生物等）对产品的质量所产生的影响，会使产品损坏、变质。在装卸搬运、运输过程中，撞击、震动也会使产品受损。为了维持产品在物流过程中的完整性，必须对产品进行科学包装，避免各种外界不良因素对产品的影响。

（2）方便功能。经过包装的商品能为商品流转提供许多方便的条件。运输、装卸搬运通常以包装的体积、重量为基本单位，托盘、集装箱、货车等也是按一定包装单位来装运的。合适的包装形状、尺寸、重量和材料，能够方便运输、装卸搬运、保管的操作，提高其他物流环节的效率，降低流通费用。

（3）销售功能。包装是商品的组成部分，它是商品的形象。包装上的商标、图案、文字说明等，是商品的广告和“无声的推销员”，它是宣传推销商品的媒介，可以诱导并激发消费者的购买欲望。

2. 装卸和搬运功能

装卸和搬运是指在同一地域范围进行的，以改变物品的存放状态和空间位置为主要内容和目的的活动（见图5—2）。装卸和搬运功能是整个物流活动不可缺少的组成部分，它作为各个环节的结合部，是物流运行的纽带。

图 5—2　装卸搬运活动

装卸和搬运功能主要体现在以下几个方面：

（1）装卸和搬运是伴随生产过程和流通过程各个环节所发生的活动，又是衔接生产各阶段和流通各环节之间相互转换的桥梁。因此，装卸和搬运的合理化，对缩短生产周期、降低生产过程的物流费用、加快物流速度、降低物流费用等，都起着重要作用。

（2）装卸和搬运是保障生产和流通各个环节得以顺利进行的条件。它的工作质量会对生产和流通其他各环节产生很大的影响，可能使生产过程不能正常进行，或者使流通过程不畅。所以，装卸搬运对物流过程其他各环节所提供的服务具有劳务性质，起到提供“保障”和“服务”的作用。

（3）装卸和搬运是物流过程的重要环节，它制约着物流过程其他各项活动，是提高物流速度的关键。由于装卸和搬运活动伴随着物流过程其他的活动，因而往往难以引起人们的足够重视。但是，一旦忽视装卸搬运，生产和流通领域轻则发生混乱，重则造成停顿。由此可见，改善装卸和搬运作业，对于提高装卸和搬运的合理化程度，提高物流服务质量，发挥物流系统整体功能等，具有十分重要的意义。

3. 运输功能

运输是借助运输工具，通过一定的路线，实现货物空间移动，克服生产和需求的空间距离，创造空间效用的活动（见图 5—3）。运输是物流的两大支柱之一。物流过程的其他活动，如包装、装卸搬运、物流信息情报都是围绕着运输和储存来进行的。在物流过程的各项活动中，运输是关键，起着举足轻重的作用。

运输功能发挥的具体作用如下：

（1）运输是物流系统的动脉系统。

（2）运输创造物流的空间效用。

（3）运输是降低物流费用、提高物流速度、发挥物流系统整体功能的中心环节。

图 5—3　运输活动

（4）运输是加快资金周转速度、减少资金占用时间、提高物流经济效益的重点所在。在物流过程中，直接耗费的活劳动和物化劳动所支付的支持费用主要有运输费、保管费、包装费、装卸搬运费和物流过程中的耗损。其中，运输费用占的比重较大，是影响物流费用的一项主要因素。因此，开展合理运输，对于提高物流经济效益和社会效益起着重要作用。

4. 储存保管功能

储存又称物品的储备，具有以备再用的性质（见图 5—4）。储存的物品指的是在社会再生产过程中，离开直接生产过程或消费过程，处于暂时停滞状态的那一部分物品。物品的储备是生产社会化、专业化不断提高的必然结果，是保证社会再生产过程连续不断进行的物质技术条件，它与社会再生产过程相适应，既存在于流通领域，又存在于生产领域和消费领域。保管是储存的继续，是保护储存物品的价值和使用价值不受损害的过程，其主要任务是防止外部环境侵害储存物品，保持物品性能完好无损。因此，物品的储存是保管的前提，保管则保障储存物品能够以备再用。只要有物品的储存，就要对物品进行保管。

图 5—4　储存活动

储存具有以下正面作用：

(1) 储存是保证社会再生产不断进行的物质条件。

(2) 储存是调整、协调各部门和各地区以稳定持续发展的条件。

(3) 储存是解决物品时间背离、提高时间效用的物流中心环节，有助于实现物流系统的整体功能。具体来看，储存是应对意外情况的物质基础，能保证仓储功能的发挥。

但是储存也具有负面影响，如：占压商品资金，增加储存费用，增加利息支出等。严重超储则会使企业无法周转，难以进行再生产。

5. 流通加工功能

流通加工是在流通过程中，根据客户的要求和物流的需要，改变或部分改变商品形态的一种生产性加工活动（见图5—5）。流通加工是流通中的一种特殊形式，其目的是消除生产加工的产品在形式上与客户要求之间的差异，或者方便运输以提高物流效率。

图5—5　流通加工活动

流通加工功能发挥以下作用：

(1) 克服生产和消费之间的分离，更有效地满足消费需求。这是流通加工功能最基本的内容。现代经济中，生产和消费在质量上的分离日益巨大和复杂。流通企业利用靠近消费者、信息灵活的优势从事加工活动，能够更好地满足消费需求，使少规格、大批量生产与小批量、多样性需求结合起来。

(2) 提高加工效率和原材料利用率。集中进行流通加工，可以采用技术先进、加工量大、效率高的设备，不但提高了加工质量，而且提高了使用率和加工效率。集中进行加工还可以将生产企业生产的简单规格产品，按照客户的不同要求，进行集中下料，做到量材适用，合理套裁，减少剩余料。同时，可以对剩余料进行综合利用，提高原材料的利用率，使资源得到充分合理的利用。

(3) 提高物流效率。有的产品的形态、尺寸、重量等比较特殊，如过大、过重产品不进行适当分解就无法装卸运输，生鲜食品不经过冷冻、保鲜处理，在物流过程中就容易腐烂变质等。对这些产品进行适当加工，可以方便装卸搬运、储存、运输和配送，从而提高物流效率。

（4）促进销售。流通加工对于促进销售也有积极作用，特别是在市场竞争日益激烈的条件下，流通加工成为必要的促销手段。如，将运输包装改换成销售包装，改变商品形象以吸引消费者；将蔬菜和肉类洗净、切块、分包以满足消费者的要求；对初级产品和原材料进行加工以满足客户的需要，赢得客户信赖，增强营销竞争力。

6. 配送功能

配送是按客户的要求，将货物配备送交客户的活动，是流通部门连接生产和消费，使时间和场所产生效益的过程和行为（见图5—6）。它是直接面向客户的终端运输，客户的要求是配送活动的出发点。配送的实质是送货，但它以分拣、配货等理货活动为基础，是配货和送货的有机结合形式。在现代物流系统中，物流配送中心以组织配送性销售或供应、执行实物配送为主要职能，是必备的流通模式和运作结构。

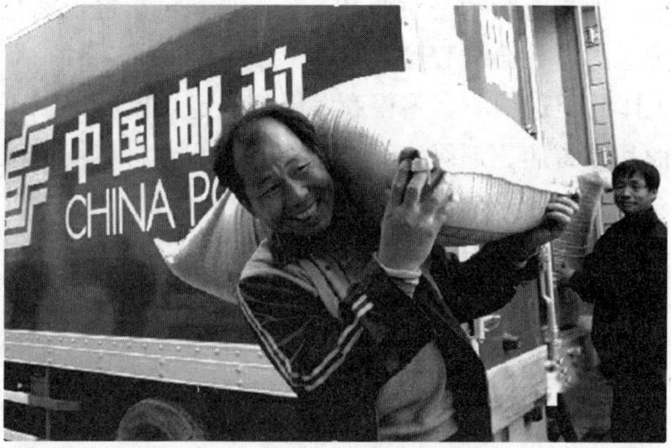

图5—6 配送活动

配送功能发挥以下作用：

（1）提高物流经济效益。配送虽然处于物流过程的末端，但它在一定程度上是物流活动的缩影。配送过程把若干物流功能结合起来，使它们有机地融为一体，从而提高了各项功能的效率。配送通过集中进货，可以降低进货成本。通过集中库存，可以保持合理库存，压缩不必要的社会库存，减少仓储费用。通过合理配货、共同配送，可以消除重复运输、空载运输，提高运输工具的利用率，实现合理运输，降低运输成本。

（2）作为客户的后勤。配送是直接联结最终客户的物流活动，由于配送中心网络覆盖面广、信息量大且传递快，物流手段先进、设施齐全、专业化程度高，它对客户的服务成为现代化经济中客户不可缺少的后勤。对于生产企业来讲，可以根据企业生产的需要，组织原材料、辅助材料、零部件等，按计划定时、定量配送，解除企业后顾之忧，大大减少企业库存，甚至实现零库存。对于零售商店来说，可以按商店销售状况及时补充商品，既保证不断档，又可实现零库存。对于中小客户来讲，共同进货、共同配货可以带来规模经济效益。

（3）提高物流系统的宏观调控能力。配送实行的集中库存、共同配送等大物流的形式，可以从根本上改变一家一户取货送货、重复设库的小生产式的物流格局，从而打破条块分割，为流通主管部门进行有效的宏观调控创造良好的条件。

配送中心是物流系统中最重要的信息中心和调配中心，对配送中心的管理将在很大程度上影响到对物流系统的宏观调控。按运营主体不同，物流配送中心大致分为四种类型：

● 以制造商为主体的配送中心。这种配送中心的商品百分之百是由制造商自己生产制造的，以降低流通费用、提高售后服务质量并及时地将预先配齐的成组元件运送到规定的加工和装配工位。商品生产出来后，贴条码和进行包装等环节比较容易控制，所以这种配送中心比较容易设计，但不具备社会化的条件。

● 以批发商为主体的配送中心。在商品从制造商到消费者的传统流通过程中，有一个环节是批发。一般是按部门或商品类别的不同，把每个制造商的商品集中起来，然后以单一品种或搭配多个品种向消费地的零售商进行配送。这种配送中心的商品来自各个制造商，它所进行的一项重要活动是对商品进行汇总和再销售，而它的全部进货和出货都是由社会化机构配送的，社会化程度高。

● 以零售商为主体的配送中心。零售商发展到一定规模后，就可以考虑建立自己的配送中心，为专业商品零售店、超级市场、百货商店、建材市场、粮油食品商店、宾馆饭店等服务。其社会化程度介于前两者之间。

● 以仓储运输企业为主体的配送中心。这种配送中心的运输配送能力很强，地理位置优越，如位于港湾、铁路和公路枢纽，可迅速将到达的货物配送给用户。它提供仓位给制造商或供应商，配送中心的货物属于制造商或供应商所有，配送中心只是提供仓储管理和运输配送服务。这种配送中心的现代化程度往往较高。

7. 信息处理

该功能的实现需要借助以下系统：电子邮件系统，办公自动化系统，工资系统，人事档案管理系统，固定资产管理系统，财务管理系统，进、销、存管理系统，生产制造管理系统，企业资源管理系统，客户关系管理系统，供应商关系管理系统，物流管理系统，供应链管理系统，信息管理平台（见图 5—7）。

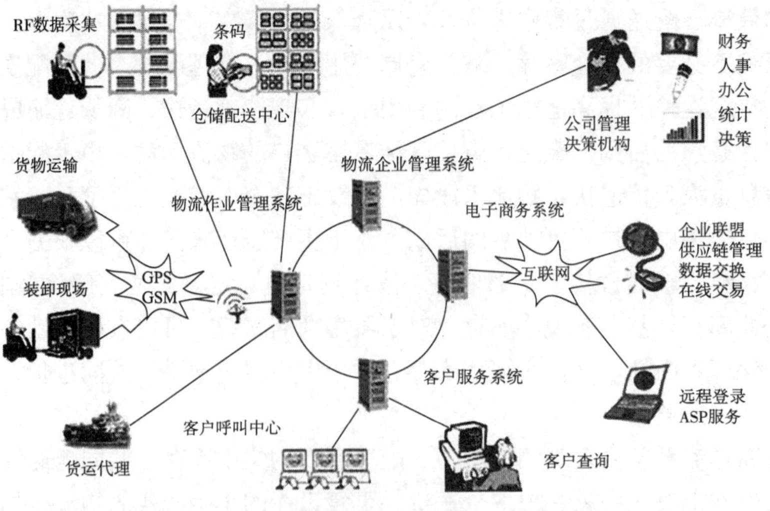

图 5—7　电子商务环境下的物流企业信息化管理

信息系统的系统结构包括主机/终端模式、服务器/客户机模式、浏览器模式。

物流信息采集方式包括人工操作、数据交换两种。

物流信息采集设备包括条码打印机、条形码采集设备、电子标签、全球定位系统、地理信息系统以及全球移动通信系统等。

第 2 节　电子商务物流

一、电子商务与物流的关系

物流是电子商务的重要组成部分。随着电子商务的发展，传统物流受到了多方面的影响。物流的地位、组织模式以及其各个作业和功能环节，都在电子商务的影响下发生了巨大变化。从近年来物流业的发展趋势来看，物流业的地位大大提高，供应链长度缩短，第三方物流成为电子商务环境下物流业的主要组织形式。物流的两个作业环节——采购与配送也发生了变化，具体表现为：采购更加方便、价格更低，配送的规模扩大，成为商流、信息流与物流的汇集中心；物流的库存集中化得到实现；库存集中导致运输集中，运输被划分为一次运输与二次运输，更方便的“多式联运服务”受到欢迎；开环流动的信息成为物流作业的主要依据。

（一）电子商务发展过程中物流的变化

1. 物流业整体地位提升

随着电子商务将商务、广告、订货、购买、支付、认证等事务处理虚拟化、信息化，物流企业在电子商务环境中所承担的任务越来越重要：它们既要把虚拟商店的货物送到用户手中，又要从生产企业及时进货并入库。在电子商务中，物流公司既是生产企业和流通企业的仓库，又是用户的实物供应者，它们所在的物流业成为社会生产链条的领导者和协调者，为社会提供全方位的物流服务。由此可见，电子商务将物流业的地位提升到了前所未有的高度，并为其提供了巨大的发展机遇。

2. 管理模式发生变化

（1）供应链缩短。在传统的供应链模式下，产品从生产企业出发最终到达消费者手中要经过多层分销商和很长的流程，其间产生了很多问题。电子商务缩短了生产厂家与最终用户之间的供应链距离，改变了传统的市场结构。企业可以通过电子商务网站绕过传统经销商，与用户直接沟通。电子商务网站充当虚拟的信息与组织中介，不需要设置多层实体分销网络（包括人员、店铺及其他设施），也不需要存货，从而降低了流通成本，减少了流通时间，使得物流供应链缩短。

（2）供应链中的货物流动方向由“推动式”变成“拉动式”。传统供应链采用计划方法管理存货，存货的流动是“推动式”的。这种方式缺乏灵活性，且运转周期长。而电子商务环境下的存货管理，是按照所获信息来组织产品生产和对零售商的供货，使存货流动变成了“拉动式”，弥补了传统方式下的两个缺点，并实现了销售环节的零库存。

3. 组织形式发生变化

第三方物流成为物流业的主要组织形式。在电子商务环境下，随着电子商务活动的时空跨度越来越大，物流活动也实现了跨区域化乃至国际化。在 B2C 和 B2C 电子商务模式下，一般的网店并没有财力物力去投资建设属于自己的全国配送网络，更谈不上全球配送网络，它们迫切需要第三方来提供相关服务，这就使得第三方物流有了发展空间，逐渐成为物流业的主要组织形式。

（二）电子商务对物流各环节的影响

1. 采购环节

电子商务环境下，企业的采购过程更加简单、顺畅，采购范围更加广泛，采购成本大大降低，中小型企业也因此得以接触更大范围的供应商。

2. 配送环节

电子商务的发展与配送紧密相关。电子商务使得配送中心成为整个社会的仓库。从某种程度上说，电子商务时代的物流方式就是配送方式，配送在电子商务时代占据着重要地位。

3. 实体物流网络

电子商务使得实体物流中的仓库数目减少，库存集中化；物流节点的主要形式由保管仓库和流通仓库统一为配送中心；综合物流中心与大型配送中心合二为一。

4. 运输方式

电子商务下的库存集中化，使得运输方式由传统耗费高的零散运输转变为“一次运输”（即综合的物流中心之间的运输）和“二次运输”（即物流中心辐射范围内的运输）。此外，多式联运方式得到了很大的发展，大大扩展了物流的服务范围。

二、电子商务物流的概念与特征

（一）电子商务物流的概念

电子商务物流是指信息化、现代化、社会化的物流配送。物流配送企业采用网络化的计算机技术和现代化的硬件设备、软件系统及先进的管理手段，针对社会需求，严格地、守信用地按用户的订货要求，完成一系列分类、编配、整理、分工、配货等理货工作，定时、定点、定量地交给不受范围限制的各类用户，满足其对商品的需求。可以看出，这种新型的物流配送以一种全新的面貌成为流通领域变革的先锋，代表了现代市场营销的大方向。新型物流配送能使商品流通较传统的物流配送方式更容易实现信息化、自动化、现代化、社会化、智能化、合理化、简单化，使货畅其流，物尽其用，既减少生产企业库存，加速资金周转，提高物流效率，降低物流成本，又刺激了社会需求，有利于加强整个社会的宏观调控，提高整个社会的经济效益，促进市场经济的健康发展。

（二）电子商务物流的特征

电子商务物流配送除具有传统物流配送的特征外，还具有以下基本特征：

（1）信息化。通过网络可将物流配送用信息武装起来。实行信息化管理是新型物流配送的基本特征，也是实现现代化和社会化的前提保证。

（2）现代化。传统的物流配送虽然达到了一定的现代化水平，但要求并不是十分严格，与电子商务下的新型物流配送相比，在服务水平、范围、层次等各方面都有很大的差距。现代化水平的高低是区别新型物流配送和传统物流配送的一个重要特征。

（3）社会化。社会化程度的高低也是区别新型物流配送和传统物流配送的一个重要特征。很多传统的物流配送中心往往是某一企业为给本企业或本系统提供物流配送服务而建立起来的，有些配送中心虽然也为社会服务，但与电子商务环境下的新型物流配送所具有的社会性相比，具有很大的局限性。

图 5—8 显示的是典型 B2C 电子商务流程中的物流环节。

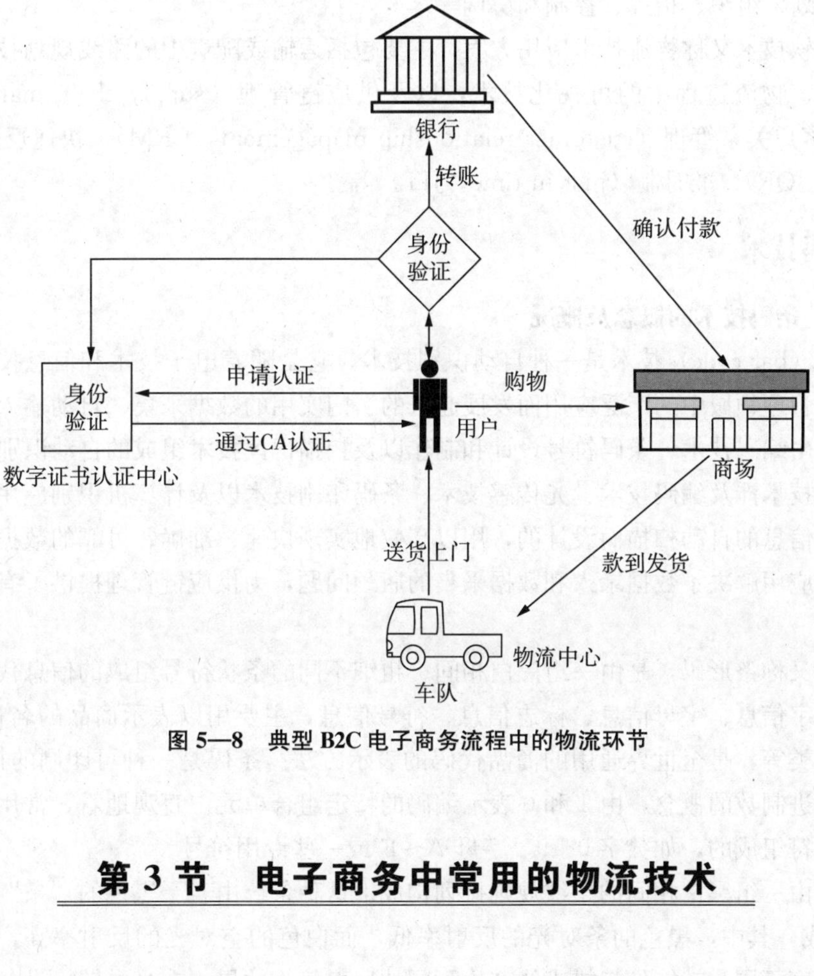

图 5—8　典型 B2C 电子商务流程中的物流环节

第 3 节　电子商务中常用的物流技术

一、电子商务物流技术简介

物流技术（logistics technology）是物流活动中所采用的自然科学与社会科学方面的理论、方法，以及设施、设备、装置与工艺的总称。

物流技术包括两个方面，即物流硬技术和软技术。

（1）物流硬技术。是指物流设施、装备和技术手段。传统的物流硬技术主要指材料（集装、包装材料等）、机械（运输机械、装卸机械、包装机械等）、设施（仓库、车站、码头、机场等）。典型的现代物流技术手段和装备即电子商务物流技术，主要包括计算机、互联网、数据库技术、条码技术，同时还包括电子数据交换（EDI）、全球定位系统（global positioning system，GPS）、地理信息系统（geographical information system，GIS）、电子订货系统（electronic ordering system，EOS）、销售时点系统（point of sale，POS）等。

（2）物流软技术。是指组织实现高效率的物流所需要的计划、分析、评价等方面的技术和管理方法等，它涉及物流系统化、物流标准化、各种物资设备的合理调配使用、库存、成本、操作流程、人员、物流路线的合理选择，以及为实现物流活动的高效率而进行的计划、组织、指挥、控制和协调等。

物流软技术又称物流技术应用方案，主要包括运输或配送中的路线规划技术、库存控制技术、物流过程中的可视化技术，以及供应链管理（supply chain management，SCM）、客户关系管理（customer relationship management，CRM）、快速反应（quick response，QR）、准时制（just in time，JIT）等。

二、条码技术

（一）条码技术的概念及概况

条码（bar code）技术是一种自动识别技术。它是随着电子技术和信息技术在现代化生产和管理领域中的广泛应用而发展起来的一门实用的数据采集、自动输入技术。条码系统是由编码技术、条码符号设计和制作以及扫描识读技术组成的自动识别系统。

条码技术涉及编码技术、光传感技术、条码印刷技术以及计算机识别应用技术，是为实现对信息的自动扫描而设计的，用以高效地实现快速、准确、可靠的数据采集。条码技术的应用解决了数据录入和数据采集的瓶颈问题，为供应链管理提供了有力的技术支持。

条码又称条形码，是由一组黑白相间、粗细不同的条状符号组成的信息代码，其中隐含着数字信息、字母信息、标志信息、符号信息，主要用以表示商品的名称、产地、价格、种类等，是全世界通用的商品代码的表示方法。条码是一种可印制的机器语言，它采用二进制数的概念，由 1 和 0 表示编码的特定组合单元。直观地看，常用的条码是由一组字符组成的，如数字 0～9、字母 A～E 或一些专用符号。

条码由一组黑白相间的条纹规则排列构成。这种条纹由若干黑色的“条”和白色的“空”组成，其中，黑色的条对光的反射率低，而白色的空对光的反射率高，再加上条与空的宽度不同，就能使扫描光线产生不同的反射接收效果，在光电转换设备上转换成不同的电脉冲，形成可以传输的电子信息。由于光的运动速度极快，因此可以准确无误地对运动中的条码予以识别。条码的构成如图 5—9 所示。

（二）EAN 条码及我国通用商品条码

EAN 条码是国际上通用的商品代码，我国通用商品条码标准也采用 EAN 条码结构。其主版是由 13 位数字及相应的条码符号组成的，在较小的商品上也可采用 8 位数字码及其相应的条码符号。条码的具体构成为：

1234578
CODE—39

1234578
CODE—128

0 00123 456784
EAN—13

12345678
CODE—93

1234578
China Post

PDF—417
(123456678)

图 5—9　条码示例

（1）前缀码。由 3 位数字组成，由国际物品编码会统一规定，是国家的代码，我国为 690，691 和 692。

（2）制造厂商代码。由 4 位或 5 位数字组成，我国物品编码中心统一分配并统一注册，一厂一码。

（3）商品代码。由 5 位数字组成，表示每个制造厂商的商品，由厂商确定，可标识 10 万种商品。

（4）校验码。由 1 位数字组成，用以校验前面各码的正误。

（三）物流条码标准体系

物流条码标准体系的组成如图 5—10 所示。

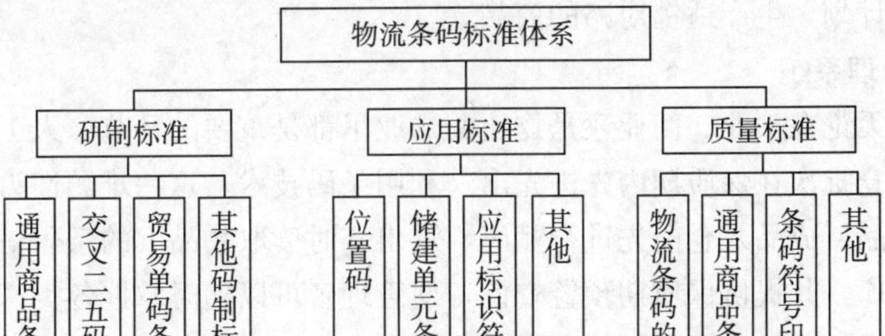

图 5—10　物流条码标准体系

物流条码体系的涉及面广，相关标准很多，它的实施和标准化与物流系统的机械化、现代化、规范化和标准化有非常密切的关系。正因为物流条码体系具有复杂性和广泛性，所以其建立与应用都将是一个长期探索实践的过程。物流条码标准体系只是物流条码体系的一个组成部分，却是极其重要的一个组成部分。条码技术标准是对条码技术中重复性事物和概念作出的统一规定。

在国际贸易中，物流条码标准体系已基本成熟，并随着世界经济的发展而日趋完善。我国也已经制定了许多相关标准，可以据此建立物流条码标准体系，但有待进一步完善。

（四）条码技术在现代物流中的应用

条码在物流系统中的应用主要集中在以下几方面：

1. 生产线自动控制系统

使用条码技术对每一个零部件进行在线控制，能避免差错、提高效率、确保生产顺利进行。使用条码技术成本低廉，只需先对进入生产线的物品赋码，在生产过程中通过安装于生产线的条码识读设备获取物流信息，就能随时跟踪生产线上每一个物流的情况，形成自动化程度高的电子车间。

2. 信息系统

目前条码技术应用最为广泛的领域是商业自动化管理，即建立商业POS系统，利用现金收款机作为终端机与主计算机相连，借助识读设备为计算机录入商品上的条码符号，计算机从数据库中自动查询对应的商品信息，显示出商品名称、价格、数量、总金额，反馈给现金收款机开出收据，迅速准确地完成结算过程，从而节省顾客购物的结算时间。

它使商品零售方式发生了巨大变革，由传统的封闭柜台式销售变为开架自选式销售，大大便利了顾客采购商品。同时，计算机可根据购销情况对货架上各类商品的数量、库存进行处理，及时提出进、销、存、退的信息，供商家及时掌握购销行情和市场动态，提高竞争力，增加经济效益。对于商品制造商来说，可及时了解产品销售情况，及时调整生产计划，生产适销对路的商品。

3. 仓储管理系统

仓储管理无论在工业、商业还是物流配送业里都是重要的环节。人工管理往往难以真正做到按进仓批次在保质期内先进先出。利用条码技术，这一难题迎刃而解，只需在原材料、半成品、成品入仓前先进行赋码，进出仓时读取物品上的条码信息，就可建立仓储管理数据库，并提供保质期预警查询，使管理者可以随时掌握各类产品的进出仓和库存情况，及时准确地为决策部门提供有价值的参考。

4. 自动分拣系统

运用条码技术对邮件、包裹、批发和配送的物品等进行编码，通过条码自动识别技术建立自动分拣系统，可大大提高工作效率，降低成本。在配送和仓库出货时，需要通过分货、拣选方式快速处理大量的货物，利用条码技术便可自动进行分货拣选，并实现有关的管理。

其过程如下：中心接到配送订货要求，将若干订货汇总，每一品种汇总成批后，按批次发出所在条码的拣货标签，拣货人员到库中将标签贴于每件商品上，自动分拣。分货机始端的扫描器对处于运动状态的分货机上的货物进行扫描，一方面是确认所拣出货物是否正确，另一方面是识读条码上用户标记，指令商品在确定的分支分流，到达各用户的配送货位，完成分货拣选作业。

5. 售后服务系统

利用条码进行客户管理和售后服务管理不仅简便易行，而且成本低廉。厂商只需在产品出厂前进行赋码，各代理商、分销商在销售时读取产品上的条码，就可向厂商及时反馈产品流通的信息和客户信息，建立客户管理和售后服务管理系统，随时掌握产品的销售状况和市场信息，为厂商及时进行技术革新和花色品种更新、生产适销对路的商品提供可靠的市场依据。图5—11为企业ERP系统中物流环节的条码技术示例。

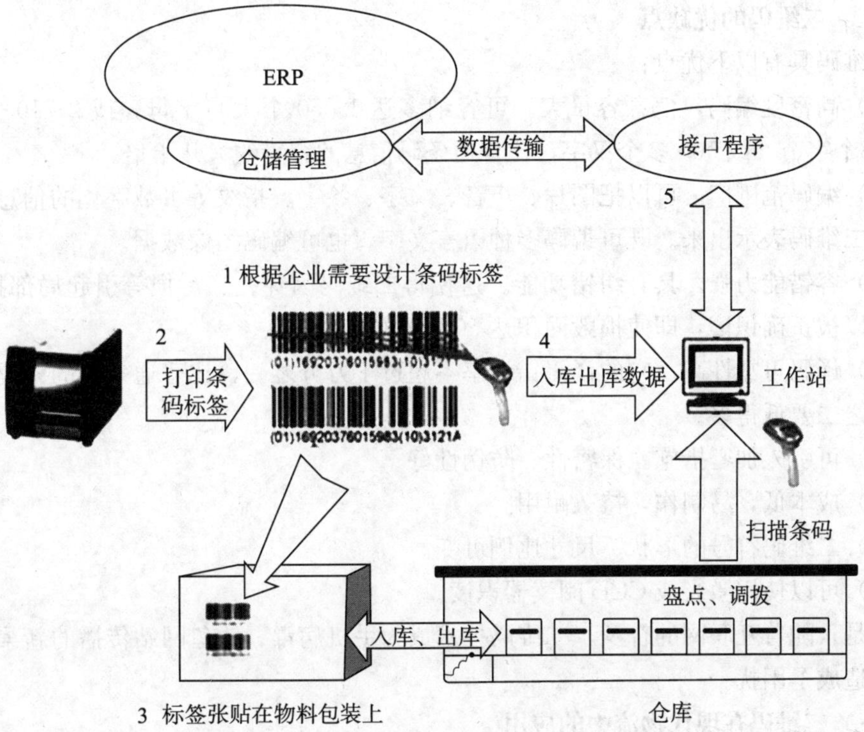

图5—11　ERP系统中物流环节的条码技术示例

三、二维码技术

（一）二维码技术概述

二维条码/二维码（2-dimensional bar code）是用某种特定的几何图形按一定规律在平面（二维方向）上分布的黑白相间的图形来记录数据符号信息的技术。二维码在代码编制上巧妙地利用构成计算机内部逻辑基础的“0”、“1”比特流的概念，使用若干与二进制相对应的几何形体来表示文字数值信息，通过图像输入设备或光电扫描设备自动识读以实现信息自动处理。它具有条码技术的一些共性：每种码制有其特定的字符集，每个字符占有一定的宽度，具有一定的校验功能等；同时还能对不同行的信息自动识别以及处理图形旋转变化等。常见二维码的构成如图5—12所示。

图 5—12　常见二维码图示

（二）二维码的优缺点

二维码具有以下优点：

（1）高密度编码，信息容量大。可容纳多达 1 850 个大写字母，或 2 710 个数字，或1 108个字节，或 500 多个汉字，比普通条码信息的容量约大几十倍。

（2）编码范围广。可以把图片、声音、文字、签字、指纹等可数字化的信息进行编码，用二维码表示出来。既可编码多种语言文字，也可编码图像数据。

（3）容错能力强，具有纠错功能。这使得二维码因穿孔、污损等引起局部损坏时，照样可以被正确识读，即使损毁面积达 50%仍可恢复信息。

（4）译码可靠性高。它的译码错误率不超过千万分之一，比普通条码的译码错误率百万分之二要低得多。

（5）可引入加密措施。保密性、防伪性好。

（6）成本低，易制作，持久耐用。

（7）二维码符号的形状、尺寸比例可变。

（8）可以使用激光或 CCD 阅读器识读。

但是，随着互联网的普及，二维码技术成为手机病毒、钓鱼网站传播的新渠道，对使用者造成了困扰。

（三）二维码在现代物流中的应用

在物流管理过程中，通常是把条码印制或粘贴在物品的外包装、物品本身上，通过应用二维码识读器和计算机网络设备对物流全过程进行实时跟踪、识别、认证、控制、反馈，避免数据的重复录入。

在物流配送中，通过应用二维码技术和计算机网络技术，可以实现对货物从运输到投递的全过程的信息跟踪处理。二维码信息可以直接贴在物品包装上，或者打印在运单上，在每个环节用二维码识读器进行跟踪查询。货物配送前将配送商品资料和客户订单资料下载到移动终端中，到达配送客户后，打开移动终端，调出客户相应的订单，然后根据订单情况挑选货物并验证其条码标签，确认配送完一个客户的货物后，移动终端会自动校验配送情况，并做出相应提示。另外，客户可以通过网络实时了解物品的相关位置。二维码也可以在日常生产中对产品的生产过程进行跟踪。首先，由商务中心下达生产任务单，任务单跟随相应的产品流动，然后在每一生产环节开始时，用生产线终端扫描任务单上的条码，更改数据库中的产品状态，最后，产品下线包装时，打印并粘贴产品的客户信息条码。

针对物流各个环节的特点，借助二维码技术可以建立相应的仓储管理系统、运输管理系统、档案自动化管理系统等，做到对每一个物流的实时管理控制。运输管理中的物流信息包括运输信息和货物信息，具体包括交易信息（收寄编号、装箱单、运输途径等）和物品本身的信息（包装箱、物品名、数量、保质期等），采用二维码技术，在数据采集时不需要在线式数据库，可减少对网络的依赖性，从而为运输企业提供便利。

图 5—13 为二维码在物流管理中的应用示例。

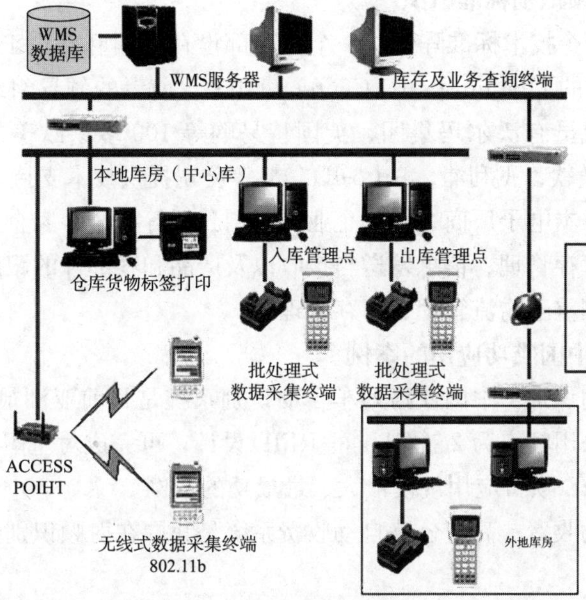

图 5—13　二维码在物流管理中的应用示例

四、射频识别技术

（一）射频识别技术的概念及射频识别系统

射频识别（radio frequency identification，RFID）技术，俗称电子标签。RFID 是一种非接触式的自动识别技术，它通过射频信号自动识别目标对象并获取相关数据，无须人工干预，可在各种恶劣环境下应用。RFID 技术可识别高速运动物体并可同时识别多个标签，操作快捷方便。

最基本的 RFID 系统由三部分组成：标签，由耦合元件及芯片组成，每个标签具有唯一的电子编码，附着在物体上标识目标对象；阅读器，读取（有时还可以写入）标签信息的设备，可设计为手持式或固定式；天线，在标签和阅读器间传递射频信号。一套完整的系统还需具备数据传输和处理系统。图 5—14 为 RFID 系统示意图。

RFID 技术的典型应用主要有：物流和供应管理、生产制造和装配、航空行李处理、邮件/快运包裹处理、文档追踪/图书馆管理、动物身份标识、运动计时、门禁控制/电子门票、道路自动收费。

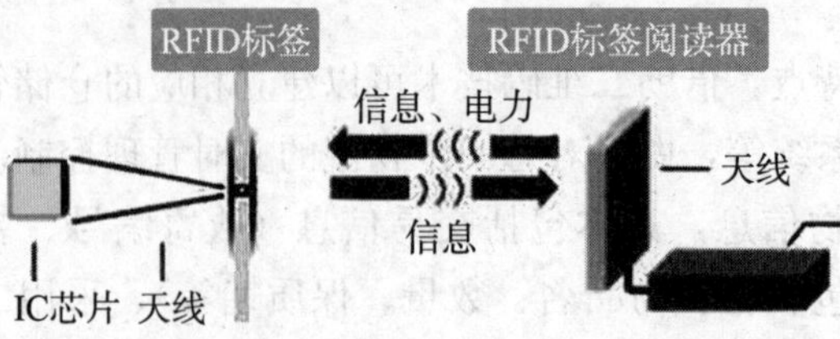

图 5—14　RFID 系统示意图

（二）世界两大射频识别标准组织

目前 RFID 存在两个技术标准阵营，一个是总部设在美国麻省理工学院的 Auto-ID Center，另一个是日本的 Ubiquitous ID Center（UID）。前者的领导组织是美国的电子产品代码环球协会，成员有沃尔玛集团、英国特易购等 100 多家欧美的零售流通业巨头，同时还有 IBM、微软、飞利浦、Auto-ID Lab 等公司提供技术支持。而 UID 主要由日系厂商组成，包括日本电子厂商、信息企业和印刷公司等共 352 家企业。日本的电子标签标准主要侧重于库存管理、信息发送与接收以及产品和零部件的跟踪管理；美国的电子产品代码标准则侧重于物流管理、库存管理。

（三）射频识别在中国成功应用的案例

（1）铁路列车自动识别。中国铁路列车自动识别系统是目前亚洲最大规模的 RFID 应用项目，整个系统采用频率为 2.4 GHz 的 RFID 设计，可完成对全国列车的高速扫描识别。这也是我国 RFID 项目应用规模最大、最成功的案例。

（2）高速公路自动收费。高速公路自动收费系统是我国在射频识别技术方面最成功的应用之一。

（3）现代物流管理。现代物流企业应用 RFID 最广泛，是目前国际上应用 RFID 最多的领域。我国一些企业借鉴国外的先进技术和经验，引入 RFID 取得成效。

（4）汽车防盗。汽车防盗是 RFID 一项比较新的应用领域，RFID 以其独特的技术优势，在这一领域充分发挥了作用。

（5）集装箱管理。目前，我国上海港以及其他较大型的集装箱港口，都已经在集装箱上安装了有源电子标签，通过手持式 RFID 阅读器对整个港口内的集装箱进行 RFID 管理。由于有源电子标签的扫描距离可以达到上百米，港口的管理人员使用手持式 RFID 阅读器，用 2～3 小时的时间便可完成对整个港口内所有集装箱的信息扫描识别管理。采用这种管理方式杜绝了集装箱错发、漏发的问题，为企业降低了成本，赢得了先机，同时也提高了港口的作业效率与服务水平，实现了企业与港口的双赢。

五、全球定位系统技术

（一）全球定位系统概述

全球定位系统（GPS）是指利用卫星的测时和测距功能在全球范围内进行定位、导航的系统。GPS 系统包括三大部分：空间部分——GPS 卫星星座；地面控制部分——

地面监控系统；用户设备部分——GPS 信号接收机。

GPS 系统的特点包括：

(1) 全球、全天候地工作。能为用户提供连续、实时的三维位置、三维速度和精密时间，不受天气的影响。

(2) 定位精度高。单机定位精度优于 10 米，采用差分定位，精度可达厘米级和毫米级。

(3) 功能多，应用广。随着人们对 GPS 的认识不断加深，GPS 在测量、导航、测速、测时等方面得到越来越广泛的应用，在其他领域的应用也不断扩大。

(二) 全球定位系统的工作原理

GPS 定位的基本原理是将高速运动的卫星瞬间位置作为已知的起算数据，采用空间距离后方交会的方法，确定待测点的位置。它的计算基础是大家都熟知的三角计算法则。下面通过一个简单的例子来说明它的计算过程：某人在一个陌生城市迷路了，只好向别人问路，得知此地距甲地 625 千米，由此推测自己可能在以甲地为圆心，以 625 千米为半径的圆周上的任何一点，可是究竟是哪一点却不得而知。他只好再次询问，得知此地同时距乙地 650 千米，综合这两条信息，范围被缩小到两个点。他第三次询问得知此地距丙地 615 千米，这时便能很清楚地知道自己的所在位置。由此看来，根据三角计算法则，只要知道某未知地与其他三个已知地之间的距离，就可以推算出该处精确的二维位置，再加上一个空间高度的已知值便能很容易地确定它在三维空间的位置。图 5—15显示了 GPS 系统的工作原理。

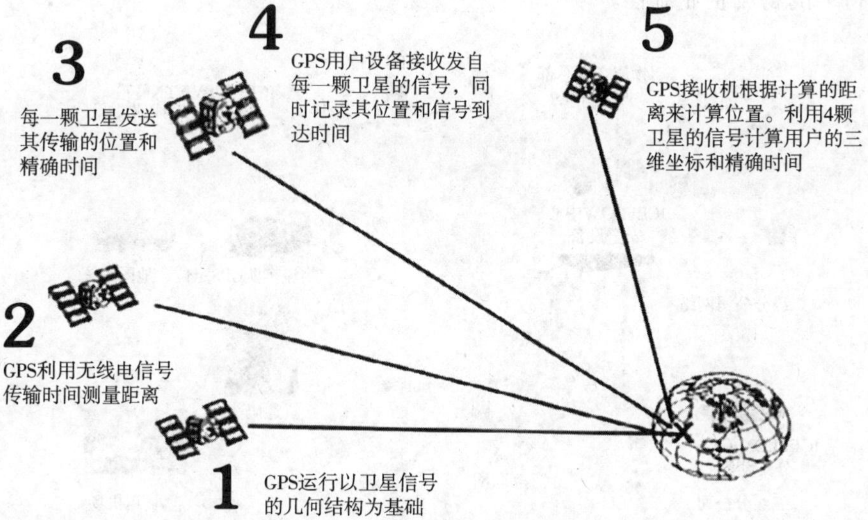

图 5—15　GPS 系统工作原理图

(三) 网络 GPS 在现代物流中的应用

网络 GPS 是指在互联网上建立的一个公共 GPS 监控平台，它融合了卫星定位技术、GSM 数字移动通信技术以及国际互联网技术等多种目前世界上先进的科技成果。网络 GPS 综合了互联网与 GPS 的优势与特色，取长补短，突破了原来使用 GPS 所无法克服的障碍。首先，它可降低投资费用。物流运输公司无须对自身设置的监控中心进行大量投入，节省了配置各种硬件以及管理软件的费用。其次，网络 GPS 一方面可利用互联网实现无地域限制的跟踪信息显示，另一方面又可通过设置不同权限做到信息的保密。

1. 网络 GPS 的工作流程

车载单元即 GPS 接收机在接收到 GPS 卫星定位数据后，自动计算出自己所处的地理位置的坐标，后经 GSM 通信机发送到 GSM 公用数字移动通信网，并通过与物流信息系统连接的 DDN 专线将数据送到物流信息系统监控平台上，中心处理器将收到的坐标数据及其他数据还原后，与 GIS 系统的电子地图相匹配，并在电子地图上直观地显示车辆实时坐标的准确位置。各网络 GPS 用户可用自己的权限上网进行自有车辆信息的收发、查询等，在电子地图上清楚而直观地掌握车辆的动态信息（位置、状态、行驶速度等），同时还可以在车辆遇险或出现意外事故时进行各种必要的遥控操作。

2. 网络 GPS 发展的现状

面对 GPS 带来的如此多的效用与便利，很多物流运输企业跃跃欲试，但仍有一部分企业不敢贸然采用，而是持观望态度。据近期一项业内人士的调查，91%的企业认为 GPS 投资费用偏高且市场条件不成熟，60%的企业认为 GPS 自身技术及配套设施不够完善，50%的企业认为缺乏售后服务的支持，20%的企业认为操作简便性不够。正是这些原因把物流运输企业挡在了 GPS 的门外，成为 GPS 推广应用的绊脚石。其中，投资费用偏高是最主要的因素。网络 GPS 的运用已经对交通运输体系的发展起到不可忽视的作用，并将在今后为物流运输企业业务的发展提供更加广阔的前景。图 5—16 显示了 GPS 支持下的物流企业流程。

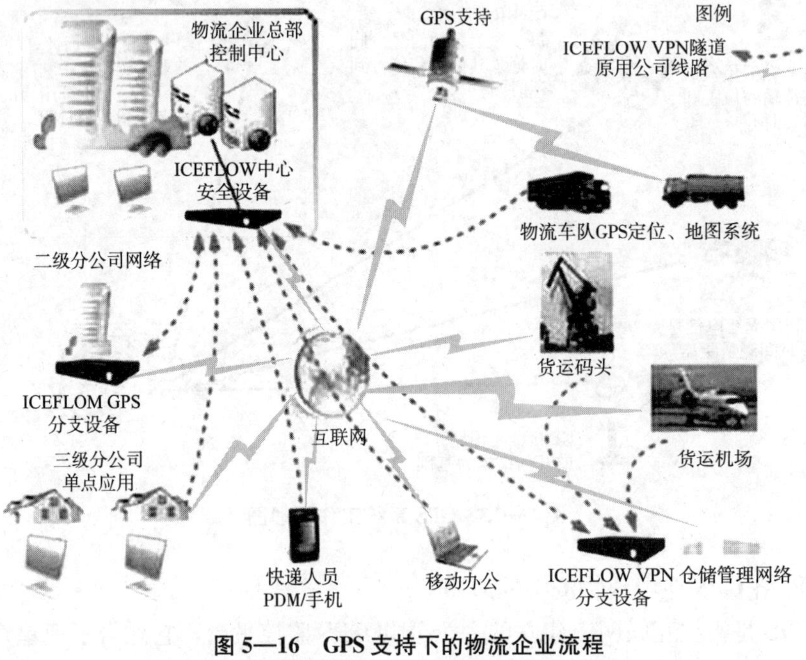

图 5—16　GPS 支持下的物流企业流程

六、地理信息系统技术

（一）地理信息系统概述

地理信息系统（GIS）是多种学科交叉的产物，它以地理空间数据为基础，采用地理模型分析方法，适时地提供多种空间的、动态的地理信息，是一种为地理研究和地理决策服务的计算机技术系统。其基本功能是将表格型数据（无论它来自数据库、电子表格文件还是直接在程序中输入）转换为地理图形显示，然后对显示结果进行浏览、操作和分析。其显示范围可以大到洲际地图，小到非常详细的街区地图，显示对象包括人口、销售情况、运输线路以及其他内容。它是一种特定而又十分重要的空间信息系统，是采集、存储、管理、分析和描述整个或部分地球表面（包括大气层在内）与空间和地理分布有关的数据的空间信息系统。

（二）地理信息系统的组成

GIS由以下五个主要的元素构成：

（1）硬件。是指GIS所操作的计算机。目前GIS软件可以在很多类型的硬件上运行，从中央计算机服务器到桌面计算机，从单机到网络环境。

（2）软件。提供所需的存储、分析和显示地理信息的功能和工具。主要的软件部件有：输入和处理地理信息的工具，数据库管理系统，支持地理查询、分析和视觉化的工具，容易使用这些工具的图形化界面。目前国内外的主流产品有：ARC/INFO/MGE，GeoMedia，GenaMap，MapInfo，AutoDeskMap，ArcView，MapObjects，MapX，Maptitude，MapGIS，GeoStar，Map-Engine等。

（3）数据。一个GIS系统中最重要的部件是数据。对于地理数据和相关的表格数据，企业可以自己采集或者从商业数据提供者处购买。GIS可以将空间数据和其他数据源的数据集成在一起，而且可以使用那些被大多数公司用于组织和保存数据的数据库管理系统，来管理空间数据。

（4）人员。如果没有人来管理系统、制定计划并用它来解决实际问题，GIS技术将没有多大价值。GIS的用户范围包括设计和维护系统的技术专家，乃至那些使用该系统完成每天工作的人员。

（5）方法。成功的GIS系统都拥有好的设计计划和自己的运行规律，而对每个公司来说，具体的GIS系统操作实践又是独特的。

图5—17为GIS分层图形技术示例。

（三）地理信息系统在现代物流中的应用

GIS应用于物流分析，主要是指利用GIS强大的地理数据功能来完善物流分析技术。国外公司已经开发出利用GIS进行物流分析的专门的工具软件。完整的GIS物流分析软件集成了车辆路线模型、网络物流模型、分配集合模型和设施定位模型等。

（1）车辆路线模型。用于解决一个起始点、多个终点的货物运输中如何降低物流作业费用，并保证服务质量的问题，包括决定使用多少辆车、每辆车的路线等。

（2）网络物流模型。用于解决寻求最有效的分配货物路径问题，也就是物流网点布

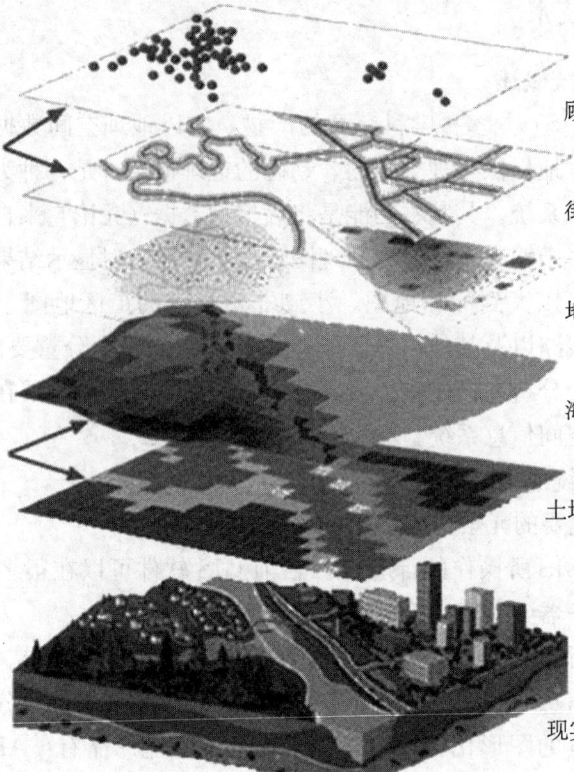

图 5—17　GIS 分层图形技术示例

局问题。如将货物从 N 个仓库运往 M 个商店，每个商店都有固定的需求量，因此需要确定由哪个仓库提货送给哪个商店，所耗的运输成本最低。

(3) 分配集合模型。可以根据各个要素的相似点把同一层上的所有或部分要素分为几个组，用以解决确定服务范围和销售市场范围等问题。如某一公司要设立 X 个分销点，要求这些分销点覆盖某一地区，而且要使每个分销点的顾客数目大致相等。

(4) 设施定位模型。用于确定一个或多个设施的位置。在物流系统中，仓库和运输线共同组成了物流网络，仓库处于网络的节点上，而节点决定着线路。根据供求的实际需要并结合经济效益等原则，运用此模型可以很容易地解决问题，如在既定区域内设立的仓库数、每个仓库的位置、每个仓库的规模，以及仓库之间的物流关系等问题。

(四) WebGIS

WebGIS 是互联网技术应用于 GIS 开发的产物。GIS 通过 Web 功能得以扩展，真正成为一种可供大众使用的工具。在 Web 的任意一个节点，网络用户可以浏览 WebGIS 站点中的空间数据，制作专题图，以及进行各种空间检索和空间分析，从而使 GIS 进入千家万户。

WebGIS 具有以下特点：

(1) 较低的开发和应用管理成本。普通 GIS 在每个客户端都要配备昂贵的专业 GIS

软件，而用户使用的通常只是一些最基本的功能，这实际上造成了很大的浪费。WebGIS利用通用的浏览器进行地理信息的发布，大大地降低了客户端用户的培训成本、技术压力和经济负担。

（2）真正的信息共享。WebGIS可以利用通用的浏览器进行信息发布，使专业人员和普通用户都能方便地获得所需的信息；在全球范围内任意一个Web站点的互联网用户都可以获得WebGIS服务器提供的服务，真正实现了GIS的大众化。

（3）良好的扩展性。互联网技术的标准是开放的、非专用的，是由标准化组织——国际互联网工程任务组（Internet Engineering Task Force，IETF）和万维网联盟（World Wide Web Consortium，W3C）为互联网制定的，这就为WebGIS的进一步扩展提供了极大的空间，使得WebGIS很容易与Web中的其他信息服务进行无缝集成，从而开发灵活多样的GIS应用。

（4）平衡高效的计算负荷。传统的GIS大都使用文件服务器结构的处理方式，其处理能力完全依赖于客户端，效率较低。当今一些高级的WebGIS则能充分利用网络资源，将基础性、全局性的处理交由服务器执行，而将数据量较小的简单操作交由客户端直接完成，从而灵活高效地寻求计算负荷和网络流量负载在服务器端和客户端的合理分配。这是一种较为理想的优化模式。

（5）跨平台特性。传统的GIS软件都针对不同的操作系统，分别使用相应的GIS应用软件。利用Java技术的WebGIS则能做到"一次写成，随处运行"，真正发挥跨平台的技术优势。

七、销售时点系统

（一）销售时点系统概述

销售时点系统（POS）是指通过自动读取设备（如收银机）在销售商品时直接读取商品销售信息（如商品名、单价、销售数量、销售时间、销售店铺、购物的顾客等），并通过通信网络和计算机系统传送至有关部门进行分析加工，以提高经营效率的系统。POS系统最早应用于零售业，之后逐渐扩展至金融、旅馆等服务行业，利用POS系统的范围也从企业内部扩展到整个供应链。

（二）销售时点系统在现代物流中的应用

现代物流中所应用的主要是移动POS系统，该系统是GSM系统和POS系统相结合的产物，主要由手持POS机、通信平台、网管及应用服务器、金卡中心和商业银行系统组成。其中，手持移动POS机具备有线POS机的一切功能，必要时，移动POS机本身还可作为手机使用。由于无须布线，简单易行，因此移动POS系统比传统POS系统更有优势，应用领域更广泛。

在销售配送系统方面，所应用的移动POS系统可分为三层，即中心数据库层、PC处理软件层、移动POS处理层，三层紧密联系在一起。首先，所有的客户信息都通过移动POS采集，将这些信息整理后，就可以进行市场需求分析和市场预测。其次，简单的逻辑过程和运算过程都可以通过移动POS现场完成，从而缩短整个物流过程的运行周期，提高运行效率。

在订货配送处理系统方面，具体包括订单准备、订单传递、订单录入、按订单供货、订单处理状态跟踪等活动。在该系统的应用中，PC 机从中心数据库中动态下载客户的基本信息，然后下载到订货 POS 上，订货员通过订货 POS 访问相应的客户，获得其订货信息，然后上传到订货 POS 机等待进一步处理。配货 PC 根据订货 PC 所提供的信息，确定合理的供货周期，将货物及时准确地送到客户手中。配货 POS 将打印各种单据，并利用配货 POS 的无限通信功能，实现实时支付，最后，把配货处理的信息上传到配货 PC 机上进行进一步处理。

在库存管理方面，包括出库发货和库存盘点。在出库发货时，根据配送中心的补货申请，由盘点 PC 机对照库存的相应商品数量，制定出配送中心的补货明细表，将需补货的商品集中后，使用已存储好该批出库数据的盘点 POS，扫描商品的条码和确认出库的数量，完成后将盘点 POS 数据传送至盘点 PC。库存盘点时，使用盘点 POS 依次扫描仓库货架上的商品条码，并输入实际库存数量，操作完成后将实际库存数传送至盘点 PC 系统，然后做出各种库存损益报告和分析报告。这些信息将通过网络放入中心数据库，以备使用。

八、电子订货系统

电子订货系统（EOS）是指企业间利用通信网络（VAN 或互联网）和终端设备以在线连接方式进行订货作业和订货信息交换的系统。EOS 按应用范围可分为企业内的 EOS（如连锁店经营中各连锁分店与总部之间建立的 EOS 系统）、零售商与批发商之间的 EOS 系统，以及零售商、批发商和生产商之间的 EOS 系统。

相对于传统的订货方式，如上门订货、邮寄订货、电话和传真订货等，EOS 可以缩短从接到订单到发出订货的时间，缩短订货商品的交货期，减少商品订单的出错率，节省人工费；有利于降低企业的库存水平，提高企业的库存管理效率，同时也能防止商品特别是畅销商品出现缺货现象；对于生产厂家和批发商来说，通过分析零售商的商品订货信息，能准确判断畅销商品和滞销商品，有利于企业调整商品生产和销售计划；有利于提高企业物流信息系统的效率，使各个业务信息子系统之间的数据交换更加便利和迅速，丰富企业的经营信息。

本章小结

现代物流将信息、运输、仓储、库存、装卸搬运以及包装等物流活动综合起来，实施集成式管理，以便尽可能降低物流总成本，为顾客提供最好的服务。它主要包括包装、装卸、搬运、运输、储存保管、流通加工、配送和信息处理等活动。

电子商务物流是一整套的电子物流解决方案，具有信息化、现代化、社会化的特点。目前国内外的各种物流配送虽然大都跨越了简单送货上门的阶段，但在层次上仍是传统意义上的物流配送，因此在经营中存在着传统物流配送无法克服的种种弊端和问题。

物流技术是物流活动中所采用的自然科学与社会科学方面的理论、方法，以及设施、设备、装置与工艺的总称。包括物流硬技术和软技术。典型的现代物流技术手段和装备即电子商务物流技术，主要包括计算机、互联网、数据库技术、条码技术，同时还包括电子数据交换、全球定位系统、地理信息系统、电子订货系统、销售时点系统等。物流软技术主要包括运输或配送中的路线规划技术、库存控制技术、物流过程中的可视化技术。

思考题

1. 物流的基本过程是怎样的？

2. 电子商务物流包括哪几个环节？

3. 为什么物流是电子商务实现“以顾客为中心”理念的保证？

4. 电子商务中常用的物流技术包括哪几种？

5. 你听说或接触过的物流公司有哪些？它们的哪些业务与电子商务关系密切？它们是否在业务中利用了第三方物流公司？请举出实例，并说明你的推理和结论。

6. 进入阿里巴巴旗下的淘宝网，了解其店铺的运作模式，并举例说明它们是如何利用物流流程来提高电子商务效率的。

参考文献

[1] 王健．现代物流概论（第二版）[M]．北京：北京大学出版社，2012.

[2] 周慧，罗小琼主编．物流电子商务 [M]．北京：清华大学出版社，2011.

[3] 罗辉林．物流智联网：物流、电子商务、供应链的革命 [M]．北京：机械工业出版社，2011.

[4] 谢雪梅主编．物流仓储与配送 [M]．北京：北京理工大学出版社，2010.

[5] 陈德人主编．电子商务概论——在实战中掌握电子商务（第二版）[M]．杭州：浙江大学出版社，2008.

[6] 魏修建主编．电子商务物流 [M]．北京：人民邮电出版社，2008.

[7] 真虹，张婕姝主编．物流企业仓储管理与实务（第二版）[M]．北京：中国物资出版社，2008.

[8] 李琪，张秦，严建援．电子商务概论 [M]．北京：人民邮电出版社，2003.

[9] 张铎，林自葵．电子商务与现代物流 [M]．北京：北京大学出版社，2002.

[10] 陈国龙，林榕航，刘传才，陈曙光．电子商务学概论 [M]．厦门：厦门大学出版社，2002.

[11] 方仲民．物流系统规划与设计 [M]．北京：机械工业出版社，2003.

[12] 宋伟刚．物流工程及其应用 [M]．北京：机械工业出版社，2003.

［13］鲍吉龙，江锦祥．物流信息技术［M］．北京：机械工业出版社，2003.
［14］龙江主编．商贸企业物流［M］．北京：中国物资出版社，2003.
［15］Efraim Turban，Jae Lee，David King，H. Michael Chung. Electronic Commerce：A Managerial Perspective［M］．北京：高等教育出版社，2001.

第6章

电子商务安全与法律

本章导读

本章首先介绍电子商务安全，涉及电子商务安全控制体系、防火墙技术、加密技术以及 SSL 和 SET 协议等；然后介绍电子商务法律环境、相关的单行法规等。

引导案例

山东淄博破获跨国网络诈骗案

2015 年 3 月，越南海防市某公司向中国山东文远建材科技有限公司订购了价值 75 000美元的货物。但是越方公司付款后，中方公司并未收到货款。经核查，发现越方公司遭到网络诈骗，货款被汇入另外一个银行账户。

山东淄博公安机关侦查发现，犯罪嫌疑人采取入侵受害人电子邮箱获取中越两国公司往来贸易信息的手段，利用与中方公司电子邮箱地址类似的邮箱仿冒中方公司与越方联系，诱使其将货款汇入另一个银行账户。淄博公安机关转战上海、武汉、广州等地，打掉了一个以外籍人员为主，境内外人员相互勾连的犯罪团伙，抓获犯罪嫌疑人 5 名，其中外籍人员 3 名。

这是一起典型的利用电子邮箱进行的网络诈骗案，犯罪团伙利用盗号软件窃取交易双方的邮箱账户和密码，对于双方交易的过程进行全程监控，在双方达成交易意向时，诈骗团伙截留了双方传递汇款信息的电子邮件，利用供货方的邮箱账户骗取购货方钱财。

资料来源：《网络黑客：从支付宝盗号到跨国诈骗》，中国电子商务研究中心，http: //www.100ec.cn，2015 年 11 月 13 日。

思考题：

1. 对于电子邮箱诈骗方式，可以采用什么手段来防范？

2. 除了电子邮箱诈骗以外，你还知道哪些网络诈骗方式，如何防范这些网络诈骗？

第1节　电子商务安全

一、电子商务安全概述

（一）电子商务的安全需求

通过一个完整的保障体系来规避电子商务活动中的各种风险，以保证网上交易的顺利进行，是电子商务安全的重点内容。从商务的角度来看，一个电子商务交易过程应该具备以下六个安全要素。

1. 有效性

电子商务以电子形式取代了纸张，如何保证这种电子形式的贸易信息的有效性则是开展电子商务的前提。电子商务作为贸易的一种形式，其信息的有效性将直接关系到个人、企业或国家的经济利益和声誉。为了保障交易的顺利进行，首先必须保证交易双方能够对另一方的身份进行鉴定。

2. 保密性

电子商务作为贸易的一种手段，其信息涉及个人、企业或国家的商业机密。传统的纸质贸易都是通过邮寄封装的信件或通过可靠的通信渠道发送商业报文来达到保守机密的目的。电子商务建立在一个较为开放的网络环境中，维护商业机密是电子商务全面推广应用的重要保障。因此，要预防非法的信息存取以及信息在传输过程中被非法窃取。

3. 完整性

电子商务简化了贸易过程，减少了人为的干预，同时也带来了维护贸易各方商业信息的完整、统一的问题。由于数据输入时的意外差错或欺诈行为，可能导致贸易各方信息的差异。此外，数据传输过程中信息丢失、信息重复或信息传送的次序差异也会导致贸易各方信息的不同。贸易各方信息的完整性将影响到他们的交易和经营策略，保持贸易各方信息的完整性是电子商务应用的基础。因此，要预防对信息的随意生成、修改和删除，同时要防止数据传送过程中信息的丢失和重复，并保证信息传送次序的统一。

4. 可靠性和可用性

电子商务的可靠性直接关系到贸易各方的商业交易，因此既要保证合法用户对信息和资源的使用不会被不正当地拒绝，也要对网络故障、硬件故障、操作粗鲁、应用程序错误、系统软件错误及计算机病毒所产生的潜在威胁加以控制和预防，以保证贸易数据在确定的时刻、确定的地点是可访问的。

5. 抗否认性

如何确定要进行交易的贸易方正是所期望的贸易方这一问题，则是保证电子商务顺利进行的关键。在传统的纸质贸易中，贸易双方通过在交易合同、契约或贸易单据等书面文件上手写签名或加盖印章来鉴别贸易伙伴，确定合同、契约、单据的可靠性并预防否认、抵赖行为的发生。这也就是人们常说的“白纸黑字”。在无纸化的电子商务方式下，通过手写签名和加盖印章进行贸易方的鉴别已不可能。因此，要在交易信息的传输过程中为参与交易的个人、企业或国家提供可靠的识别标志。

6. 匿名性

互联网的开放性、全球性增加了人们对其是否安全的忧虑，数据仓库、数据挖掘技术的兴起也使人们担心，由于利益的驱动，某些集团对个人数据无限制的加工利用，最终导致侵犯个人的隐私。任何一个上网者的任何一个网络隐私数据，都有被窥探的可能。因此，在交易过程中，电子商务系统要有相关的机制对用户的隐私信息实现匿名管理及存储。

（二）电子商务系统面临的安全威胁

电子商务系统面临的安全威胁通常表现在两个方面，一是计算机病毒的攻击，二是黑客的恶意攻击。

计算机病毒是带有一段恶意指令的程序，一旦用户运行了被病毒感染的程序，它就会隐藏在系统中不断感染内存或硬盘上的程序，只要满足病毒设计者预定的条件，病毒就会发作，其后果轻则是跟用户开个玩笑，在屏幕上显示几行文字或图片；重则会破坏硬盘数据，甚至擦除主板 BIOS 芯片内容，使机器不能继续使用。

黑客程序实际上也是人们编写的程序，它能够控制和操纵远程计算机，黑客通过 e-mail 或冒充可下载的文件把程序暗中发送到远程机器上，如果该程序被远程机器主人在不经意间运行，该用户机器中的启动文件或注册表就会被自动修改，以后只要这台机器连接上互联网，黑客就可以通过网络找到它，并在自己的计算机上对它进行远程控制，随意拷贝、修改、删除远程机器上的文件，甚至能自动关闭或重新启动这台机器。

（三）电子商务安全控制体系

电子商务的安全控制体系结构是保证电子商务中数据安全的一个完整的逻辑结构，由五个部分组成，具体如图 6—1 所示。

由图 6—1 可见，电子商务安全控制体系由网络服务层、加密技术层、安全认证层、安全协议层、应用系统层组成。从图中的层次结构可以看出，下层是上层的基础，为上层提供技术支持；上层是下层的扩展与递进。各层次之间相互依赖、相互关联，构成统一整体。各层通过控制技术的递进，实现电子商务系统的安全。

电子商务系统是依赖网络实现的商务系统，需要利用互联网基础设施和标准，所以构成电子商务安全框架的底层是网络服务层，它提供信息传送的载体和用户接入的手段，是各种电子商务应用系统的基础，为电子商务系统提供了基本、灵活的网络服务。

为确保电子商务系统全面安全，必须建立完善的加密技术和认证机制。在如图 6—1 所示的电子商务安全控制体系中，加密技术层、安全认证层、安全协议层就是为确保电子交易数据的安全而构建的。其中，安全协议层在加密技术层和安全认证层的基础上对安全控制技术进行了综合运用和完善。

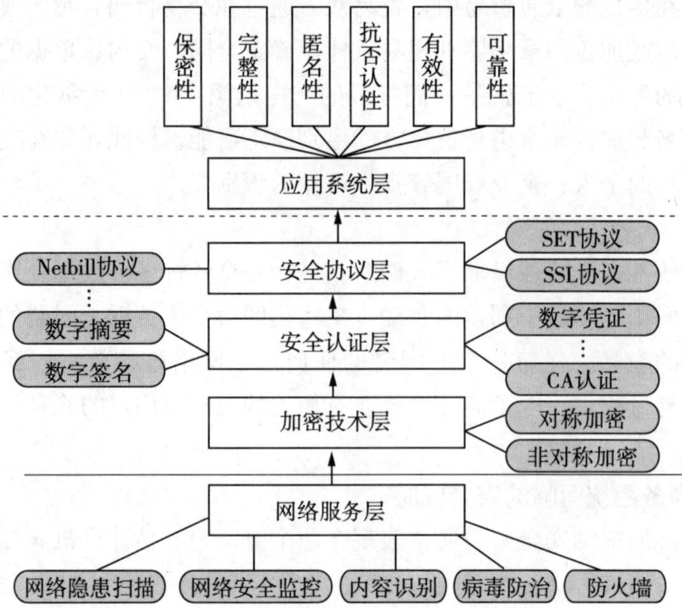

图 6—1　电子商务安全控制体系结构

电子商务安全是一个受到普遍关注的系统问题，用于保护电子商务的安全控制技术很多，但并不是把这些技术简单加以组合就可以确保安全。只有合理应用多种安全控制技术，并实现有机结合，才能从技术上保障电子商务安全。

二、防火墙技术

防火墙是在内联网与外联网之间实施安全防范的系统，可被认为是一种访问控制机制，用于确定哪些内部服务允许外部访问，以及哪些外部服务允许内部访问（见图 6—2）。实现防火墙技术的主要途径有：数据包过滤、应用网关和代理服务。

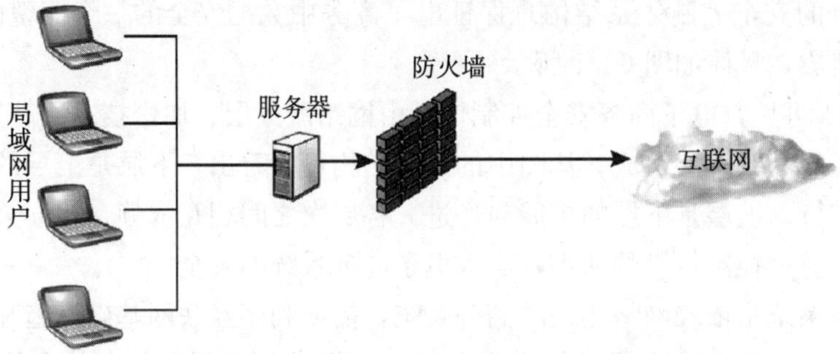

图 6—2　防火墙

（一）包过滤技术

包过滤技术是在网络层中对数据包实施有选择的通过，依据系统内事先设定的过滤逻辑，检查数据流中每个数据包，根据数据包的源地址、目的地址、所用的 TCP/UDP 端口与 TCP 链路状态等因素来确定是否允许数据包通过。包过滤技术的核心是安全策略，即过滤算法的设计。

在TCP/IP协议的网络中，所有往来的信息都是以固定长度的信息包进行发送的，信息包中包含发送者的IP地址和接收者的IP地址等信息。在发送信息包时，由路由器读取接收方的IP地址并选择一条合适的物理线路发送出去，信息包可能经由不同的路线抵达目的地，当所有的包均抵达目的地后再进行重新组装还原。包过滤式防火墙会检查所有通过的信息包中的IP地址，并按照系统管理员所给定的过滤规则进行过滤。包过滤技术速度快、实现方便，但审计功能差。过滤规则的设计存在矛盾，过滤规则简单则安全性差，过滤规则复杂则管理难度大。

（二）应用网关技术

应用网关技术是建立在网络应用层上的协议过滤，它针对特别的网络应用服务协议（即数据过滤协议），能够对数据包进行分析并形成相关的报告。应用网关对某些易于登录和控制所有输入输出的通信环境给予严格的控制，以防有价值的程序和数据被窃取。

应用网关在逻辑上起着防火墙的作用，它位于一个网络的内部用户和外部用户之间，并详细记录所有的访问状态信息，从外部只能看到该代理服务器而无法获知内部用户IP数据等任何内部资源。应用网关适用于特定的互联网服务，如HTTP，FTP等。

由于应用网关不允许用户直接访问网络，因此增加了一层访问控制机制，使访问速度明显地变慢；应用网关需要对每一类特定的互联网服务安装相应的代理服务软件；用户不能使用未被服务器支持的服务，对每一类服务要使用特殊的客户端软件。因此，在实际应用中，应用网关常和包过滤路由器结合使用。

（三）代理服务技术

代理服务技术应用于应用系统层，以提供对应用系统层服务的控制。这种代理服务技术准许网络管理员允诺或拒绝特定的应用程序或某个应用程序的特定功能。包过滤和应用网关技术通过特定的逻辑判断来决定是否允许特定的数据包通过，一旦判断条件满足，防火墙内联网络的结构和运行状态便会暴露在外来用户面前，为此引入了代理服务的概念。这一技术使防火墙内外计算机系统应用层的链接由两个终止于代理服务的链接来实现，从而成功地实现了防火墙内外计算机系统的隔离。同时，代理服务还具有较强的数据流监控、过滤、记录和报告等功能。代理的Cache功能可以加速访问，但对于每一种应用服务都必须为其设计一个代理软件模块来进行安全控制，而每一种网络应用服务的安全问题各不相同，分析困难，实现也很困难。

结合上述几种防火墙技术的优点，可以产生通用、高效和安全的防火墙。目前，除了基于以上三种技术的防火墙以外，又出现了许多新技术，如动态包过滤技术、网络地址翻译技术、加密路由器技术等。防火墙技术将不断朝高度安全性、高度透明化的方向发展。

三、加密技术

加密技术是实现信息保密性的一种重要手段，其目的是防止合法接收者之外的人获取信息系统中的机密信息。现代加密算法有两种基本形式：私钥加密算法和公钥加密算法。私钥加密算法又称对称加密算法，公钥加密算法又称非对称加密算法。加密技术的基本过程如图 6—3 所示。

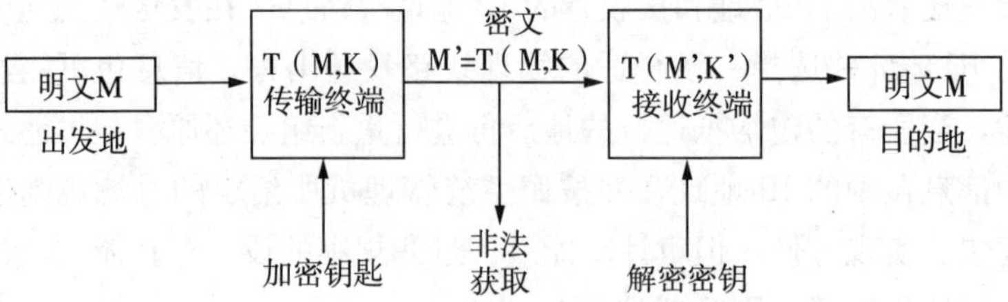

图 6—3　加密技术示意图

（一）私钥密码体制

1. 私钥密码体制简介

私钥密码体制，也称对称密码体制，指的是在加解密的过程中，加密密钥和解密密钥相同，或可以从其中一个推出另一个，也就是在整个加解密过程中只有一个密钥出现。

对称密码体制的算法简单，系统运行费用小，效率高，速度比公钥加密技术快得多，适合加密大量的数据，在实际加密应用中广泛使用。

但是，对称密码体制的发送方和接收方必须预先共享秘密密钥，而不能让其他人知道，所以必须通过安全信道私下商定。而且在实际应用中需要使用大量的密钥，密钥的分发、共享和管理是十分困难的，容易造成安全问题；无法满足互不相识的人进行私人谈话的保密要求，难以解决数字签名验证的问题。

2. DES 算法

对于对称加密，其常见加密标准为 DES。DES 算法原是 IBM 公司为保护产品的机密于 1971—1972 年研制成功的，后被美国国家标准局和国家安全局选为数据加密标准，并于 1977 年颁布使用。国际标准化组织也已将 DES 作为数据加密标准。DES 对 64 位二进制数据加密，产生 64 位密文数据。使用的密钥为 64 位，实际密钥长度为 56 位（有 8 位用于奇偶校验）。解密时的过程和加密时相似，但密钥的顺序正好相反。

DES 算法的步骤如下：

（1）将明文分组。把明文数据分成 64 位的数据块，不够 64 位的数据块以适当的方式补足。明文数据：Data＝D1D2…D64。

（2）初始置换。初始置换过程与密钥无关，仅仅对 64 位码进行移位操作。

（3）加密处理。迭代过程，共 16 轮运算，这是一个与密钥有关的对分组进行加密的运算。

（4）逆初始置换。它是第（2）步的逆变换。这个变换也不需要密钥。

（5）输出 64 位码的密文。

DES 的保密性仅取决于对密钥的保密，而算法是公开的，DES 算法的最大缺陷是密钥较短。为了增加密钥的长度，人们建议将一种分组密码进行级联，在不同的密钥作用下，连续多次对一组明文进行加密，通常把这种技术称为多重加密技术。3DES，记为 TDES，使用 3 倍于 DES 的密钥长度的密钥，执行 3 次 DES 算法，密钥为 192bit（有效长度为 168bit）。TDES 的基础算法是 DES，具有相同的对抗密码分析能力，而 168bit 长度的密钥又能有效地抵抗穷举攻击，但其解密速度比 DES 慢。

（二）公钥密码体制

1. 公钥密码体制简介

公钥密码体制出现于 1976 年。它最主要的特点就是加密和解密使用不同的密钥，每个用户保存着一对密钥：公开密钥（public key，PK）和私人密钥（secret key，SK），因此，这种体制又称双钥或非对称密钥密码体制。

在这种体制中，PK 是公开信息，用作加密密钥，而 SK 需要由用户自己保密，用作解密密钥。加密算法 E 和解密算法 D 也都是公开的。虽然 SK 与 PK 成对出现，但不能根据 PK 计算出 SK。公开密钥算法的特点如下：

（1）用加密密钥 PK 对明文 X 加密后，再用解密密钥 SK 解密，即可恢复明文，可写为：DSK(EPK(X))＝X。

（2）加密密钥不能用来解密，即 DPK(EPK(X))≠X。

（3）在计算机上可以很容易地产生成对的 PK 和 SK。

（4）从已知的 PK 实际上不可能推导出 SK。

（5）加密和解密的运算可以对调，即：EPK(DSK(X))＝X。

2. RSA 算法

在公钥密码体制中，最有名的一种是 RSA 体制。它已被 ISO/TC97 的数据加密技术分委员会 SC20 推荐为公开密钥数据加密标准。RSA 公钥加密算法是 1977 年由罗恩·里夫斯特、阿迪·沙米尔奇和莱恩·阿德曼（Ron Rivest，Adi Shamirh and Len Adleman）在美国麻省理工学院开发的。

RSA 算法的原理如下：

（1）随机选择两个大素数 p 和 q，p 不等于 q，为了获得最大程度的安全性，两数的长度一样。计算 $n=pq$。

（2）选择一个大于 1 小于 n 的自然数 e，e 必须与 $(p-1)\times(q-1)$ 互素。

（3）用辗转相除法（欧式算法）计算出 d：$d\times e \bmod ((p-1)\times(q-1))=1$。

（4）销毁 p 和 q。

最终得到的 n 和 e 就是公钥，d 就是私钥，发送方使用 n 去加密数据，接收方只有使用 d 才能解开数据内容。

在使用中将数字签名和数据加密结合起来：发送方在发送数据时必须加上数字签名，即用自己的私钥加密一段与发送数据相关的数据作为数字签名，然后与发送数据一起用接收方密钥加密。当这些密文被接收方收到后，接收方用自己的私钥将密文解密，得到发送的数据和发送方的数字签名，然后，用发送方公布的公钥对数字签名进行解密，如果成功，则确定是由发送方发出的。数字签名每次还与被传送的数据和时间等因素有关。由于加密强度高，而且并不要求通信双方事先建立某种信任关系或共享某种秘密，因此十分适合在互联网上使用。

四、安全套接层协议

（一）安全套接层协议的基本特点

安全套接层（SSL）协议是网景公司于1995年推出的一种安全通信协议。SSL提供了两台计算机之间的安全连接，对整个会话进行加密，从而保证了安全传输。该协议建立在可靠的TCP传输控制协议之上，并且与上层协议无关，各种应用层协议（如HTTP，FTP等）能通过SSL协议进行透明传输。SSL协议分为两层：SSL握手协议和SSL记录协议。

SSL协议提供的安全连接具有以下三个基本特点：

（1）连接是保密的，对于每个连接都有一个唯一的会话密钥，采用对称密码体制（如DES等）来加密数据。

（2）连接是可靠的，消息的传输采用信息验证算法（如MD5，SHE等）进行完整性检验。

（3）对端实体的鉴别采用非对称密码体制（如RSA等）进行认证。

（二）SSL握手协议

1. SSL握手协议的功能

SSL握手协议用于通信双方建立安全传输通道，具体实现以下功能：（1）在客户端验证服务器，SSL协议采用公钥方式进行身份认证；（2）在服务器端验证客户；（3）在客户端和服务器端之间协商双方都支持的加密算法和压缩算法，可选用的加密算法包括RC4，DES，RSA，DSS，MD5等；（4）产生对称加密算法的会话密钥；（5）建立加密SSL连接。

2. 握手过程

一般的握手过程分为四个阶段（见图6—4）：

图6—4　SSL握手协议工作流程示意图

（1）初始化逻辑连接。客户端先发出问候消息，服务器端也应反馈问候消息，这两个消息用来协商双方的安全能力，包括协议版本、随机参数、会话ID、交换密钥算法、对称加密算法、压缩算法等。

(2) 服务器端应发送服务器证书（包含服务器的公钥等）和会话密钥，如果服务器要求验证客户端，则要发送“certificate request”消息。最后服务器端发送“server hello done”消息，表示“hello”阶段结束，服务器等待客户端的响应。

(3) 如果服务器要求验证客户端，则客户端先发送“certificate”消息，然后产生会话密钥，并用服务器的公钥加密，封装在“client key exchange”消息中，如果客户端已发送了自己的证书，则需再发送一个数字签名“certificate verify”来对证书进行校验。

(4) 客户端发送一个“change cipher spec”消息，通知服务器以后发送的消息将采用先前协商好的安全参数加密，最后再发送一个加密后的“finished”消息。服务器在收到上述两个消息后，也发送自己的“change cipher spec”消息和“finished”消息。至此，握手全部完成，双方可以开始传输应用数据。

(三) SSL 记录协议

SSL 记录协议从高层接收到数据后要经过分段、压缩和加密处理，最后由传输层发送出去。在 SSL 协议中，所有的传输数据都被封装在记录中，SSL 记录协议规定了记录头和记录数据的格式。

每个 SSL 记录包含以下信息：

(1) 内容类型：指 SSL 的高层协议。

(2) 协议版本号：指所用的 SSL 协议版本号，目前已有 2.0 和 3.0 版本。

(3) 长度：指记录数据的长度，记录数据的最大长度为 16 383 个字节。

(4) 数据有效载荷：将数据用 SSL 握手过程所定义的压缩方法和加密方法进行处理后得到的结果。

(5) 信息验证码：信息验证码在有效数据被加密之前计算出来并放入 SSL 记录，用于进行数据完整性检查。若使用 MD5 算法，则信息验证码数据长度是 16 个字节。

五、安全电子交易协议

(一) 安全电子交易协议的功能

安全电子交易（SET）协议是由维萨和万事达两大信用卡公司联合推出的规范，其主要目的是解决信用卡电子付款的安全保障问题。

(1) 保证信息的机密性，保证信息安全传输，不被窃听，只有收件人才能得到和解密信息。

(2) 保证支付信息的完整性，保证传输的数据被完整地接收，在中途不被篡改。

(3) 认证商家和客户，验证公共网络上进行交易活动的商家、持卡人及交易活动的合法性。

(4) 有广泛的互操作性，保证采用的通信协议、信息格式和标准具有普遍性，从而可在公共互联网络上集成不同厂商的产品。

(二) 安全电子交易的应用流程

电子商务的工作流程与实际的购物流程非常接近。从顾客通过浏览器进入在线商店开始，一直到所订货物送货上门或所订服务完成，然后账户上的资金完成转移，所有这些都是通过互联网完成的。其具体流程为：

（1）持卡人在商家的 Web 主页上查看在线商品目录，浏览商品。

（2）持卡人选择要购买的商品。

（3）持卡人填写订单，订单通过信息流从商家传过来。

（4）持卡人选择付款方式，此时 SET 开始介入。

（5）持卡人发送给商家一个完整的订单及要求付款的指令。在 SET 中，订单和付款指令由持卡人进行数字签名，同时利用双重签名技术保证商家看不到持卡人的账号信息。

（6）商家接受订单后，向持卡人的金融机构请求支付认可。该请求通过支付网关传至银行，再由发卡机构确认，批准交易，然后将确认信息反馈给商家。

（7）商家将订单确认信息发送给顾客。顾客端软件可记录交易日志，以备将来查询。

（8）商家给顾客装运货物，或完成订购服务。至此，一个购买过程已经结束。商家可以立即请求银行将货款从购物者的账户转移到商家账户，也可以等到某一时间，请求成批划账处理。

（9）商家向持卡人的金融机构请求支付。在认证操作和支付操作中间一般会有一个时间间隔。

前三步与 SET 无关，从第四步开始 SET 起作用。在处理过程中，对于通信协议、请求信息的格式、数据类型的定义等，SET 都有明确的规定。在操作的每一步，持卡人、商家、网关都通过电子认证中心来验证通信主体的身份，以确认对方身份。

（三）安全电子交易技术简介

1. 加密技术

SET 采用两种加密算法进行加密、解密处理，其中密钥加密是基础，公钥加密是应用的核心，用同一个密钥来加密和解密数据。主要算法是 DES，例如加密银行卡持卡人的个人识别代码（PIN）。

公开密钥要求使用一对密钥，一个公开发布，另一个由收信人保存。发信人用公开密钥加密数据，收信人则用私人密钥去解密。主要算法是 RSA，例如加密支付请求数据。加密过程可保证不可逆，必须使用私人密钥才能解密。

2. 数字签名

金融交易要求在发送报文数据的同时发送签名数据作为查证。这种电子数字签名是一组加密的数字。SET 要求用户在进行交易前首先进行电子签名，然后进行数据发送。

3. 电子认证

电子交易过程中必须确认用户、商家及所进行的交易本身是否合法可靠。一般要求建立专门的电子认证中心，以核实用户和商家的真实身份以及交易请求的合法性。认证中心将给用户、商家、银行等进行网络商务活动的个人或集团发电子证书。

4. 电子信封

金融交易所使用的密钥必须经常更换，SET 使用电子信封来传递更换密钥。其方法是由数据发送者自动生成专用密钥，用它加密原文，将生成的密文连同密钥本身一起再用公开密钥手段传送出去。收信人在解密后同时得到专用密钥和用其加密后的密文。这样保证每次传送都可以由发送方选定不同的密钥进行交易。根据 SET 标准设计的软件系统必须经过 SET 验证才能授权使用。这就要求首先进行登记，再进行 SET 标准的兼容性试验。目前已经有多家公司的产品通过了 SET 验证。

第 2 节　电子商务法律

一、电子商务法概述

（一）电子商务法的内涵

电子商务法是指调整电子商务活动中所产生的社会关系的法律规范的总称。电子商务法是一个新兴的综合法律领域，是调整以数据电文为交易手段而形成的商事关系的规范体系。联合国国际贸易法委员会给数据电文的定义是：“就本法而言，数据电文是指以电子手段、光学手段或类似手段生成、发收或存储的信息，这些手段包括但不限于电子数据交换、电子邮件、电报、电传或传真。”当以数据电文为交易手段（即采用无纸化形式）时，一般应由电子商务法来调整。

（二）电子商务法的特征

电子商务法具有以下几个方面的特征：

1. 国际性

信息技术的发展，推动着经济全球化和市场一体化的进程。电子商务已发展为一种世界性的经济活动，它的法律框架自然不应局限在一国范围内，而应得到国际社会的认可和遵守。在网络空间中，传统管辖边界已不再适用，使得任何一国的法律适用于电子商务都存在很大的不确定性，这就需要制定通用的法律原则，来解决共同的法律问题及明确相关的法律责任。也就是说，对于电子商务这种世界范围的商务活动，不应以一国或几国的法律来规范它，而应该建立一种全球的电子商务法律框架，使全世界的电子商务活动受到一个统一的法律规范的约束，这样才能使电子商务真正成为一种全球性的活动，才能有利于电子商务活动的开展。所以，电子商务法最终要以适应全世界的要求为特征，国际性因而成为电子商务法的特征之一。在世界范围内统一使用的电子商务法出现之前，各国制定关于电子商务的国内法律也很有必要，但是需要注意将来如何与国际接轨。

2. 技术性

电子商务是现代高科技的产物，它需要通过互联网来进行，规范这种行为的电子商务法必然要适应这种特点。所以，有关电子商务的法律规范也必须以技术性为其主要特点之一。电子商务法应对电子商务的有关技术问题作出合理的规定，使电子商务这个信息时代的产物逐渐走上法制化轨道。例如，当事人若不遵守网络协议的技术标准，就不可能在开放环境下进行电子商务交易。所以，技术性特点是电子商务法的重要特点之一。

3. 安全性

计算机网络的技术性和开放性决定了其自身十分脆弱。计算机及网络技术的发展使各行各业对计算机信息系统具有极强的依赖性，电子商务法以解决电子商务的安全性问题为己任，通过对电子商务安全性问题进行规定，可以有效地预防和打击各种计算机犯罪，切实保证电子商务乃至整个计算机信息系统的安全运行。所以，安全性是电子商务法的又一特征。

4. 开放性

电子商务法还在不断发展之中，必须以开放的态度对待任何技术手段与信息媒介，设立开放性的规范，让所有有利于电子商务发展的设想和技巧都能被容纳进来。目前，国际组织及各国在电子商务立法中大量使用开放性条款和功能等同性条款，就是为了利用社会各方面的资源，以促进科学技术及其社会应用的广泛发展。它具体表现在电子商务法的基本定义的开放、基本制度的开放以及电子商务法律结构的开放等方面。

5. 协作性

电子商务交易的协作性源于其技术手段上的复杂性和依赖性，它表现为当事人通常必须在第三方的协助下完成交易活动。比如，需要网络服务提供商提供接入服务，需要认证机构提供数字证书，需要银行网络化服务以便在线支付，还需要第三方物流的配送活动等，这就使得电子交易形式具有协作性的特点。实际上，每一笔电子商务交易都必须以多重法律关系的存在为前提，这是传统口头或纸质条件下所没有的，它要求多方位的法律调整以及多学科知识的应用。

二、国外的电子商务立法

20 世纪 80 年代初，计算机和网络技术有了较大的发展，同时带来了电子商务的萌芽和发展。一些国家和跨国公司开始大量使用计算机和网络处理数据，由此引发了一系列法律问题，从而对网络和电子商务领域的立法有了更迫切的需要。

联合国国际贸易法委员会于 1981 年向联合国秘书长提交了《自动数据处理的法律问题》的报告，建议审视有关计算机记录和系统的法律要求，从而拉开了形成和完善国际网络与电子商务法律环境的序幕。

早期的网络与电子商务国际立法主要是围绕着电子数据交换（EDI）规则的制定而展开的。1979 年美国率先推出了 X.12 标准；随后，欧洲国家在 1981 年推出了《贸易数据交换指导原则》。这两个标准的出台促进了北美内部和欧共体电子数据交换的飞速发展。但是由于所使用的标准不同，两大集团间在进行数据交换时存在一些障碍和麻烦。为了弥合两大标准间的差异，建立统一的 EDI 标准，1990 年 3 月，联合国正式推出了 UN/EDIFACT 标准，这一标准被国际标准化组织正式接受为国际标准 ISO9735。UN/EDIFACT 标准的推出，统一了世界贸易数据交换中的标准和尺度，标志着国际电子商务的开始。

此后，联合国先后制定了《联合国行政商业运输电子数据交换规则》、《电子数据处理统一规则》等规则和标准，1993年10月又通过了《电子数据及贸易数据通信有关手段法律方面的统一规则草案》，从而形成了国际EDI法律基础。

在电子商务发展的早期，由于受到网络技术水平的限制，国际电子商务立法只能局限于EDI标准和规则的制定，其影响和约束力十分有限。20世纪90年代初，随着互联网商业化和社会化的发展以及互联网技术的提升，从根本上改变了传统的产业格局和市场运作方式，以互联网为基础的电子商务出现了前所未有的迅猛发展。联合国国际贸易法委员会在EDI标准和规则的基础上，于1996年6月通过了《联合国国际贸易法委员会电子商务示范法》，该示范法的颁布为完善电子商务法律体系，形成国际电子商务的法律环境奠定了基础，为其他国家制定相关法律、法规提供了范本。在此基础上，一些国际组织、区域性组织和各国政府纷纷出台相关的法律规范，使国际电子商务立法进入快速发展时期。

世界贸易组织建立后，先后达成了三项具有较大影响的关于信息技术的协议。1997年2月15日达成的《全球基础电信协议》，要求各成员方向外国公司开放其电信市场并结束垄断行为；1997年3月26日达成的《信息技术协议》，要求所有成员方自1997年7月1日起至2000年1月1日将主要的信息技术产品的关税降为零；1997年12月31日达成的《开放全球金融服务市场协议》，要求成员方对外开放银行、保险、证券和金融信息市场。为了促进国际贸易的安全，国际商会也加紧制定有关电子商务的交易规则，于1997年11月6日通过了《国际数字保证商务通则》，试图为电子商务提供指导性规则，并统一有关专业术语与常用术语。

一些区域性组织和发达国家也积极地制定电子商务相关政策和法规，努力协调内部关系，积极地将其影响扩展到世界各国。1997年7月1日，美国颁布《全球电子商务纲要》，形成了美国政府系统化电子商务发展的产业政策。1998年10月，经济合作与发展组织公布了《全球电子商务行动计划》、《有关国际组织和地区组织的报告：电子商务的活动和计划》、《工商界全球商务行动计划》等三份重要文件，作为其发展电子商务的指导性文件。欧盟也于1997年提出《关于电子商务的欧洲建议》，于1998年发布《欧盟电子签字法律框架指南》和《欧盟关于处理个人数据及其自由流动中保护个人的权利的规则》（也称《欧盟隐私保护规则》），于1999年发布《数字签名统一规则草案》。

全球的网络与电子商务蓬勃发展、日新月异，多个国际组织、区域性组织和各国政府加快制定有关网络和电子商务操作及运作的规范，努力为网络和电子商务的健康、快速发展营造一个良好的、完善的法律环境。可以肯定，随着网络技术的不断发展和电子商务活动的日益普及，国际网络与电子商务的法律环境建设以及法律的实施会受到越来越多的关注和重视，国际网络与电子商务的法律环境也会日益完善。

三、国内的电子商务立法

（一）我国电子商务立法的历程

在网络与电子商务立法方面，我国政府一直都非常重视，经过近几年的努力，在立法领域和司法领域都取得了一定的成绩。

在1999年末开始涌现的电子商务热流的带动与要求下，立法的呼声一浪高过一浪。我国先后出台了《电信服务标准》、《电信管理条例》、《互联网信息服务管理办法》、《互联网电子公告服务管理办法》、《商用密码管理条例》、《电信网间互联管理暂行规定》、《电信网码号资源管理暂行办法》、《软件产品管理办法》、《互联网站从事登载新闻业务管理暂行办法》、《信息产业部关于开放我国IP电话业务的通告》，等等。

1998年以来，我国各地有关网络与电子商务的案例层出不穷，涉及刑法、民法、行政法领域，具体表现为域名抢注、非法网上转载、网上不正当竞争与黑客犯罪，等等。诉讼的主体、涉及的范畴不断扩大，案情的复杂程度有所增加。代表性的案例有：荷兰英特艾基系统有限公司诉北京国网信息有限责任公司案，中经网诉中华网案，中华全国商业信息中心诉世联国际商业网络中心案，北京万家网信息技术有限公司诉北京易华家居网络技术有限公司案，北京蓝羽毛网络技术中心诉北京爱特信公司案，华纳等六家唱片公司诉迈威宝网络公司案，等等。

回顾我国电子商务与互联网政策法律环境的发展，主要取得了以下几方面的进展：

（1）电子商务与互联网的立法工作取得重大进展，相关法律与规章纷纷出台，连同相关政策、地方法规及司法解释在内，达数十种之多。这些法规涉及互联网安全、保密、基础设施建设、融资、广告、经营许可、新闻发布等诸多领域，初步形成了一个系统，并基本做到了与国际接轨。

（2）电子商务与互联网的司法工作成果颇丰，随着重大案例的裁判，一些基本原则得到了各级法院的普遍认可，有的上升为司法解释。比如：对数字编码形式符合作品形式的认定；对将传统作品数字化属于复制的认定；认为数字化作品在网上传输属于一种独立的权利，不属于发行与播放，是一种作品的使用方式；对电子商务与互联网诉讼中的损害赔偿处罚应相对较轻，否则不利于其发展，并在一定的情况下可以适用法定赔偿；域名与商标冲突一般不适用商标法而应适用反不正当竞争法；等等。这些原则的确立与执行，保证了法官可以在无法可依的情况下有效裁判纠纷，稳定社会关系，在某种程度上起到了扩大法律的外延的作用。

（3）在对电子商务与互联网的行政管理上，工商管理机关、版权部门等进行了一些探索。比如，许多省市的工商行政管理局推出红盾网，既可以提供资信的初步证明，也是一种投诉渠道，同时又采取基本不设门槛与不告不理的做法，可以说，很好地结合了互联网与电子商务的特点，比较切实可行。

（二）我国电子商务立法存在的主要问题

与电子商务的发展需求相比，我国目前的网络与电子商务立法明显滞后且十分薄弱。目前的电子商务与互联网政策法律环境还存在很多问题：

（1）我国电子商务的立法没有纲领性，缺乏统一规划，不利于网络与电子商务的发展。虽然信息技术领域的法律滞后是难以避免的普遍现象，但我们在立法上的反应还是太慢。电子商务的立法正处于一个“无纲领性立法，无立法规划，无监督机制”的三无状态。目前，由于国家尚未出台与电子商务、网络交易相配套的法律、法规，在司法实践中，基本上还是将原有法律体系套在新的经济模式上。这样就容易产生很多问题，比如：在签署电子合同时，需要通过签订书面确认书进行确认；在国外受到保护的“商业模式专利”在中国得不到专利法的保护；对于网上拍卖纠纷生搬硬套拍卖法；关于电子合同的要约、承诺的成立及生效的规定不明确；电子资料的合法性需要通过书面的公证书得以体现；等等。这一切对电子商务的发展造成了严重影响。

(2) 对待电子商务要么放任自流，要么一管就死。造成这种局面的主要原因是行政法规中要求增加交易手续的规定过多，调整电子商务及网络交易的民事、商事的规定较少，简单套用以往的经济管理模式，未能找到真正适用于电子商务与网络经济的立法原则与管理模式。我国电子商务立法中对于网络交易实施监管的行政法规比较多，以北京市为例，就有《经营性网站备案登记管理暂行办法》、《电子商务监督管理暂行办法》等近十种。上述规定中要求办理经营性网站备案登记、网站名称注册登记、网上经营行为登记、网络广告经营资格登记等手续，使电子商务及网络交易程序过多。但是，真正涉及电子商务网络交易具体规定的民事、商事立法，只在《中华人民共和国合同法》(以下简称《合同法》)中有关于数据电文的规定。其实，当各行各业及大部分交易与交流都通过电子商务与互联网来进行时，必然同时要求政府职能与管理模式作出相应的改变。

(3) 多头管理，效力低下。目前我国电子商务立法中存在的另一个问题是多头管理、门槛太多，多数立法的效力层次低，政府部门立法与地方立法相重叠，部门与部门间的规章缺乏应有的协调，地方与地方间的规章也缺乏必要的配合。造成这种现象的主要原因，一方面是在电子商务的管理上缺乏良好的机制；另一方面是电子商务的立法与管理缺乏统一的原则与协调机制。在我国除了《合同法》、《中华人民共和国消费者权益保护法》、《中华人民共和国反不正当竞争法》和《中华人民共和国刑法》外，其他法规的效力层次多为地方性法规、部门规章或地方政府规章。这类法规的适用范围非常有限，而电子商务要充分发挥其低成本、无间断服务等优势，必须覆盖更广的范围。如果各地方的立法各不相同，就难以避免因立法上的冲突而导致法规规定的适用问题，必然造成企业穷于应付、无所适从的局面。

此外，电子商务法律法规尚缺乏可操作性，在立法的技术操作上存在一定的欠缺，这也是网络与电子商务立法的一个重要问题。一个较为典型的例子是关于电子邮件管理的。几乎每一个上网的人都有过被垃圾电子邮件骚扰的经历，垃圾电子邮件可以说是网络法律规范领域要解决的一大顽疾，它千变万化，防不胜防。如何利用法律规范制止或减少垃圾电子邮件的骚扰呢？这不是在相关的管理办法中简单地写一句“未经许可的电子邮件不得发出”就可以解决的，其中涉及许多具体的问题。比如，这种许可应是明示的还是默示的，未采取过滤软件等措施应否算作默示的许可，许可应是针对某一类广告还是某一个具体的广告，许可后又拒绝应如何处理，等等。

四、国内的电子商务相关法律案例

(一) 电子签名案例

1. 电子签名第一案案情摘要

2004 年 1 月，杨先生结识了女孩韩某。同年 8 月 27 日，韩某发短信给杨先生，向他借钱应急，短信中说：“我需要 5 000 元，刚回北京做了眼睛手术，不能出门，你汇到我卡里。”杨先生随即将钱汇给了韩某。一个多星期后，杨先生再次收到韩某的短信，又借给韩某 6 000 元。因为都是短信来往，两次汇款杨先生都没有索要借据。此后，因韩某一直没提过还款的事，而且又再次向杨先生借款，杨先生产生了警惕，于是向韩某催要。在催要未果的情况下，杨先生起诉至海淀区人民法院，要求韩某归还 11 000 元，并提交了银行汇款凭条两张，但韩某称这是杨先生归还以前欠她的款项的。

为此，在庭审时，杨先生向法院提交的证据中，除了两张银行汇款凭条外，还包括自己使用的号码为“1391166××××”的飞利浦移动电话一部，其中记载了部分短信内容。如：2004 年 8 月 27 日 15：05，“那就借点资金援助吧。”2004 年 8 月 27 日 15：13，“你怎么这么实在！我需要五千，这个数不大也不小，另外我昨天刚回北京做了个眼睛手术，现在根本出不了门，见人都没法见，你要是资助就得汇到我卡里！”韩某发来的短信有 18 条。后经法官核实，拨打杨先生提供的发送短信的手机号码，接听者是韩某本人。而韩某本人也承认，自己 2003 年七八月份开始使用这个手机号码。

2. 法庭审理及法律依据

法院经审理认为，依据《最高人民法院关于民事诉讼证据的若干规定》中关于承认的相关规定，对于“1391173××××”的移动电话号码是否由韩女士使用，韩女士在第一次庭审中明确表示承认，在第二次法庭辩论终结前韩女士委托代理人撤回承认，但其变更意思表示未经杨先生同意，亦未有充分证据证明其承认行为是在受胁迫或者重大误解情况下作出的，原告杨先生对该手机号码是否为被告所使用不再承担举证责任，而应由被告对没有使用过该手机承担举证责任，而被告未能提供相关证据，故法院确认该号码系韩女士使用。

依据 2005 年 4 月 1 日起施行的《中华人民共和国电子签名法》中的规定，电子签名是指数据电文中以电子形式所含、所附用于识别签名人身份并表明签名人认可其中内容的数据。数据电文是指以电子、光学、磁或者类似手段生成、发送、接收或者储存的信息。移动电话短信即符合电子签名、数据电文的形式。同时移动电话短信能够有效地表现所载内容并可供随时调取查用；能够识别数据电文的发件人、收件人以及发送、接收的时间。经法院对杨先生提供的移动电话短信生成、储存、传递数据电文方法的可靠性，保持内容完整性方法的可靠性，用以鉴别发件人方法的可靠性进行审查，可以认定该移动电话短信内容作为证据的真实性。根据证据规则的相关规定，录音录像及数据电文可以作为证据使用，但数据电文直接作为认定事实的证据，还应有其他书面证据相佐证。

从韩女士向杨先生发送的移动电话短信的内容可以看出：2004 年 8 月 27 日韩女士提出借款 5 000 元的请求并要求杨先生将款项汇入其卡中，2004 年 8 月 29 日韩女士向杨先生询问款项是否存入，2004 年 8 月 29 日中国工商银行个人业务凭证显示杨先生给韩女士汇款5 000元；2004 年 9 月 7 日韩女士提出借款 6 000 元的请求，2004 年 9 月 8 日中国工商银行个人业务凭证显示杨先生给韩女士汇款 6 000 元。2004 年 9 月 15 日至

2005年1月，韩女士屡次向杨先生承诺还款。杨先生提供的通过韩女士使用的号码发送的移动电话短信内容中载明的款项往来金额、时间，与中国工商银行个人业务凭证中体现的杨先生给韩女士汇款的金额、时间相符，且移动电话短信内容中亦载明了韩女士偿还借款的意思表示，两份证据之间相互印证，可以认定韩女士向杨先生借款的事实。据此，杨先生所提供的手机短信可以认定为真实有效的证据，可证明事实真相，法院对此予以采纳，对杨先生要求韩女士偿还借款的诉讼请求予以支持。

（二）网络侵权案例

1. 人肉搜索第一案案情摘要

2007年12月29日晚，女白领姜某因与丈夫王某的婚姻出现问题，在北京位于东四环一小区24层的家中跳楼身亡。据悉，姜某和丈夫于2006年2月22日登记结婚。她生前在网络上注册了个人博客，并进行写作。她在自己的博客中以日记形式记载了自杀前两个月的心路历程，将丈夫与一名案外女性方某的合影照片贴在博客中，并认为二人有不正当两性关系，自己的婚姻很失败。姜某还在自己的博客日记中列出了丈夫的具体姓名、工作单位、地址等信息。2007年12月27日，姜某第一次试图自杀，之前，她将自己博客的密码告诉了一名网友，并委托该网友在12小时后打开博客。2007年12月29日姜某跳楼自杀死亡后，她的网友将其博客的密码告诉了其姐姐，之后姜某的博客被打开。

自2008年1月开始，大旗网刊登了《从24楼跳下自杀的MM最后的日记》专题。在该专题中，大旗网将王某的姓名、照片、住址、工作单位等身份信息全部披露。同时，姜某的大学同学张某在其注册的网站"北飞的候鸟"上刊登了《哀莫大于心死》等文章；海南天涯在线网络科技有限公司注册管理的天涯虚拟社区网出现了《大家好，我是姜某的姐姐》一帖。每篇网文后，都有大量网友留言，对王某的行为表示不耻并痛骂。许多网民认为王某的婚外情是促使姜某自杀的原因之一；一些网民发起了对王某的"人肉搜索"，使王某的姓名、工作单位、家庭住址等详细个人信息逐渐被披露；一些网民在网络上对王某进行指名道姓的谩骂；更有部分网民到王某和其父母住处进行骚扰，在王家门口墙壁上刷写、张贴"无良王家"、"逼死贤妻"、"血债血偿"等标语。

2008年3月18日，王某将大旗网、天涯网、北飞的候鸟三家网站起诉至法院，索赔工资损失7.5万元、精神损害抚慰金6万元及公证费用2 050元，首次将"人肉搜索"和"网络暴力"推向司法领域，催生出"人肉搜索"中国第一案。

2. 法庭审理及法律依据

2008年12月18日，北京市朝阳区人民法院作出一审判决：北飞的候鸟网站经营者张某和大旗网构成对王某隐私权和名誉权的侵犯，分别被判停止侵权、公开道歉，并赔偿王某精神抚慰金5 000元和3 000元；天涯网因于王某起诉前及时删除了侵权帖子，被判免责。法院认为，公民个人感情生活问题，包括男女关系问题，均属于其个人隐私范畴。张某在网站上披露王某婚外情的事实，同时披露王某的姓名、工作单位等个人信息，构成对王某隐私权的侵害。与此同时，造成众多网民持续发布大量批评和谴责性言论，构成对王某名誉权的侵害。而大旗网在报道时未对当事人姓名等个人信息及照片进行技术处理，也构成侵权。不过，法院对王某的婚外情行为也提出了批评。

本章小结

电子商务是一个复杂的系统工程，安全是电子商务的核心内容，这不仅要依赖相应的信息安全技术，而且要依赖许多社会问题的解决，如电子商务发展所需的政策的制定和相应的法律、法规的出台等。

从商务的角度来看，一个电子商务交易过程应该具备以下六个安全要素：有效性、保密性、完整性、可靠性和可用性、抗否认性以及匿名性。电子商务的安全控制体系结构是保证电子商务中数据安全的一个完整的逻辑结构，由网络服务层、加密技术层、安全认证层、安全协议层、应用系统层组成。

防火墙是在内联网与外联网之间实施安全防范的系统，可被认为是一种访问控制机制，用于确定哪些内部服务允许外部访问，以及哪些外部服务允许内部访问。加密技术是实现信息保密性的一种重要手段，其目的是防止合法接收者之外的人获取信息系统中的机密信息。加密算法有两种基本形式：私钥密钥算法和公钥密钥算法。SSL 与 SET 是保证电子商务安全的两个重要协议。

电子商务法是一个新兴的综合法律领域，它是调整以数据电文为交易手段而形成的商事关系的规范体系。电子商务法具有国际性、技术性、安全性、开放性、协作性等特征。我国应加快制定网络与电子商务方面的法律法规。我国电子商务立法起步较晚，但在实际应用中，已经出现了如电子签名、网络侵权等司法案例，对于我国电子商务立法及类似司法案件的审理有一定借鉴意义。

思考题

1. 电子商务有哪几方面的安全需求？
2. 什么是防火墙？它有哪两种安全策略？
3. 对称密钥加密技术和非对称密钥加密技术的基本原理是什么？
4. DES 加密算法和 RSA 加密算法各有何优缺点？
5. SSL 握手协议的功能是如何体现的？
6. 请描述 SET 的应用流程。
7. 下载个人版防火墙，练习配置和使用。
8. 进入 VeriSign 认证中心（www. verisign. com），申请一个电子邮件数字签名。
9. 查询资料，了解我国近三年来出现的电子商务法律事件，分析我国电子商务立法的现状及亟须解决的问题。
10. 查询资料，了解我国近年来出现的网络诈骗案例，分析如何防范网络诈骗。

参考文献

［1］李琪．电子商务概论［M］．北京：高等教育出版社，2009.

［2］易久．电子商务安全［M］．北京：北京邮电大学出版社，2010.

［3］曾子明．电子商务安全［M］．北京：科学出版社，2013.

［4］单智勇，郭志群．电子商务安全与管理［M］．北京：中国人民大学出版社，2010.

［5］张爱菊．电子商务安全技术［M］．北京：清华大学出版社，2013.

［6］石声波．电子商务安全［M］．北京：北京交通大学出版社，2011.

［7］李洪心．电子商务安全［M］．大连：东北财经大学出版社，2012.

［8］冯登国，赵险峰．信息安全技术概论［M］．北京：电子工业出版社，2009.

［9］陈忠文．信息安全标准与法律法规［M］．武汉：武汉大学出版社，2009.

［10］张波．电子商务安全［M］．北京：机械工业出版社，2015.

应用篇

第7章

消费者电子商务应用

本章导读

本章着重介绍三种典型的消费者电子商务应用：网上购物、网上拍卖、网络出版。

引导案例

网购引发的纠纷

“亲，记得给好评呦！”这句话对于习惯网上购物的消费者来说再熟悉不过。可眼下，他们在给商家作出评价的时候，可能需要仔细斟酌一番。

2012年5月11日，一篇帖子在互联网上引来围观。一名武汉女大学生发帖称，自己在淘宝网上购买了一条外贸裙，由于对收到的货物不满意，在与卖家沟通无果的情况下，给了差评，此后，她莫名其妙地收到一件小孩的“寿衣”。发帖者认为，虽然没有直接证据表明“寿衣”为上述卖家所寄，但此事疑为卖家报复。事后，她向淘宝网投诉，并向当地110报警。该事件一经披露，引起了网民的极大关注。不少网友直呼伤不起，“评价本来就是买家的权利，卖家做得不好，难道不能给差评吗?”“就算是买家过于矫情给了差评，但商家如此回应，做法实在是太恶劣了!”更有网友试图通过极端的方式来“惩戒”该商家，恶意拍下其商品，导致商品下架，之后再以“缺货”为由，向卖家要求索赔，迫使对方的生意无法继续。不过，也有“眼尖”的网友对这位“买主”的身份提出了质疑。有人挖出其过往的交易记录，资料显示，该顾客为一钻买家，近3个月交易成功近200笔，近半年一共给出11个差评。有网友因此猜测她是一名“职业差评师”，即专门通过给差评来要求商家退款补偿，并从中获利。5月14日，真相水落石出。淘宝网称，经过技术鉴定，“寿衣”确为上述卖家寄出，这一行为已违反了有关“禁止恶意骚扰”的规定，从即日起对该卖家实行包括店铺搜索屏蔽在内的多种限制处罚，为期12天。此外，淘宝网认为买家的评价内容属于客观阐述，其并不是所谓的“职业差评师”。

据买家解释，此次给差评的主要原因是商家的态度不好。而对于之前给出的几次差评，她表示，这些评价均采用真实身份登记，并不存在刻意“抹黑”谁。

事实上，消费者对于此类电子商务网站的评价系统并不陌生。当一笔订单交易成功后，买方都会就交易情况选择“好评”、“中评”、“差评”三类评价中的一个。这些累积的评价不仅决定着商家的口碑与信用度，而且在很大程度上影响着用户购物的倾向。在现行游戏规则下，店铺的评价越高，搜索排名就越靠前，随之而来的流量就越多；反之，店铺则有可能陷入门可罗雀的境地。

然而，在现实生活中，这个看似保障消费者权益的评价系统，却有可能沦为某些不良商家逐利的工具。商家为维持自家信用等级而采取的各种拙劣手段屡屡见诸媒体。有的卖家不惜花重金为自己刷信用，有的卖家花钱雇人抹黑对手，还有的卖家在得到差评后，公布对方信息或者恐吓对方。

近年来，网络购物以便宜、便捷等特性，捕获了不少消费者的芳心，但由此带来的问题也不少，假货盛行、打款不发货、换货难、退货难、售后难等侵害消费者权益的事件时有发生。而一旦买卖双方在交易过程中产生纠纷，消费者往往处于弱势地位。

资料来源：杨程：《网购差评引发的纠纷》，载《中国青年报》，2012－05－17，http://zqb.cyol.com/html/2012－05/17/nw.D110000zgqnb_20120517_1－12.htm。

思考题：

1. 我国网上购物存在哪些问题？
2. 消费者在网上购物时应该如何维护自己的合法权益？

第1节 网上购物

一、网上购物概述

（一）网上购物的概念

网上购物（shopping online），简称“网购”，是互联网、银行、现代物流业发展的产物。网上购物的一般形式是：消费者通过互联网检索商品信息，并通过电子订购单发出购物请求，然后在线支付（或货到支付），厂商通过邮寄的方式发货，或者通过快递公司送货上门。通过网上购物这种方式，消费者把传统的商店直接“搬”回家，只需轻点鼠标就可以购买自己需要的商品或者享受需要的服务。从专业的角度看，网上购物是买卖双方将洽谈、下单以及货款的支付、交货通知等各个交易环节，通过互联网、Web和购物界面技术化的B2C或C2C模式一并完成的一种新型购物方式，是电子商务的一个重要组成部分。

（二）网上购物的主要类型

一般来说，网上物品的经营大致可分为两种类型：

（1）电子商店。即提供网上购物或网上服务的经营者，通过自己的网站，直接对网络使用者出售商品或者提供服务。

(2) 电子商场。它是指许多提供不同商品或者服务的经营者集中在一个网站中，使用者可以在该网站购买不同经营者所提供的商品或者服务。在这种情况下，网站经营者扮演的角色更像是商店经营者与消费者的中介。

国内网上购物的付款方式主要有三种：款到发货（直接银行转账、在线汇款），第三方担保交易（淘宝支付宝、百度百付宝、腾讯财付通等担保交易），以及货到付款。虽然第三方担保交易方式很大程度上保障了消费者的利益，但是网上支付的操作复杂性和不安全性让很多传统的消费者望而却步。淘宝网率先和拉卡拉联合起来解决这个问题，消费者购买后记下订单号，即可在附近的便利店 POS 机终端进行支付。诸如卓越亚马逊、当当网、易斯来福商城等 B2C 商城则支持货到付款，消费者在收货时确认无误后，再将消费金额支付给配送人员，这一举措极大地方便了消费者。

二、网上购物的优势和劣势

（一）网上购物的优势

在商业极度繁荣和互联网普及应用的今天，网上购物已逐渐成为人们日常生活中十分平常的事情。然而，相较于传统的购物模式，网上购物无论是对于消费者还是对于商家都具有明显的优势。

网上购物的优势体现在以下方面：

(1) 消费者可以在家“逛商店”，没有任何时间限制，节约时间和费用。消费者可以在任何时间登录不同的网站，或者选择不同的频道挑选自己需要的商品，而且可以直接由商家负责送达，免去了传统购物中舟车劳顿之苦。

(2) 消费者可以获得较多的商品信息，在全球市场上作出购物选择。

(3) 对于商家来说，网上销售没有库存压力，经营成本低，经营规模不受场地限制。在将来会有越来越多的企业选择网上销售，根据互联网对市场信息的及时反馈调整经营战略，以提高企业的经济效益，增强参与国际竞争的能力。

(4) 对于整个市场经济而言，这种新型的购物模式可在更大的范围内、更多的层面上以更高的效率实现资源配置。

可以看出，网上购物突破了传统商务的障碍，无论对消费者、企业还是市场都有着巨大的吸引力和影响力，在新经济时期无疑是达到多赢效果的理想模式。

（二）网上购物的劣势

然而，由于自身的特殊性，网上购物也有许多缺点：

(1) 实物和网上图片有差异。消费者在网上只能看到图片，这样就存在图片和实物不相符的风险；服装鞋帽等不能试穿，所以增加了购买到不合身商品的风险。

(2) 网络安全问题也是困扰网上购物客户的一大问题。消费者应该确保在安装了杀毒软件的安全的电脑网络环境下进行网购交易，避免电脑中存在盗号木马等病毒而造成账号或者密码丢失等。

(3) 网上购物时消费者获取信息的范围是有限的，对商品信息的了解一般都是不充分的，不能像传统购物那样可以看到、摸到真实的商品，并向售货员详细了解有关商品的基本情况，所以消费者的知情权往往难以得到保障。因此，网上购物比一般购物更容易出现商家诚信缺失问题。

(4) 由于人为或者天气因素会影响物流配送时间，网购的货物快则一两天，慢则一两周才能到达消费者手中。如果出现对货物不满意的情况，换货或者退货一般需要经过复杂的程序，有的商家甚至要求产品无拆封方予退货。

三、我国网上购物市场的发展现状及存在的问题

(一) 我国网上购物市场的发展现状

中国互联网络信息中心发布的《2014 年中国网络购物市场研究报告》显示，截至 2014 年 6 月，中国网民规模达 6.32 亿，其中，手机网民规模 5.27 亿，互联网普及率达到 46.9%。网民上网设备中，手机使用率达 83.4%，首次超越传统 PC 80.9%的使用率，手机作为第一大上网终端的地位更加巩固。

2014 年上半年，网民对各项网络应用的使用程度更为深入。移动商务类应用在移动支付的拉动下，出现跨越式发展，在各项网络应用中的地位愈发重要。互联网金融类应用第一次纳入调查，互联网理财产品在短短的一年时间内使用率就超过 10%，成为 2014 年上半年表现亮眼的网络应用。

2014 年上半年，支付应用在整体层面及手机端都成为增长最快的应用。手机支付用户规模半年增长率达 63.4%，使用率由 2013 年底的 25.1%增至 38.9%。移动网上支付与消费者生活的紧密结合催生了众多应用场景和数据服务功能，也带动了手机端商务应用的迅速发展。与 2013 年底相比，手机购物、手机团购和手机旅行预订的用户规模增长率分别达到了 42.0%、25.5%和 65.4%。

(二) 我国网上购物市场存在的问题

虽然目前我国网上购物市场呈现出一派蓬勃发展之势，然而网民在享受网上购物的自由与便捷的同时，也面临着网上购物损害消费者权益等各种问题。从大的方面看，我国网购市场存在以下问题：

1. 网络购物地域上发展相当不平衡

我国网络购物市场发展的地区差异依然较大，整体而言，南方地区比北方地区发展更快。根据中国互联网络信息中心发布的《2014 年中国网络购物市场研究报告》，从区域来看，华东地区网络购物渗透率达到 36.9%，排名第一；西南地区网络购物渗透率为 34%，排名第二；华南、华中和华北地区依次靠后。从城市来看，上海的网络购物渗透率达到 45.2%，是网络购物最为普及的城市；其次是北京，网络购物渗透率接近 4 成；广州的水平则略超过 3 成，其他城市的平均网络购物渗透率要更低一些。因此，我国网络购物的发展还依赖于网络的普及与网民的增加。

2. 网络购物中的信誉度问题比较突出

在我国，网络购物的信誉度问题在买卖双方都有所涉及。在网站方面，一些商家往往利用网络的特殊性通过匿名的方式逃避调查，利用监管难度大、隐蔽性强、传播快的特点发布虚假商品和销售信息，有些商家甚至刻意隐瞒或者更改商品的生产日期、有效

期限以及主要成分等内容，使得消费者无法辨认商品的品质与真伪，侵犯了消费者的知情权，严重损害了消费者的利益。在购物者方面，最常见的问题是提交订单后无故取消，单方面终止购买合同。目前商家一般会通过先付款或者预付订金的方式来避免由于取消订单带来的损失，但这种方式一般是以降低交易成功率为代价的。

3. 物流、配送及退货问题普遍存在

在我国网购行业里，付款后不能按期收到货物的现象屡见不鲜，有时甚至出现付款后收不到货物的情况。网络购物不像实体店购物那样“一手交钱，一手交货”，在订货后有一个等待过程。物流公司的效率直接影响到消费者拿到货物的时间。就同城配送而言，一般需要1天左右，异地配送短则需要3～5天，长则需要1周或者更长时间。如果购买者需要立即拿到所购货物，一般不适合网购。送货时货物丢失或损坏、快递人员态度不好、运费过高等也是网络购物者投诉较多的问题。此外，在网上购得的货物想要退掉并不是件容易的事，经营者会找种种借口拒绝退货，个别商家甚至直接在格式合同中明文规定某些商品不得退货。许多网民表示，网上购物的售后服务较差，商品出了问题，经营者往往会推卸责任，即使有售后服务也只是表面应付一下，许多问题根本得不到解决。

4. 网购人群不均衡

在我国，越来越多的人开始接受网购这种近些年发展起来的新鲜事物。国家统计局2015年中国网购用户调查显示，网购人群不均衡依然是我国网购的一大特征，主要体现在以下三个方面：(1) 城镇居民的网购体验满意率总体比农村居民高。调查显示，城镇居民和农村居民的网购体验满意率分别为87.3%和83.0%，城镇居民比农村居民高4.3个百分点。(2) 受教育程度越高的消费者，对网购体验的满意率越高。其中，具有硕士研究生及以上学历的消费者的满意率高达90.3%，比初中及以下学历的消费者高出8.5个百分点。(3) 网购体验满意率在不同年龄段中的分布呈“中间高、两头低”的倒“V”形。在受访者中，30～39岁消费者满意率最高，达88.0%，比20岁以下消费者高5.9个百分点。

5. 相应的政策法规和行业规范不够健全

网上购物不仅涉及参加交易的双方，而且涉及不同地区乃至不同国家的工商管理、海关、保险、税收、银行等部门，这就需要有统一的法律和政策框架加以协调。2014年国家工商行政管理总局出台了《网络交易管理办法》，该办法自2014年3月15日起施行，此前出台的《网络商品交易及有关服务行为管理暂行办法》同时废止。国家工商行政管理总局称，出台《网络交易管理办法》旨在规范网络商品交易及有关服务，保护消费者和经营者的合法权益，促进网络经济持续健康发展。《网络交易管理办法》明确提出了网络商品经营者和有关服务经营者所应承担的义务，以及违反这一管理办法所应承担的法律责任。省级工商管理部门可依据这一办法制定网络商品交易及有关服务监管实施指导意见管理办法，县级以上工商管理部门将负责网络商品交易及有关服务的监督管理。根据这一管理办法，网络商品交易是指通过互联网（含移动互联网）销售商品或者提供服务的经营活动。虽然近年来我国出台了相关政策法规，但总体来看还很不健全，尤其是在跨国家、跨地区、跨部门协调方面存在不少问题。

(三) 对策建议

面对网上购物的巨大商机和发展空间，许多国际知名企业竞相投入大量人力、财力，开发网上购物的硬件及软件支持系统。各国政府也纷纷制定有关政策和发展规划，大力支持本国企业抢占网上购物制高点。要想解决我国网上购物存在的问题，就必须在以下方面采取切实可行的措施。

（1）要加强发展网上购物所必需的信息化基础建设，以及高速宽带网的建设，提高上网的速度，降低上网的费用，使我国网上购物的基础设施建设能够跟上世界的步伐。

（2）要创造网络环境，降低商家和消费者进入网络的门槛，让更多的企业和消费者参与网络交易，同时应制定完善的、切实可行的法律法规对网络商店和消费者加以约束，保障在网络中交易的各方具有平等的地位，推动网上购物在法治化的安全有序的环境中运行。

（3）要逐步开放物流配送市场，欢迎国内外的速递公司等物流企业参与竞争，通过竞争促使我国的物流配送体系日趋完善。

从消费者的角度来看，要提高自我保护和防范意识，上网购物时要认真选择专业购物网站，核实该网站是否具有管理部门颁发的经营许可证书，消费者也可以查看网友的留言来考察公司的信用度，还可以充分利用留言功能多与店主交流，通过交流来感知货主的责任心、售后服务等。另外，在交易之前，认真阅读交易规则及附带条款，由于电子证据具有易修改性，因此还应将这些凭证打印保存。在商家送货时，注意核对货品是否与所订购商品一致，同时索取购物发票或收据，以便在货不对板时要求退货。

第 2 节　网上拍卖

一、网上拍卖概述

（一）拍卖的定义

拍卖，又称竞买，是指以公开竞价的形式，将特定物品或者财产权利转让给最高应价者的买卖方式。拍卖活动中涉及的主体包括竞买人、买受人、委托人和拍卖人。竞买人是指参加竞购拍卖标的的公民、法人或者其他组织；买受人是指以最高应价购得拍卖标的的竞买人；委托人是指委托拍卖公司拍卖物品或者财产权利的公民、法人或者其他组织；拍卖人是指依照《中华人民共和国拍卖法》和《中华人民共和国公司法》设立的从事拍卖活动的企业法人。

有文字记载的最早的拍卖出现在公元前 500 年的巴比伦，而在现代商业社会中，拍卖是一种非常普遍的竞买方式。在当今电子商务时代，网络给拍卖赋予了新的定义——网上拍卖，即通过互联网进行的拍卖活动。

（二）网上拍卖的定义

具体来说，网上拍卖就是一种通过互联网实施的价格谈判交易活动，即利用互联网在网站上公开发布将要招标的物品或者服务的信息，通过竞争投标的方式将它出售给出价最高或最低的投标者。其实质是以竞争价格为核心，建立生产者和消费者之间的交流与互动机制，共同确定价格和数量，从而达到均衡的一种市场经济过程。网上拍卖往往由专门的拍卖网站来完成，它是网络时代消费者定价原则的体现，也为消费者和商家营造了一个供需有效集结、各取所需的市场，因此是一种典型的中介型电子商务形式。世界上最早也最出名的拍卖网站是由美国人彼埃尔·奥米迪亚（Pierre Omidyar）在1995年建立的eBay，他最初是在自己的网站上加了一个小的拍卖程序，帮助人们交换各自的收藏品，后来他专注于网络拍卖业务，于是eBay成为全球网络拍卖业的老大。随着电子商务的发展，网上拍卖已经成为一种日渐流行的电子交易方式。网上拍卖与一般网上购物最大的区别是买卖双方可以自由竞价，并且有很多种竞价方式。

(三）网上拍卖的优势

与传统的拍卖相比，网上拍卖在交易便利性以及交易成本等方面都有明显的优势：

(1）通过互联网平台跨越了地域和时间的局限，以虚拟方式集成了商家和消费者，大大降低了集体竞价的成本。

(2）有助于买卖双方在竞价过程中自由沟通交流，而且买方对于价格的影响力大大增强。

(3）不必事先缴付保证金，而且实际交易费用比较低廉。

(4）凭借网站自建的信用评价系统，借助所有用户的监督力量来营造一个相对安全的交易环境，买卖双方都能找到可信赖的交易伙伴。

(四）网上拍卖的类型

传统拍卖的类型主要有英式拍卖、荷兰式拍卖、密封递价最高价拍卖、密封递价次高价拍卖、开放出价双重拍卖等。而网上拍卖主要有英式拍卖、荷兰式拍卖、密封递价最高价拍卖、密封递价次高价拍卖等四种类型。

通常根据交易形式将网上拍卖分为以下四种：

第一种是消费者之间的交易（C2C），即通过电子虚拟拍卖市场在消费者之间实现交易。交易的对象一般是消费者自己拥有的旧产品或者其他物品。拍卖时，消费者通过互联网轮流公开竞价，在规定时间内出价最高者赢得购买权。

第二种为消费者对企业型（C2B），其采取的交易方式是反向拍卖，是竞价拍卖的反向过程。消费者提出一个价格范围，求购某一商品，由商家出价，出价可以是公开的也可以是不公开的，消费者与出价最低或最接近的商家成交。

第三种为买方企业对卖方企业型（B2B），它指买方企业通过建立电子虚拟采购市场，吸引供应商按照买方要求提供产品和服务。如美国汽车业的三大巨头通用、福特和戴姆勒-克莱斯勒等公司建立了网上原材料电子虚拟市场。

第四种为组织对企业型（O2B），其采取的交易方式是集合竞价模式，就是将需求类似的消费者通过网络集结在一起，增强与商家的讨价还价能力。最早提出这一模式的是美国著名的Priceline公司。在国内，雅宝公司已经率先将这一全新的模式引入自己的网站。

二、网上拍卖的流程

在我国，最著名的网上拍卖网站是易趣网，它是全球最大的电子商务公司eBay和国内领先的门户网站、无线互联网公司TOM在线于2006年12月携手组建的一家合资公司。下面以易趣网（www. eachnet. com）为例，从买方的角度来介绍具体的网上拍卖操作流程。

(1) 寻找商品。首先，在搜索栏中输入要查询的若干与商品有关的关键字，即能得到相关商品的列表，也可以在强力搜索中根据卖家、价格等条件进行更高级的搜索。在确认要竞买的商品后，买方可以通过卖家信用级别、客户评价、商品描述、竞标过程、留言答复等项目来对商品和商家进行鉴别。

(2) 网上出价。选定商品之后，买方就需要在网上出价。网上出价是网上拍卖至关重要的一步，它对最后的成交价格有很大的影响，是一种合同行为，所以买方应十分谨慎。易趣网不向买方收取任何费用，买方在网上成交后，网下向卖方支付即可。如果对出价还比较犹豫，可以点击"关注此商品"，把商品加入关注商品列表。网上拍卖的所有情况和已完成步骤可以在"我的易趣"中查询。

(3) 网下交易。易趣网像一个展会，为买方和卖方提供交易的平台。网上成交后，买方需向卖方付款，并联系收货。易趣网会用买方注册的电子邮箱地址给买方发一封成交信，告知卖方的联系方式，买方也可以在"我的易趣"或者"已买入的商品"中查看卖方的联系方式。同时，易趣网也提供了付款送货、由第三方担保的易付通服务。

(4) 作出评价。买家为卖方作出信用评价是网上拍卖行为的最后一个环节。对于买方来说，这是在实际达成交易之后不可推辞的义务；对于卖方来说，累积的信用级别与信用积分显示了交易信用的高低，提升信用级别对于卖方以后的成功交易可起到至关重要的作用。

至此，买方就完成了在易趣网网上拍卖的全部流程（如图 7—1 所示）。

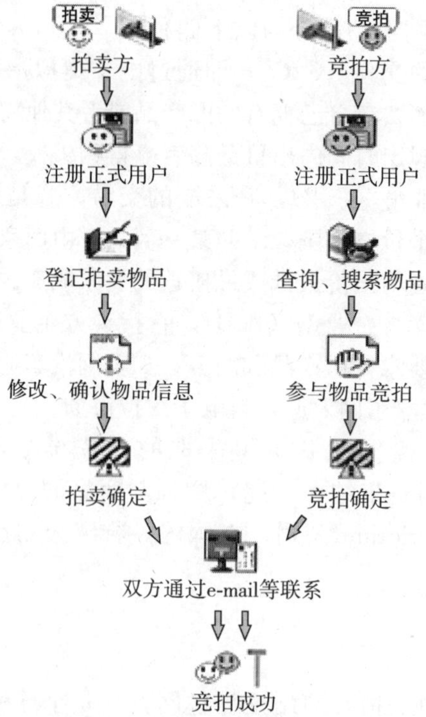

图 7—1 易趣网拍卖流程图

三、我国网上拍卖市场的发展现状及存在的问题

（一）我国网上拍卖市场的发展现状

由于淘宝网和易趣网的高速稳步增长，我国网上拍卖市场用户规模在2004年实现了翻番的突破式增长，增长率为217.8%，全年成交金额从2003年的10.7亿元增至34亿元。2004年，网上拍卖市场上共拍卖约4 250万件商品，成交率约为40%，成交商品量约为1 700万件，所有成交商品的平均交易价格约为200元。2006年度“中国网上购物调查报告”显示，淘宝在国内拍卖市场占据80%以上的份额，易趣降到了15%左右，拍拍网不到3%。2008年10月28日，百度有啊拍卖网站正式上线运营，国内拍卖网站形成淘宝一尘绝骑、群雄角逐的局面。激烈的竞争促使各方选择了差异化经营策略。比如阿里巴巴采取紧盯中小企业客户的策略，吸引淘宝网上大量的个人网店参与拍卖。一拍网则独辟蹊径，将传统交易的合作模式应用于C2C差异化的竞争，使网上拍卖市场呈现多元化，为客户提供了更多的选择余地，有利于网上拍卖市场的发展和繁荣。然而我国网上拍卖市场毕竟刚刚起步，在市场规模、交易效率、制度设计等方面都无法与发达国家相比。从拍卖商品的种类来看，国内拍卖市场多为二手货，且商品种类单一，其中3C类商品占据约50%的份额，诸如房地产、汽车等高端拍卖品占据的份额很少。

近年来，我国生活服务类拍卖网站发展迅猛，业务类型涉及生活的方方面面，网站业务发展也从广泛归于专精，专门主营某一种业务类型的拍卖网站越来越多（比如，专门拍卖二手车的网站就有“二手车网站”以及“人人车”等），同时，提供同质化服务的一些网站也有合并的趋势。在综合类生活服务拍卖网站领域，“赶集网”和“58同城”两个网站为两大巨头，竞争颇为激烈。两家网站的业务覆盖面、网站规模、用户体验、融资情况和盈利能力等方面的情况比较类似。二者的业务几乎都涵盖了房产、二手物品买卖、教育培训、本地商务服务、招聘求职等十几大类服务，同质率在90%以上；甚至服务类别的排列顺序也颇为相似，排在前几位的均是房产、二手物品买卖。两家网站的广告内容和投放模式、网页布局、服务类别也大同小异，如果单看每条信息的内容，有时你可能无法分辨出它们究竟来自58同城还是赶集网。2015年11月25日，赶集网正式对外宣布和58同城合并，完成合并后的58同城和赶集网将调整为三大事业群，虽然对外赶集网及58同城依然保持品牌独立，但内部已经完成了人事体系的合并，成为“一家人”。2015年上半年，58赶集先后收购了地产租售服务平台“安居客”、老牌招聘网站中华英才网，围绕招聘、房产、汽车、到家服务分别投资（内部孵化）相关业务板块O2O项目。如今，58赶集的业务生态主要由招聘、房产、汽车、到家、金融业务等构成。

（二）我国网上拍卖市场存在的问题

与网上拍卖行业发展较早、较成熟的一些发达国家相比，我国的网上拍卖行业还处于起步阶段，并且存在许多问题。我国网上拍卖市场发展存在的问题主要表现在以下四个方面：

首先，诚信问题比较严重。互联网上的诚信缺失主要是由于信息不对称引起的。网上拍卖是基于互联网这个虚拟平台发布待售商品或服务信息，公开竞价投标，最终把待售商品或服务出售给出价最高者的一种交易机制。其交易特点决定了网上拍卖市场的信息不对称比传统的市场更加严重。交易双方签约前的信息不对称会产生道德风险，导致诚信的缺失和交易费用的增加。

其次，网上拍卖有网上支付与交易风险。与传统拍卖中的支付方式不同，网上拍卖没有由双方当面签订的具有法律效力的书面合同，因此是一种买卖双方互不相识的虚拟成交，这使得支付的安全性很难得到保障。为此，网上拍卖存在较大的支付和交易风险，跑单、跑货、诈骗现象时有发生。

再次，物流配送与交易效率低。互联网这一平台虽然可以使人们在网上拍卖时减少组织成本、信息搜寻成本以及卖方的商铺租赁或代理费用等交易费用，加快信息流和资金流的传递速度，但是依然需要借助传统的物流方式使网上拍卖得以实现。我国目前的物流配送系统还不发达，在以 C2C 模式为主的网上拍卖市场中，多数网站都选择了以邮寄为主的物流配送方式。这就大大增加了异地交易的成本费用，在某种程度上限制了我国网上拍卖的发展速度。

最后，法律法规的不健全也制约了我国网上拍卖的发展。由于网上拍卖的风险大于现实中的拍卖，因此更需要专门的立法来规范网上拍卖双方的行为。目前，我国还没有专门针对在线竞拍的法律或行政法规，尽快建立和完善系统的网络交易法律来保障顾客的利益和整个网络交易的健康发展是一项艰巨的任务。为规范网上拍卖市场，大多数网站采取制定自己的服务协议以及交易规则，并据此签订电子合同的方式来规范双方的拍卖行为。虽然《合同法》肯定了电子合同的效力，但从长期来看，对网上拍卖立法是我国网上拍卖行业发展壮大的必要条件。

第 3 节　网络出版

一、网络出版概述

（一）网络出版的概念

网络出版，又称互联网出版，是指互联网信息服务提供者将自己或他人创作的作品经过选择和编辑加工，登载在互联网上或者通过互联网发送到用户端，供公众浏览、阅读、使用或者下载的在线传播行为。与传统出版相比，网络出版具有快速、便捷、低定价、成本低、无须仓储、无须运输等优势；同时，它不需要纸张、油墨等，是一种绿色环保产品。这些优点给网络出版的发展开拓了更广阔的空间。

虽然以纸质媒介为代表的传统图书仍在当今的出版业中占据主导地位，但网络正以迅猛的发展势头进入传统出版领域。在电子商务迅速发展的今天，网络出版业已经从最初的萌芽状态进入加速增长阶段。国外网络出版的发展早于我国，其网络出版产业已经比较成熟，特别是德国、美国等发达国家的网络出版已经在全球网络出版市场上占据了领先地位。据统计，德国网络出版的营业额以年均15%的速度增长；2000年3月，美国畅销书作家斯蒂芬·金与西蒙舒斯特公司合作，网上出版了一部短篇小说《骑弹飞行》，实现了完全意义的网络出版，这本66页的电子图书，仅发行的头两天，就有50万人次登录并成功下载，点击网站要求下载的读者更多达200万人次。在我国，据《第15次中国互联网发展状况统计报告》显示，中国内地网民“在网上经常查询的信息”是“新闻”，“寻找电子书籍”排在第五位，占36.7%；在“网上哪些产品还不能满足用户需求”的调查中，排第一位的是“电子书刊”，占39.8%。目前中国网民数持续增加，消费市场不断扩大，因此网络出版在中国的市场前景光明。网络出版具有产品的数字化、流通的网络化、交易的电子化等特性，目前主要有在线阅读、电子图书（ebook）、按需印刷（print on demand，POD）等形式。

（二）网络出版的类型

网络出版大致可以分为五种类型：

第一种是目前国外较为流行的自行出版，个人就是在线出版商。

第二种是以网络公司为主体，谋求各种出版商服务或者代理权，然后出版电子图书并进行销售，向出版商支付版税提成。

第三种是出版商自行出版发行电子图书。

第四种是按需印刷，这种比较成熟的模式在美国用于绝版书和小批量书的出版发行。

第五种是比较典型的应用微软开发的ebook软件出版电子图书。

目前，中国网络出版的产业链正逐渐形成。网络出版的参与者主要有三大类：上游内容提供商（出版社）、中游技术支持商（数字内容加工平台）和下游内容销售商（图书馆和网络书店）。上游出版社进行内容资源的数字化，中游技术支持商向内容提供商转型，下游网络书店进入多元化时代。目前国内从事网络出版的部分网站的经营相当成功，如新浪网读书频道、榕树下全球原创作品网、天涯网、搜狐读书频道等，推出名家新人，建立起了作者、出版社、用户三方的紧密联系。

二、网络出版的优势与劣势

（一）网络出版的优势

在互联网已经相当普及的今天，网络出版拥有广泛的作者群和读者群，同时拥有已经出版的庞大的内容数据库。受人们固有的阅读方式的制约，互联网完全介入出版业还存在许多具体的困难。但是从某种程度上说，网络出版为传统的出版商提供了新的增值服务方式和新的利润增长点，使全球精神文化产业进入了新的时代——网络出版时代。与传统出版相比，网络出版的优势主要集中在以下几个方面：

（1）网络出版可以节约读者的价格成本、时间成本、精力成本、运输成本，为读者提供方便。网络出版得以迅猛发展的最大优势在于其具有快速、便捷、定价低、成本低、无须仓储、无须运输、无须纸张、无须油墨等，最大限度地降低了原材料成本。同时，在信息大爆炸的今天，网络出版为面对海量信息无所适从的读者节省挑选阅读内容的时间和精力，让人们从“图书大厦”中解脱出来。

（2）网络出版动态、个性化的服务能更好地满足现代读者的阅读需求。信息时代的网络出版凭借有声、有形、动态等优势突破了传统出版静态、单一的传播模式。在网络出版中，消除了出版者和读者的明显的角色区分，出版者可以是读者，而读者也能成为出版者；读者不仅可以在网上读到与传统出版物相同的内容，而且可以听到相应的音频，看到相应的视频和更深入的报道，同时可以在论坛上发表评论。网络出版带来的如此多样的阅读方式能够更好地为当代的读者服务。另外，博客、微博、搜索引擎、QQ、电子邮件、手机等服务平台也是网络出版的重要工具。

（3）网络出版可以吸引更多的广告和资金。网络出版已成为各类媒体广告额增长最快的部分。网络出版是一种为读者提供综合信息服务的新型传播形态，它向读者提供的不仅仅是电子读物本身，而是集合了音频、视频、数据库等多种工具的综合视听服务。而在网络出版这样一个买方市场中，资本流向更加吸引读者眼球和注意力，从而使网络出版比传统出版更能够吸引大量的读者、广告和资金。

（4）网络出版比传统出版更加环保。传统出版物需要使用大量的纸张，比如，英国作家J. K. 罗琳所著的《哈利·波特》全球累计销售量已达4亿多册，约使用29万吨纸张，需要砍伐580万棵树；美国《纽约时报》每日的发行量约为104万份，一年累计使用140万吨纸张，需要砍伐2 800万棵树。随着网络出版管理的日益规范，越来越多的网络出版商对于出版物采取先发行再出版或者先发行不出版的模式，这样就使得纸张使用量和印刷厂大量减少，纸张生产和印刷生产造成的环境污染减小，砍伐的树木大量减少，有利于环保和可持续发展。

（5）网络出版可以优化传统出版发行模式。传统的发行模式是原始的“一手交钱，一手交货”或进行赊销、代销等，一旦出现退货、呆账、死账等，就会挤占流动资金，导致恶性循环，使资源利用率低。网络出版则避免了这些费用开支，因为无论是建立网页让他人浏览，还是制作邮件发送给他人，实际上已经完成了发行的环节，并实现了真正意义上的零库存。在网络出版流程中，传统的发行环节不复存在，取而代之的是网上电子商务，以网上书店为代表的纸质图书电子商务已经对传统发行形成挑战，其速度快、互动性强、成本低、效率高，使资源利用率成倍提高，可增强出版企业的市场竞争力和生存能力，从而相对于没有建立电子商务的出版企业形成比较优势。

（二）网络出版的劣势

网络出版虽然有一定优势，但也有局限性：

（1）网络出版物无法满足所有传统消费者的阅读习惯，比如老年人不习惯上网阅读，有些读者不会应用计算机，网络出版将难以满足他们的阅读需求。

（2）目前，网络出版受到设备的制约。如果在停电状态或者无网络的环境下，消费者的网上阅读将受到制约。

（3）网络出版无法满足那些有收藏习惯和将精装版图书作为装饰品的读者的需求。但网络出版的出现，会使出版商更加追求纸质图书装帧的文化品位和艺术品位。

三、我国网络出版的现状及发展趋势

（一）我国网络出版的现状

我国真正意义上的网络出版始于 1995 年 1 月，以《神州学人》杂志在互联网上推出电子版，成为中国第一份中文网络杂志为标志。新闻出版总署在 2000 年正式获得国务院授权管理网络出版。2004 年，我国电子图书出版收益超过 20 万元的出版社有 26 家，超过 50 万元的有 15 家，超过 100 万元的有 5 家。全国约有 100 家出版社开始出版电子书。2005 年我国网络出版实现规模性增长，据新闻出版总署音像资料司统计，网络出版当年产值达 25 亿元，占全国信息产业产值的 10%，带动相关产业增加产值 250 亿元。2007 年，在我国 80 多万个网站中，涉及出版的网站占 25%。在我国，目前亚马逊电子书的销量和订单已超过传统纸质图书，网络出版带来了亚马逊 15 年创造 580 亿美元市值和腾讯 11 年创造 350 亿美元市值两大奇迹。中国出版集团总裁聂震宁说，2011 年是中国网络出版的竞合元年，中国网络出版呼唤开启竞合时代。继李克强总理在 2015 年两会政府工作报告中提出"互联网+"之后，国家新闻出版广电总局、财政部联合发布《关于推动传统出版和新兴出版融合发展的指导意见》。为促进新闻出版业互联网发展，推动出版界与互联网深度融合，由中国出版协会与中国新闻出版研究院主办的"2015 新闻出版业互联网发展大会"于 2016 年 1 月 8 日在北京举行，中国网络出版将迎来新的发展阶段。

（二）我国网络出版的发展趋势

如今我国的网络出版已经覆盖了传统出版的所有领域，在市场需求和技术创新的促进下，呈现出新的发展趋势。其主要特征如下：

（1）两头热。目前网络出版呈现出不均衡的发展态势，主要表现为学术文献出版和大众消费出版两头热的状况。在学术文献数据库出版方面，经过几年的努力，已经找到了较好的盈利模式，形成了学术研究、信息采集、资源建设、网上服务、知识产权保护等较为完善的产业链。其中，尤以网络学术界的期刊发展最快。而网络游戏是网络大众化的突出代表，被誉为互联网服务业的经济发动机，目前网络游戏产业日益完善，产业链上的开发商、出版运营商、分销商、电信运营商等已经形成相互独立并相互支撑的体系，是目前所有互联网信息服务业中市场化程度最高、盈利模式最成熟的产业。

（2）平台化。由于互联网突破了传统的地域界限，取消了中间环节等，传统出版产业靠地域分割垄断区域市场的局面已经被彻底打破。在这样的生存环境中，谁具有了平台化的优势，谁就具有了竞争的优势。大浪淘沙之后，只有极少数的企业可以生存下来，这类企业往往形成了强大的网络平台，拥有广为人知的品牌，成为网络的主导力量。此外，新浪在网络新闻、百度在搜索领域的独一无二的品牌影响力，都说明了平台化在互联网信息竞争中的重要地位。

（3）集约为王。随着数字技术和网络的发展，那些对内容、技术、渠道和资金资源具有更强集约整合能力的企业，在市场中的竞争优势正变得日益明显。信息产业的竞争规律是，30%甚至更少的企业将拥有 70%以上的市场。互联网产业则把这个规律推向了一个极端，竞争将会更加激烈。例如较早进入电子图书领域的北大方正、中文在线等几家企业，虽然不是传统的出版单位，也不具有图书资源的原始积累优势，但是已将全国500多家图书出版社的120多万种图书进行了数字化的整合集成，从而占据了中国电子图书市场90%以上的份额。在网络游戏方面，盛大、网易、九城等企业不仅掌握了大量的网络游戏研发技术，而且积聚了渠道和资金，在中国网络游戏市场上始终牢牢占据着重要的地位。

（4）社区化。据统计，中国约有80%的网站具有独立的社区，其中有60%的网民通过社区寻找问题的解决方案，33.5%的网民的消费行为受到社区论坛上的经验的影响。网络社区不仅成为网站吸引用户群体的重要手段，而且构建了网民沟通、交流、共享信息的一个虚拟社会。随着网络出版的快速发展，越来越多的出版网站开始利用用户参与性、互动性和主题特性提供具有用户归属感的出版内容增值服务。用户与网站之间、用户与用户之间的良性互动促使虚拟社区逐渐形成。在这样的虚拟社区里，网民不仅可以体验获取知识的满足感，而且可以得到快捷、高效的虚拟服务。可以预见，网络出版的社区化将成为网络出版的发展趋势。

我国与美国等网络出版比较发达的国家相比差距较大，我们应该从多个方面借鉴这些国家的成功经验。在观念方面，应明确出版的性质、功能以及一系列基础理论问题，并在出版管理体制和运行机制的改革中运用新的出版理念，促进我国出版业的健康发展。在网络出版面临的实际问题面前，我们要突破现有的经济、法律、人才等各个方面的限制，为网络出版的发展创造条件。

四、网络出版实例分析

盛大文学作为中国最大的社区驱动型网络文学平台，是盛大集团旗下文学业务板块的运营和管理实体，于2008年7月成立。盛大文学占整个原创文学市场72%的市场份额，投资运营起点中文网、红袖添香网、小说阅读网、榕树下、言情小说吧、潇湘书院六大原创文学网站以及天方听书网、悦读网、晋江文学城（50%股权），同时还拥有“华文天下”、“中智博文”和“聚石文华”三家图书策划出版公司，是国内最大的民营图书出版公司，签约韩寒、于丹、安意如、蔡康永等多位当代一线作家。

随着国内手机阅读市场需求逐渐扩大，盛大文学成为中国移动阅读基地最大的内容提供商，2010年年度畅销榜排名前十的作品中盛大文学占7成。2011年2月，盛大文学宣布云中书城正式独立运营。云中书城是盛大文学的运营主体平台，为消费者提供数字图书、网络文学、数字报刊等数字商品。用户可以通过云中书城网站、Bambook电子书阅读器、Android、iPhone手机端应用、iPad应用、电视等多种平台设备随时随地下载阅读云中书城的海量内容。通过云中书城开放平台，所有出版单位均可自主上传数字图书、数字报刊等内容，自主定价，借助云中书城庞大密集的销售网络进行推广销售。云中书城凭借强大的内容与平台优势，推动数字出版，引领数字阅读潮流，为全球用户带来数字时代全新的阅读体验。

在我国网络出版行业中，盛大文学堪称佼佼者。它坚持“全版权运营”理念，致力于发展成为一个版权生产基地，经营从网络付费阅读、实体书出版、无线阅读、动漫游戏到影视等所有版权，形成以版权交易为核心的网络文化产业链，实现一次生产多次利用，最大限度地发掘其商业价值。2009 年法兰克福书展上，盛大文学的这一盈利模式被视为继 Google 的数字图书馆模式、亚马逊的 Kindle 模式之后的重要数字出版盈利模式。

盛大文学的特点如下：

(1) 实行网络付费阅读。一是对网上优秀作品进行签约，前半部供读者免费试阅，后半部需付费阅读；二是以章节为单位，按每千字二分钱的价格进行销售，如仅选择部分感兴趣章节，费用更低；三是作者可获得用户付费额的 50%～70%作为基本报酬，且按月结算；四是作品创作、发布、销售、反馈以分钟为间隔，作者与读者实时互动；五是尊重版权、严格准入，每个作者必须提供真实身份，对新上传作品必须声明版权状况。

(2) 推出版权营销理念。网络出版一般选择点击率高的作品为对象，在实体书出版之前已经接受了书籍消费市场的预先考核，有广泛的读者人群，相对于传统出版有更稳定的市场效益。以起点中文网为例，在文学作品的传统出版方面，已经完成授权的作品超过3 000部，包括简繁体中文、英文、韩文、越南语等多种语言文字版本，版权输出目的地已经辐射到亚洲、欧美各地。

(3) 开发自己的电子阅读器。Bambook 是由盛大推出的一款电子阅读器产品，采用最先进的 6 英寸电子墨水屏，环保不伤眼，完美再现纸质阅读体验；配合盛大专利的页面快速刷新技术，每次翻页几乎无延迟，超长 24 天待机时间，让阅读没有断电的烦恼。它与全球领先的中文正版数字书城——云中书城无缝对接，数百万部正版书籍随时下载，阅读领域无线扩大。支持 WiFi、3G、4G 等多种上网方式，读者可随时随地随心与网络握手，获取喜欢的书籍。2013 年 7 月 24 日，盛大 Bambook 电子书新品 BBQ 正式发布销售。2013 年 12 月 26 日，Bambook 在北京正式发布其首款触摸屏+前光电子书 Bambook Bright。

(4) 向海外拓展市场。2010 年 6 月 21 日，盛大文学新加坡站（www. SDL. sg）正式上线，新加坡分公司亦正式开始运营。

盛大文学正在构建一个恢宏的想象力世界，继承了中国传统文化基因的中国网络文学，已经与世界性写作同步；盛大文学将以这些丰富的内容为核心，打造中国最大的全版权运营基地。

本章小结

本章主要介绍了三种典型的消费者电子商务应用，即网上购物、网上拍卖以及网络出版。网上购物是买卖双方将洽谈、下单以及货款的支付、交货通知等各个交易环节通过互联网、Web 和购物界面技术化的 B2C 或 C2C 模式一并完成的一种新型购物方式，是电子商务的一个重要组成部分。网上拍卖是一种通过互联网实施的价格谈判交易活动，即利用互联网在网站上公开发布将要招标的物品或者服务的信息，通过竞争投标的方式将它出售给出价最高或最低的投标者。网络出版，又称互联网出版，是指互联网信息服务提供者将自己创作或他人创作的作品经过选择和编辑加工，登载在互联网上或者通过互联网发送到用户端，供公众浏览、阅读、使用或者下载的在线传播行为。

在商业极度繁荣和互联网普遍应用的今天，网上购物、网上拍卖和网络出版逐渐被越来越多的消费者所接受和认可。虽然这些借助互联网完成的电子商务应用具有传统行业所不可比拟的节约时间和精力、节约社会资源等优势，但是同时也有它们的局限性。与一些互联网相当普及的发达国家相比，我国的电子商务应用还处于起步阶段，无论是网上购物、网上拍卖还是网络出版市场，都需要相关行业和相关监管部门从网络安全性、行业诚信问题、相关法律法规等方面着手来规范行业秩序，以促进行业发展。

思考题

1. 假如你是淘宝网店的店主，你认为应该如何解决我国网上购物市场中存在的诚信问题?
2. 作为消费者，你认为如何解决网购支付存在的安全性问题?
3. 试分析网上购物和网上拍卖有哪些不同。
4. 请根据自己的亲身经历说说我国的网上购物市场还存在哪些现实问题。
5. 在我国现阶段网络出版存在哪些问题?
6. 请在某购物网站（如当当网）上购买一本电子书，体验一下网上购物和网络出版的优势。
7. 作为消费者，你认为网络出版在未来能够超越或者代替传统出版吗?
8. 试分析网上购物以及网上拍卖各有什么风险。

参考文献

[1] 刘芸玲．网络购物消费热点探析［J］．消费经济，2011 (3).

[2] 李宝玲，胡宏力．网上购物感知风险及对策研究［J］．市场分析，2007 (2).

[3] 谢敬．中国网上拍卖发展现状分析［J］．时代经贸，2010 (10).

[4] 李士忠，方齐云．我国网上拍卖市场的现状、问题与对策分析［J］．商场现代化，2006 (02X).

[5] 李江涛．从美国网络出版的成功看我国网络出版前景．中国优秀硕士学位论文全文数据库，2006 (11).

[6] 高峰．互联网与电子商务对我国传统行业的影响与改变［J］．项目管理技术，2009 (S1).

[7] 中国互联网络信息中心（CNNIC）．第 24 次中国互联网络发展状况统计报告［R］．2009.

[8] 王积龙. 2007年美国出版业并购趋势分析 [J]. 出版参考，2008 (9).
[9] 新闻出版总署研究课题. 2008—2009中国数字出版产业年度报告 [R]. 2009.
[10] 王炜. 网络出版时代传统出版转型策略研究 [J]. 编辑之友，2010 (2).
[11] http：//media.people.com.cn/BIG5/40606/6003899.html，2007年7月18日.
[12] 中国互联网络信息中心（CNNIC）. 第34次中国互联网络发展状况统计报告 [R]. 2014.

第8章

企业电子商务应用

本章导读

本章对现代企业管理中企业流程重组（BPR）、企业资源计划（ERP）、供应链管理（SCM）、客户关系管理（CRM）的应用情况进行介绍，并分析电子商务与BPR，ERP，SCM，CRM之间的关系，阐述电子商务在现代企业管理中的应用。

引导案例

ERP系统应用给玉门油田带来变化

玉门油田于2010年10月29日正式启动ERP项目，于2011年9月16日成功通过单轨审核并实现单轨运行。目前系统运行平稳，达到了预期的目的和效果。ERP系统使玉门油田发生了以下变化：

1. 实现物流、资金流、信息流的“三流合一”

目前，玉门油田公司基本构建了以物流为基础，以财务为核心，以计划为依据，以设备修理为保障的ERP管理体系架构。通过ERP建设，实现了物流、资金流、信息流的三流合一。在数据来源统一的条件下，当任何一项业务的发生引起三流中的一流信息发生变化时，ERP系统将实时更新其他流的相关信息，使企业的运营管理信息在任何时候都保持同步、一致和完整。

2. 实现集成化管理

玉门油田分公司ERP系统的建设，为业务人员搭建了一个统一经营、管理、操控的平台，不同层面的员工能够在同一个平台上工作。在未实施ERP之前，由于各部门之间信息传递需层层审批，交流很困难，不能实现信息共享，各部门形成了一个个“信息孤岛”。例如，财务系统和统计系统之间、设备维修管理和固定资产管理之间都是分开的，信息的时效性和利用率受到很多制约。实施ERP系统以后，通过计算机数据库和网络系统，企业实现了企业管理数据的共享，彻底改变了不同部门之间信息无法共享、透明度低的现象，使信息获得了统一的维护，数据和信息得到了及时、准确、动态的更新，企业经营活动更加科学、规范、严格、精细、透明。例如，备件需求可以根据维修工单自动生成工单预留。

3. 转变财务职能，提升财务管理水平

在ERP系统中，在物料、销售等模块进行业务操作的同时，自动同步生成会计凭证。这样就省去了工作中大量的收集、整理、制单等简单劳动，减少了不必要的重复工作以及由此产生的差错，提高了工作效率，可以让财务人员腾出更多的时间来处理、分析数据。而财务会计、财务控制模块强调面向业务流程、财务信息的收集、分析和控制，使企业各项经营业务的财务信息能及时准确得到反馈。所有的资料都是联动的，可以随时更新。这本质上是会计工作内涵的新发展，可以带来会计工作的重心转移，因而有效提升了财务管理职能。

4. 加强内部控制

ERP建设首先是管理理念的转变，是管理体制的变革，玉门油田公司通过业务流程再造，有力促进了管理体制改革，堵塞了管理漏洞，规范了企业经营，企业管理明显细化。玉门油田公司非常重视将ERP与企业内部控制相结合，配合内部控制修订了公司信息化管理和ERP管理制度，例如，结合ERP的业务流程，对与财务相关的部分内部会计管理办法进行了完善、修订等。

虽然目前ERP系统在中国已逐步普及，但大多数成功实施ERP的企业，其ERP应用水平还停留在初级阶段，因此ERP升级应用存在广阔的市场空间。

资料来源：《ERP系统应用给玉门油田带来的变化》，见致信网，http：//www.mie168.com/read.aspx，2013年4月22日。

思考题：

1. ERP系统的实施给玉门油田带来的变化有哪些？
2. ERP对组织管理产生了哪些影响？

第1节　企业流程重组

一、企业流程重组的概念

企业流程重组（business process reengineering，BPR），由美国著名企业管理大师迈克尔·哈默和咨询专家詹姆斯·钱皮于1993年在合著的《公司重组——企业革命宣言》一书中提出。BPR理论强调对企业的业务流程进行根本的再思考和彻底的再设计，从而获得成本、质量、服务和速度等方面业绩的巨大改善。业务流程重组突破传统劳动分工理论的思想体系，强调以“流程导向”替代原有的“职能导向”，以业务流程为改造对象，以关心客户满意度为目标，对企业现有的业务流程进行再设计，并利用先进的信息技术实现组织结构的扁平化，最终实现企业经营在成本、质量、服务和速度等方面的改善。

BPR 有以下四个核心特点：

1. 根本性

这是指企业进行业务流程重组时，根本不考虑企业的现状，而是对现存的系统进行彻底的怀疑。首先认为“现存的都是不合理的”，对问题进行根本性的思考，这样就可以发现企业原来的流程运作机制是过时的，甚至是错误的。

2. 彻底性

企业对流程的变革不是进行简单的、肤浅的改变或修补，而是抛弃所有的陈规陋习、毫无效益或效益低下的作业方式，创造全新的工作方式。要动大手术，而不是一般性的修补。

3. 效益明显

业务流程重组追求的是企业效益的显著增长，而不是略有改善。要求成十倍百倍的提高，而不是改组了很长时间才提高 20%～30%。例如，有的企业员工只剩下 10%，产量却提高了 10 倍，总体效益就提高了百倍。这是 BPR 的标志和特点。

4. 关注流程

企业的业务流程是指提高顾客满意度、为企业创造效益的一组相互关联的活动。业务流程重组工作都是围绕企业的业务流程展开的，旨在彻底改革无效的、不创造价值的流程。

二、电子商务与企业流程重组

电子商务的开展，对企业的经营理念、生存环境和生存方式等各方面都产生了极大的影响，因此也对企业运营提出了挑战。企业运营的流程需要加以再造，才能适应电子商务环境。

（一）企业的内部管理与外部管理之间关系的调整

电子商务的发展，使得经济生活完全冲破了文化习俗的藩篱，排除了语言交际的障碍，跨越意识形态的差异，使整个世界连为一体，这对企业而言是一个很大的挑战。在电子商务条件下，要求企业内部与外部保持良好的互动，即内部管理、内部流程通过网络与外部环境实现互动。因此，无论作为采购者还是供应者上网，必须根据电子商务活动自身的要求来重组内部的流程体系，改变自己内部的管理标准。实行电子商务，就是要以用户为中心，根据用户的需要进行生产，因此必须按照电子商务的要求来实施 BPR，调整企业的内部管理与外部管理之间的关系。

（二）企业内部的流程再造

企业内部的流程再造，必须把企业自身的经营机制、管理体制真正按市场要求加以再造，同时按照电子商务的基本要求加以再造，否则将难以成功。通过实施 BPR，对企业的经营机制、管理体制、业务流程重新进行调整或构建，对整个企业制度进行根本的改造创新，使企业适应电子商务的运行环境。

（三）物流体制的改造

在电子商务的环境下，必须强调物流配送能力，因为计划经济条件下的物流系统已不适应现代大生产体系的要求。在这种背景下，企业需要认真地研究应如何改造自己的销售网络，使之很好地与电子商务结合起来。其实，企业不一定都要从头开始建立自己的营销和配送网络，而可以通过合作来实现企业流程再造，以适应电子商务的需要。

第2节 企业资源计划

一、企业资源计划的概念

企业资源计划（enterprise resource planning，ERP）是指建立在信息技术基础上，以系统化的管理思想为企业决策层及员工提供决策运行手段的管理平台。它把企业的物流、人流、资金流、信息流统一起来进行管理，以求最大限度地利用企业现有资源，实现企业经济效益的最大化。ERP集信息技术与先进的管理思想于一体，成为现代企业的运行模式，反映时代对企业合理调配资源、最大化地创造社会财富的要求，成为企业在信息时代生存发展的基石。

我们可以从管理思想、软件产品、管理系统三个层次来理解ERP：

(1) ERP是由美国著名的计算机技术咨询和评估集团Gartner Group提出的一整套企业管理系统体系标准，其实质是在MRPⅡ（manufacturing resources planning，制造资源计划）基础上进一步发展而来的面向供应链的管理思想。

(2) ERP是综合应用了客户机/服务器体系、关系数据库结构、面向对象技术、图形用户界面、第四代语言（4GL）、网络通信等信息产业成果，以ERP管理思想为灵魂的软件产品。

(3) ERP是整合了企业管理理念、业务流程、基础数据、人力物力、计算机硬件和软件的企业资源管理系统。

电子商务带来的丰富的竞争手段和工具，能够帮助企业更好地运用ERP将网络商机和传统信息系统中的企业资源信息有效地结合起来，将企业、客户、供应商、交易商和企业员工以前所未有的方式通过网络结合在一起。

二、企业资源计划的形成与发展

ERP是一个庞大的管理系统，由美国Gartner Group公司在1993年首先提出，至今主要经历了五个发展阶段。

第一阶段：订货管理阶段。这是在计算机出现之前，用于发订单和催货的库存管理系统。该系统主要采用了订货点法，其实质是立足于“库存补充”的原则，解决“何时订货”的问题。

第二阶段：基本MRP阶段。基本MRP简称为MRP（material requirements planning），即物料需求计划。随着计算机系统的发展，在短时间内完成大量数据的复杂运算成为可能，人们为解决订货点法的缺陷，提出了MRP，它围绕所要生产的产品，在正确的时间、正确的地点、按照规定的数量得到真正需要的物料；按照各种物料真正需要的时间来确定订货与生产日期，以避免造成库存积压。

第三阶段：闭环 MRP 阶段。随着人们认识的加深及计算机系统的进一步普及，MRP 的理论范畴也得到了发展，为解决采购、库存、生产、销售方面的管理问题，出现了生产能力需求计划、车间作业计划以及采购作业计划理论，形成了一种生产计划与控制系统——闭环 MRP（closed-loop MRP）。闭环的意思是：将生产能力计划、车间作业计划和采购计划纳入 MRP，形成一个闭环系统，利用来自车间、供应链和计划人员的反馈意见进行计划的调整和平衡，从而使生产资料计划的各个子系统得到协调统一。

第四阶段：MRPⅡ阶段。MRPⅡ指的是制造资源计划，为了区别于基本的 MRP 而记为 MRPⅡ。随着计算机网络技术的发展，企业内部信息得到充分共享，MRP 的各子系统也得到统一，形成了一个集采购、库存、生产、销售、财务、工程技术等于一体的子系统。MRPⅡ的基本思想是：基于企业经营目标制定生产计划，围绕物料转化组织制造资源，实现按需要、按时进行生产。主要环节涉及：经营规划、销售与运作计划、主生产计划、物料清单与物料需求计划、能力需求计划、车间作业管理、物料管理（库存管理与采购管理）、产品成本管理、财务管理等。从一定意义上讲，MRPⅡ系统实现了物流、信息流与资金流在企业管理方面的集成。由于 MRPⅡ系统能为企业生产经营提供一个完整而详尽的计划，可使企业各部门的活动协调一致，形成一个整体，因此能提高企业的整体效率和效益。

第五阶段：ERP 阶段。进入 20 世纪 90 年代，随着市场竞争的进一步加剧，企业竞争空间与范围的进一步扩大，MRPⅡ的重点由面向企业内部资源全面计划管理逐步转向有效利用和管理整体资源，传统的 MRPⅡ已经不能满足企业发展的需求，因此 ERP 应运而生。ERP 面向全球市场，功能更为强大，所管理的企业资源更多，支持混合式生产方式，管理覆盖面更宽，并涉及企业供应链管理，从企业全局角度进行经营与生产计划，是制造企业的综合的集成经营系统。ERP 所采用的计算机技术也更加先进，形成了集成化的企业管理软件系统。

三、企业资源计划的管理思想

ERP 的核心管理思想就是实现对整个供应链的有效管理，主要体现在以下三个方面。

1. 体现对整个供应链资源进行管理的思想

在知识经济时代，仅靠企业自己的资源不可能有效地参与市场竞争，还必须把经营过程中的有关各方（如供应商、制造工厂、分销网络、客户等）纳入一个紧密的供应链，以有效地安排企业的产、供、销活动，满足企业利用全社会一切市场资源快速高效地生产经营的需求，以期进一步提高效率和在市场上获得竞争优势。换句话说，现代企业竞争不是单一企业与单一企业之间的竞争，而是一个企业供应链与另一个企业供应链之间的竞争。ERP 系统实现了对整个企业供应链的管理，适应了企业在知识经济时代参与市场竞争的需要。

2. 体现精益生产和敏捷制造的思想

ERP系统支持对混合型生产方式的管理，其管理思想表现在两个方面：其一是精益生产（lean production，LP），它是由美国麻省理工学院提出的一种企业经营战略体系。企业在按照大批量生产方式组织生产时，把客户、销售代理商、供应商、协作单位纳入生产体系，企业同其销售代理、客户和供应商的关系，已不再是简单的业务往来关系，而是利益共享的合作伙伴关系，这种合作伙伴关系组成了一个企业的供应链，这就是精益生产的核心思想。其二是敏捷制造（agile manufacturing）。当市场发生变化，企业面对特定的市场和产品需求时，企业的基本合作伙伴不一定能满足新产品开发生产的要求，这时，企业会组织一个由特定的供应商和销售渠道组成的短期或一次性供应链，形成虚拟工厂，把供应和协作单位看成是企业的一个组成部分，运用同步工程（synchronization engineering，SE）组织生产，用最短的时间将新产品打入市场，时刻保持产品的高质量、多样化和灵活性，这就是敏捷制造的核心思想。

3. 体现事先计划与事中控制的思想

ERP系统中的计划体系主要包括：主生产计划、物料需求计划、能力计划、采购计划、销售执行计划、利润计划、财务预算和人力资源计划等，这些计划功能与价值控制功能已完全集成到整个供应链系统中。

另外，ERP系统通过定义事务处理（transaction）相关的会计核算科目与核算方式，在事务处理发生的同时自动生成会计核算分录，保证了资金流与物流的同步记录以及数据的一致性。这样就可以根据财务资金现状，搞清资金的来龙去脉，进一步追溯所发生的相关业务活动，改变资金信息滞后于物料信息的状况，便于实现事中控制和实时作出决策。

此外，计划、事务处理、控制与决策功能都在整个供应链的业务处理流程中实现，这要求在每个流程业务处理过程中最大限度地发挥每个人的工作潜能与责任心，加强人与人之间的合作，以便在有机组织中充分发挥每个人的主观能动性，实现企业管理由高耸式组织结构向扁平式组织结构的转变，提高企业对市场动态变化的响应速度。

总之，借助IT技术的飞速发展与应用，ERP系统得以将很多先进的管理思想变成现实中可实施应用的计算机软件系统。

四、企业资源计划的主要功能

在企业中，一般的管理主要包括三方面的内容：生产控制（计划、制造）、物流管理（分销、采购、库存管理）和财务管理（会计核算、财务管理）。这三大系统本身就是集成体，它们互相之间有相应的接口，能够很好地整合在一起来对企业进行管理。另外，要特别提到的是，随着企业对人力资源管理日益重视，越来越多的厂商将人力资源管理纳入ERP系统。因此，一个ERP系统应具备以下几项功能。

1. 生产控制管理

生产控制管理是一种以计划为导向的先进的生产管理方法。它是ERP系统的核心，可将企业的整个生产过程有机地结合在一起，使得企业能够有效降低库存，提高效率。

同时，各个原本分散的生产流程的自动连接，也使得生产流程能够前后连贯地进行，不会因生产脱节而耽误交货时间。

2. 物流管理

它涉及库存管理、仓储管理、发票验证、库存控制、销售管理、订单管理、发货运输、发票管理、业务信息系统等方面。其主要功能是协助企业有效地控管材料，以降低存货成本；协助企业迅速掌握市场信息，以便对客户需求做出最快速的反应。

3. 财务管理

在企业中，清晰分明的财务管理是极其重要的，所以它是 ERP 整个方案中不可或缺的一部分。与一般的财务软件不同，作为 ERP 系统的一部分，ERP 中的财务模块和系统的其他模块有相应的接口，能够相互集成。比如，它可将由生产活动、采购活动输入的信息自动记入财务模块生成总账、会计报表，取消了输入凭证的烦琐过程，几乎完全替代以往传统的手工操作。一般的 ERP 软件的财务部分包括会计核算与财务管理两大块。

4. 人力资源管理

以往的 ERP 系统基本上都是以生产制造及销售过程（供应链）为中心的，因此，长期以来一直把与制造资源有关的资源作为企业的核心资源来管理。但近年来，企业内部的人力资源越来越受到企业的关注，被视为企业的资源之本。在这种情况下，人力资源管理作为一个独立的模块加入 ERP 系统，与 ERP 中的财务、生产系统组成了一个高效的、高度集成的企业资源系统。它与传统的人事管理有着根本的不同，主要包括人力资源规划的辅助决策、招聘管理、工资核算、工时管理、差旅核算等功能。

图 8—1 展示了 ERP 的主要功能模块。

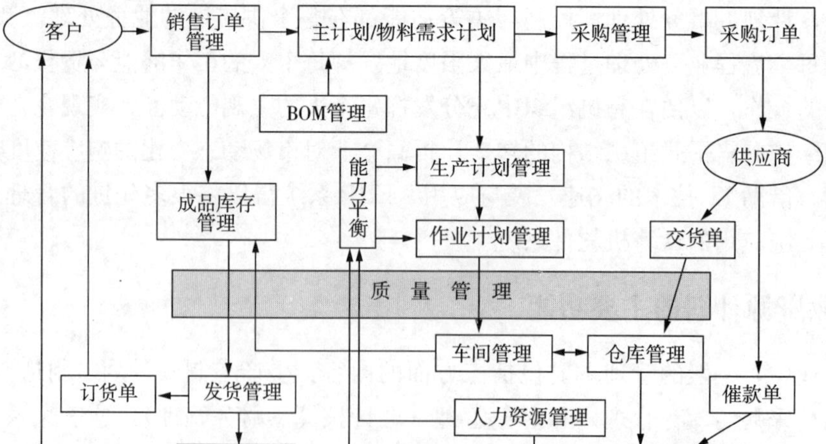

图 8—1　ERP 主要功能模块图

五、电子商务时代新一代企业资源计划的发展

1. ERP 与供应链的整合

ERP 系统在强调提高企业内部效率的同时，也关注由客户服务驱动的物流运作流程，实施与业务合作伙伴（供应商、客户等）协同的供应链管理，加强对企业外部资源（如供应商、客户和运营商）的协调管理。ERP 更加符合现代供应链管理的理念。作为企业开展电子商务的基础，ERP 为企业实现现代供应链管理提供了坚实的信息平台。

2. ERP 与信息管理技术、电子商务技术的集成

新一代 ERP 一方面要实现从管理思想到企业管理的集成，另一方面要实现 ERP 系统内部子系统之间、ERP 与其他应用系统之间的集成。前者的目的是实现管理思想、管理方法与管理系统之间的应用互动。后者的目的主要是实现 ERP 与其他功能分系统之间的集成，包括：与客户关系管理（CRM）、与电子商务和协同商务、与产品数据管理（product data management，PDM ）、与制造执行系统（manufacturing execution system，MES）、与工作流管理系统的进一步整合，加强数据仓库（data warehouse，DW）和联机分析处理（on-line analytical processing，OLAP）等功能。根据集成内容的不同，可将其分为数据共享型、业务交接型、消息传递型、复合型等，大多数集成属于复合型。

总之，未来 ERP 的发展方向和趋势是：进一步和电子商务、客户关系管理、供应链管理等其他企业应用系统进行整合。ERP 的管理范围有继续扩大的趋势，在经营业务方面主要是将电子商务、客户关系管理、办公自动化（office automation，OA）等系统不断地融入 ERP 系统。此外，ERP 系统还与计算机辅助设计（computer aided design，CAD）、计算机辅助制造（computer aided manufacturing，CAM）和计算机辅助生产（computer aided production，CAP）等系统融合，互相传递数据。

第 3 节　供应链管理

一、供应链管理的概念

要了解供应链管理（SCM），应当首先了解供应链。从企业的原材料和零部件采购、运输、加工制造、分销直至最终送到顾客手中，这一过程被看成一个环环相扣的链条，这就是供应链。供应链实际上是一种业务流程，它是围绕核心企业，通过对信息流、物流、资金流的控制，从采购原材料到制成中间产品以及最终产品，再到通过销售网络把产品送到消费者手中，将供应商、制造商、分销商、零售商直到最终用户连成一个整体的功能网链结构模式。供应链是一个非常复杂的网链模式（如图 8—2 所示），覆盖了从原材料供应商、零部件供应商、产品制造商、分销商、零售商到最终客户的整个过程。

在实际的供应链运作中，有一个企业处于核心地位，扮演着对供应链上的信息流、

资金流和物流的调度与协调中心的角色。由图 8—2 可以看出，其他节点企业在核心企业需求信息的驱动下，通过供应链的职能分工与合作（制造、装配、分销、零售等），以资金流、物流或/和服务流为媒介实现整个供应链的不断增值。

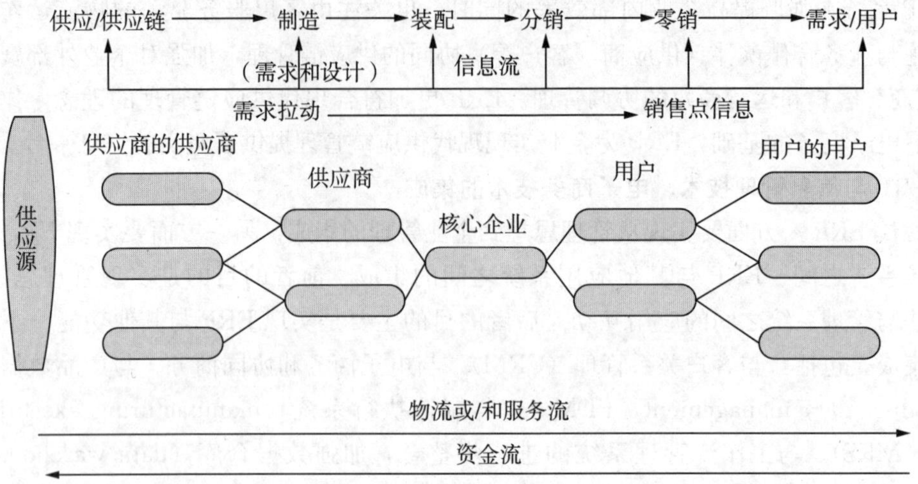

图 8—2　供应链的网链结构模型

供应链管理是以各种技术尤其是信息技术为依托，以集成化和协同化思想为指导，运用系统的方法来管理供应链上的所有节点间的相互关系，以期在供应链各节点间建立一种战略伙伴关系，实现从原材料供应商、制造商、分销商、零售商到最终用户的商流、物流、信息流、资金流在整个供应链上畅通无阻的流动，最终达到双赢甚至多赢目的的过程。

供应链管理要求企业必须摒弃"大而全、小而全"的封闭经营思想，与供应链中的节点企业建立战略合作关系，从整体出发，考虑企业内部和外部的总体成本优化问题，实现企业的长远发展。为了实现这个目标，企业需要从转变观念开始，完善供应链管理的软件、硬件设施，其中最主要的两个核心观念就是企业的业务流程重组和供应链成本管理。

二、供应链管理与传统企业管理模式的区别

供应链管理与传统企业管理模式的区别主要体现在以下方面。

1. 资源利用方面

传统的管理模式仅仅局限于一个企业内部采购、生产、销售等部门的管理，它主要基于一个企业的资源，考虑的都是该企业的资源安排问题。

供应链管理则涵盖整个物流，从供应商到最终用户，涉及采购、生产、分销、零售等职能，更注重利用整个供应链的资源，以实现整个供应链的成本下降、效益提高。

2. 利益方面

在传统的管理模式下，各企业的目标是自身利益最大化，很少考虑到供应链中其他企业和最终用户的利益和要求。

在供应链管理模式下，遵循的原则是个体利益服从集体利益。即供应链中所有参与者的首要目标是整个供应链的总成本最小、效益最高，以使最终消费者满意为己任。这也是所有参与者制定决策的首要标准。只有在满足上述目标的前提下，参与者才可以去追求自身利益的最大化。

3. 地位方面

在传统的管理模式下，通常是一个实力雄厚的企业（可能是生产制造企业，也可能是大型零售企业）处于支配地位，其他企业则处于从属地位，它们的采购、生产、销售等决策的制定都是被动的。因此，它们与具有支配地位的企业是不平等的。

在供应链管理模式下，提倡供应链所有参与者的地位平等，虽然通常也存在一个核心企业，但它更多地是帮助其他节点企业，企业之间更多的是合作与互助的关系，而非支配与被支配的关系。在供应链管理中，所有参与者共同建设和维护供应链的成长和发展。因此，供应链中的所有参与者都会积极主动地参与到供应链的建设管理中。

4. 竞争与合作方面

在传统的管理模式下，企业都是独立运作的，企业之间更多地体现为竞争。

在供应链管理模式下，更多地强调供应链各节点企业的合作，提倡在各节点企业之间建立战略伙伴关系，变过去企业与企业之间的敌对关系为紧密合作的业务伙伴关系。这种新型关系主要体现在共同解决问题、共同制定决策和信息共享等方面。共同解决的问题有供应商和顾客参与产品设计、质量改进、成本降低等，共同制定的决策有生产计划、采购计划、库存策略、价格策略等，信息共享则意味着有关库存水平、长期计划、进度计划、设计调整等的关键数据在供应链中保持透明。

三、供应链管理的基本思想

供应链管理的基本思想包括以下几个方面。

1. 新型合作竞争理念

供应链管理从根本上否定了传统管理的“零和”思想，不再认为买卖双方之间是你死我活的关系，不再是买方极力压低价格而卖方极力抬高价格，取而代之的是双赢和多赢的新型企业合作关系，从根本上改变了企业特别是上下游企业之间的对立关系，强调在供应链上建立战略合作伙伴关系。这种合作型竞争理念将供应链视为一个完整的系统，将每一个成员企业视为子系统，组成动态联盟，彼此信任，互相合作，共同开拓市场，追求系统效益的最大化，最终分享节约的成本和创造的效益。

2. 系统观念

供应链的目的是使整个供应链产生的价值最大化。在供应链中不再孤立地看待各个节点企业，而是把供应商、制造商、销售商组成的整个供应链看成是一个有机联系的整体，与其他的供应链竞争。

3. 提升核心竞争力

供应链管理思想认为，企业应培养自身的核心竞争力，这是企业得以存在的基础；对企业核心竞争力以外的业务，建议采取外包的方式委托其他专业企业完成，企业则集中精力发展主业。

4. 以客户满意度作为目标

供应链上的企业间形成了一种特殊的协作关系。对于上游企业，必须提供优质的服务来维系协作关系，这也是供应链得以维持的基础；对于下游企业，供应链上游企业的功能不是简单的提供物料，而是以最低的成本提供最好的服务。因此，供应链两端的企业必须以优质的服务来保证供应链的完整，即双方都要以让客户满意为目标。

5. 借助信息技术实现目标管理

传统的管理依赖于管理者的“人本化”，管理水平取决于管理者的素质和管理对象的行为，管理结果往往因为某种人为因素而受到影响。信息技术是实现供应链管理的关键。供应链管理需要来自各节点企业的实时、准确的信息。有效的供应链管理需要 IT 系统提供准确可用的数据。信息化环境下的企业的信息流可以通过信息技术进行整合，使核心企业成为信息协调中心，以有效地保证管理水平，实现管理目标。

综上所述，供应链管理的基本思想是“横向一体化”，即充分利用外部资源。现在人们已经认识到，任何一家企业都不可能在所有业务上处于世界领先地位，只有优势互补，才能共同增强实力。国际上一些大企业已经开始摒弃原来那种从设计到销售都由自己承担的“大而全”的模式，而转向在全球范围内与供应商和销售商建立最佳的伙伴关系，建立长期稳定的战略同盟，形成利益共同体。

四、电子商务环境对供应链管理的影响

电子商务的迅速发展，改变了传统经济活动的生存基础、运作方式和管理机制，因而对供应链的发展产生了深远的影响。在全球化背景下，供应链管理成为企业适应全球竞争的一个有效途径。作为新的管理模式，它借助信息技术从整个供应链的角度对所有节点企业的资料进行集成和协调，强调战略伙伴合作、信息资料集成、快速市场响应以及为用户创造价值等。企业实行电子商务是因为其速度较一般零售交易快，所以其供应系统必须具备快速响应各地顾客需求的能力，而这一切必须由供应链管理中通畅的供应渠道来支持。

1. 减少供应链中间环节

电子商务是在由计算机、应用软件和通信系统构成的网络中实现的，我国企业应该通过互联网这个中间平台，改变传统的产品销售方式，直接与消费者在网络上进行交易，减少分销商或零售商等中间环节，从而达到节约运输和销售成本的目的。对于采购商而言，可以利用网络和信息平台获得国内与国外的供应信息，采购人员可以通过互联网与全球范围的供应商进行便利的沟通与交易，提高采购价格的透明度，缩短采购时间，提高采购效率。

2. 通过网上销售达到降低成本的目的

随着销售方式的改变，传统的营销策略也随之发生变化。在电子商务环境下，我国企业必须改变原有的市场营销策略，在发布产品质量与性能的信息方面，以及产品的广告投放渠道、销售渠道的重新设计方面都要做出相应的调整。只有这样，才能方便客户

更快捷地获取产品的信息，提升客户对产品的信任度，降低供应需求预测的不准确性，从而提升供应链的综合竞争实力与客户满意度。

3. 使企业的组织边界趋于模糊

随着电子商务的发展，组织之间的信息流和资金流更加频繁，组织间的联系由单一渠道转变为多渠道，如供应商的销售部门不仅要与生产商的采购部门进行交流，而且需要与生产商的设计部门、销售部门合作，共同设计客户满意的产品和服务。随着供应链中组织间合作程度的日益加深，彼此不断融合，组织边界越来越模糊，整个价值链重新整合后形成一个虚拟大企业。

4. 使企业的销售模式由生产者推动型转变为消费者拉动型

在电子商务时代，消费者可以对所需的商品提出个性化、差异化的设计要求，生产商和供应商组成的虚拟联合体应根据消费者的要求，共同完成产品的设计，然后组织生产，以最大限度地满足消费者的需求，同时采用网上发布新产品信息的机制，以更低的营销成本吸引顾客，提高消费效率。此时，销售模式由生产者推动型转变为消费者拉动型。

5. 实现经营的网络化

一是交易系统的网络化。物流配送中心与供应商、制造商通过网络实现连接，上下游企业之间的业务往来也通过网络实现。二是组织的网络化。电子商务组合的是整个供应链，大部分专业性业务活动交给外部企业运作，内部管理层次和人员减少，经营趋于柔性化；电子商务借助电子信息网络将各种不同的技术、技能进行集成，提高了业务经营绩效；由于同一个业务流程是由具有不同专长的企业共同实现的，因此信息和计划在这些企业中实现了共享，虚拟化组织的特点开始显现。

第 4 节　客户关系管理

一、客户关系管理的概念

在当今买方市场的环境下，由于产品之间的差异日益缩小，企业的注意力开始由产品转向客户，企业的经营思路开始从以产品为中心转向以客户为中心，客户占有率和客户保持率成为企业关注的焦点，客户满意度和客户忠诚度成为企业追逐的目标，客户的地位被提到了一个前所未有的高度。要留住客户，必须在企业与客户的关系上做文章。市场对客户关系的重视使客户关系管理的理念提升，而信息技术的飞速发展，使客户关系管理（CRM）得以实现。

客户关系管理是指通过对客户的信息资源的计算机管理，向客户提供满意的产品和服务，并与客户建立稳定、相互信任的密切关系的动态过程。

1999 年，Gartner Group 公司提出了 CRM 这一概念，这个概念近年来开始在企业电子商务中流行。CRM 是通过对客户详细资料的深入分析来提高客户满意度，从而增强企业竞争力的一种手段。CRM 主要涉及以下七个主要方面（简称 7P）。

（1）客户情况分析（profiling）：分析客户的层次、风险、爱好、习惯等。

（2）客户忠诚度分析（persistency）：分析客户对某个产品或商业机构的忠诚度、持久性、变动情况等。

（3）客户利润分析（profitability）：分析不同客户所消费的产品的边缘利润、总体利润、净利润等。

（4）客户性能分析（performance）：分析不同客户所消费的产品按照种类、渠道、销售地点等指标划分的销售额。

（5）客户未来分析（prospecting）：分析客户数量、类别等的未来发展趋势以及争取客户的手段等。

（6）客户产品分析（product）：分析产品设计、关联性、供应链等。

（7）客户促销分析（promotion）：分析广告、宣传等促销活动的管理。

CRM 在不同场合下有不同的含义。CRM 可以是一个管理学术语，也可以是一个软件系统。通常情况下，CRM 是指用计算机使上述 7P 分析流程实现自动化的软件系统，其中涉及销售、市场营销、客户服务以及支持应用等软件。它的目的是缩短销售周期，降低销售成本，增加收入，寻找拓展业务所需的新市场和渠道，以及提高客户的价值、满意度、盈利性和忠诚度。

二、客户关系管理的发展历程

最早进行客户关系管理的是美国，在 1980 年初便开展“接触管理”（contact management），专门收集客户与公司相联系的所有信息。到 1990 年，“接触管理”演变成以电话服务中心支持资料分析的“客户关怀”（customer care）。

最初的 CRM 在 20 世纪 90 年代初投入使用，主要是基于部门的解决方案，如销售自动化（sales force automation，SFA）、客户服务和支持（customer service and support，CSS），虽然增强了特定的商务功能，但未能为公司提供完整的加强其与个体客户间关系的手段。

90 年代中期推出的整合交叉功能的 CRM 解决方案，把内部数据处理、销售跟踪、国外市场和客户服务请求融为一体，不仅包括软件，而且包括硬件、专业服务和培训，为公司员工提供全面、及时的数据，让他们清晰地了解每位客户的需求和购买历史，从而提供相应的服务。

90 年代后期，互联网技术的迅猛发展加速了 CRM 的应用和发展。Web 站点、在线客户自助服务和基于销售自动化的电子邮件让每一个 CRM 解决方案的采纳者进一步增强了服务能力，CRM 真正进入了推广时期。

三、客户关系管理的功能

CRM 作为完整的企业信息化解决方案，帮助企业解决以客户为中心的经营管理问题，使企业准确把握和快速响应客户的个性化需求，并让客户满意、忠诚，以保留客户，扩大市场。尽管不同的 CRM 产品包含不同的功能模块，但是从客户满意出发，其基本功能包括客户数据管理、客户价值管理、客户服务管理、客户沟通管理等四个方面（如图 8—3 所示）。

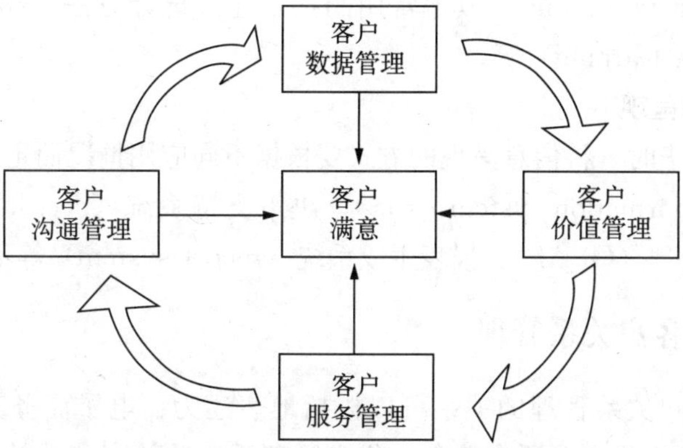

图 8—3　客户关系管理的基本功能

（1）客户数据管理是 CRM 的基础，通过多个来源对客户数据进行收集，并将其存储到客户数据库中，通过提取、处理、解释来产生相应的报告，为满足客户的个性化需要提供依据。

（2）客户价值管理是 CRM 的重要内容，通过对积累的客户信息数据进行分析，可以对客户进行分类，以掌握不同客户的需要，细分客户需求市场，区别不同客户对于企业的价值，采取不同的营销、销售和服务策略。

（3）客户服务管理是 CRM 的核心，根据客户价值管理的结论，就可以对客户提供订购管理、发票/账单、销售及营销的自动化管理、客户服务等。

（4）客户沟通管理是 CRM 的门户，通过客户呼叫中心、电话交流、网上交流、电子邮件、传真信件、直接接触等途径，企业可以和客户保持互动沟通，既为客户满意提供了条件，又为客户数据管理积累了信息数据。

四、客户关系管理技术

CRM 的应用会给企业带来效益和收益。但随着信息技术和网络技术的飞速发展，企业如今面临的情况越来越复杂，了解客户需求、与客户沟通的难度也在不断加大。事实证明，只有有效地掌握了 CRM 技术，才能成功地应用 CRM。

CRM 的支持技术可以通过以下执行过程来了解。在执行 CRM 时，共有四个步骤。

1. 信息收集

通过企业资源计划（ERP）、客户电话服务中心（call center）、计算机电话集成（computer telephony integration，CTI）、销售时点系统（POS）、电子数据交换（EDI）、电子订货系统（EOS）、增值网（VAN）、市场调查分析等体系和技术，可以收集并获取所需的数据。

2. 信息存储

把收集到的数据存储起来的方式有数据库（database）、数据仓库、知识库

（knowledge base）、模式库（model base）等。

3. 信息分析

这一步是关键，因为要对数据进行分析。在所应用的技术中，最重要的是目前相当热门的数据挖掘（data mining），其他常用的技术还有统计方法（statistics）和智能型自动学习（machine learning）等。

4. 信息应用和呈现

当数据分析完毕时，将信息呈现的方式要根据不同应用情况而定，可选用主管信息系统（executive information system，EIS）、决策支持系统（decision support system，DSS）、联机分析处理（OLAP）、报表生成系统（report system）等不同方式。

五、电子商务与客户关系管理

电子商务与客户关系管理的关系可以概括地表述为：电子商务充分利用信息技术（特别是互联网）来提高企业所有业务运作和管理活动的效率和效益；客户关系管理则专注于与客户密切相关的业务领域，主要是客户中心、服务自动化、销售自动化、市场自动化、企业网站等，通过在这些领域提高内部运作效率和方便客户来增强企业竞争力。从软件方面来讲，为使更多的客户购买自己的产品和服务，企业应该高度重视企业网站（狭义的电子商务）这个工具。也就是说，应该提供网上商店、网上服务、网上营销和网上支付等方面的功能。如果没有最大限度地利用互联网这个有力的工具与客户进行交流和建立关系，客户关系管理的效果会大打折扣。实际上，许多产业的生产和服务的方式正在经历从“大规模生产”到“大规模定制”的转变，也就是说，在这些业务流程的每个环节都设身处地地为客户着想。为此，企业的电子商务建设不可或缺。其中，企业的电子商务平台是跨越企业产品线、业务模块（如生产、销售）、管理层次和各种媒介（如内联网、互联网、电话、传真、电子邮件）的立体化管理系统，是企业的数字神经系统。从这个意义上讲，客户关系管理是电子商务平台的重要组成部分。

本章小结

本章从电子商务与现代企业的关系出发，介绍了电子商务在现代企业信息化管理中的应用模式——企业流程重组（BPR）、企业资源计划（ERP）、供应链管理（SCM）、客户关系管理（CRM），在介绍这些基本概念的基础上，分析了各种模式之间的关系，对理解基于电子商务的现代企业信息化的管理理念、模式以及应用有一定的帮助。

BPR对企业的业务流程进行根本的再思考和彻底的再设计，从而获得成本、质量、服务和速度等方面的巨大改善。ERP集信息技术与先进的管理思想于一体，成为现代企业的运行模式，反映时代对企业合理调配资源、最大化地创造社会财富的要求，成为企业在信息时代生存发展的基石。SCM是以信息技术为依托，以集成化和协同化思想为指导，应用系统的方法来管理供应链上的所有节点间的相互关系，以期在供应链各节点间建立一种战略伙伴关系，实现从原材料供应商、制造商、分销商、零售商直至最终用户的商流、物流、信息流、资金流在整个供应链上畅通无阻的流动，最终达到双赢甚至多赢目的的过程。CRM是指通过对客户的信息资源的计算机管理，向客户提供满意的产品和服务，并与客户建立稳定、相互信任的密切关系的动态过程。无论是ERP，BPR，SCM还是CRM，都既是一种理念，也是一套管理软件和技术。

思考题

1. 简述ERP的发展历程。
2. ERP的管理思想体现在哪些方面？
3. BPR的核心内容是什么？
4. 电子商务对BPR有哪些影响？
5. 供应链管理模式有哪些特点？
6. 电子商务环境对SCM有哪些影响？
7. 简述CRM的功能。
8. 如何理解ERP，BPR，SCM和CRM与电子商务之间的关系？
9. 登录一个C2C网站，了解其电子商务的应用情况。
10. 登录苏宁易购（suning. com）查找资料，分析苏宁电器公司的CRM情况。

参考文献

[1] 曹晟. 电子商务概论 [M]. 杭州：浙江大学出版社，2015.
[2] 杨海券. 电子商务概论 [M]. 西安：西安交通大学出版社，2015.
[3] 杨雪雁. 电子商务概论 [M]. 北京：北京大学出版社，2015.
[4] 郑小玲. 管理信息系统 [M]. 北京：人民邮电出版社，2014.
[5] 李洪心. 电子商务概论 [M]. 大连：东北财经大学出版社，2014.
[6] 张涛. 企业资源计划（ERP）原理与实践（第2版）[M]. 北京：机械工业出版社，2015.
[7] 马士华，林勇. 供应链管理 [M]. 北京：机械工业出版社，2014.
[8] 李冠. 企业信息化与管理 [M]. 北京：清华大学出版社，2014.
[9] 邬金涛. 客户关系管理 [M]. 北京：中国人民大学出版社，2014.
[10]（美）肯尼思·劳东，卡罗尔·圭尔乔·特拉弗. 电子商务 [M]. 北京：中国人民大学出版社，2014.

第9章

电子政务

本章导读

本章主要介绍电子政务与传统政务之间的区别、电子政务的发展现状、电子政务的模式及功能，以及电子政务系统的框架结构等内容，并剖析电子政务与电子商务之间的区别与联系。

引导案例

汉阴县："互联网+"时代的"指尖政务"

"嘟，嘟……您有一个事项需要审批，请及时予以办理。"在外出差的李局长不慌不忙地打开手机，只见他动了动手指，一个审批业务就办好了。是什么方法让办事如此省心？这是一个什么样的系统，让办公如此便捷？

2015年的政府工作报告提出了"互联网+"的概念，在"指尖经济"、"指尖文化"浪潮的促动下，"指尖政务"也迅速进入各级政府部门的视野。电子政务往移动化方向发展成为大势所趋，新华社称移动政务将迎来爆发时点。汉阴县政务服务中心（以下简称县政务中心）应势而为，开发建立了电子政务移动审批系统，为科学、规范、安全审批提供了坚实的技术支撑。

电子政务移动审批系统是基于手机、平板等移动设备，协同县政务中心行政审批窗口进行的后台移动审批支持系统。其功能涵盖PC端常用的"待办任务"、"已办任务"、"超时预警"等模块。每个待办事项的"表单"、"附件"、"办理记录"等详细信息，都可以在手机审批客户端上一目了然。审批大厅窗口的工作人员只需要通过一键拍将受理的申请材料制成电子版，上传到审批系统中，具有审批权的人员即可通过政务移动审批系统查看申请人信息等相关附件，实现实时在线审批。

与传统的电子政务相比，移动政务审批终端更便于携带，审批系统普适性更强。该系统可在任何安装安卓操作系统的便携设备上运行，只要有网络、有权限，就可实时审核申请人在政务大厅办事窗口申报提交事项的基本信息和申请材料，从而直接提出审批意见，有效解决因时间、地点、办公条件限制等原因不能及时审批的问题。同时，该系统在县级部门的成功应用，为县、镇网络审批对接及县镇村三级便民服务体系的构建将起到极大的示范促动作用。另外，基于审批安全考虑，移动审批系统在数据完整性、信息保密性、网络安全性以及信息处理的每一个步骤均作了周密的设计，采用网络专用通道连接，与县政务中心内网服务器进行数据交换，并对传输的数据进行加密处理，保证了专人专户、专网专用和移动政务应用的安全可靠。

目前，“汉阴政务”移动审批系统在全县40多个具有审批权的部门领导中安装使用率已达到95%以上。以前要回单位办公室才能办理的事情，现在5分钟内在手机上就能搞定，事项审批办理时间压缩了1/3以上，实现了真正意义上的快速响应、快速办理、快速审批，大大提高了后台审批的效率，保证了政府部门更好地为企业发展、人民生活服务。

资料来源：《汉阴县：“互联网+”时代的“指尖政务”》，国脉电子政务网，http://www.echinagov.com/news/dynamic/42571.html，2015年11月19日。

思考题：

1. 电子政务移动审批系统的功能有哪些？
2. 与传统电子政务相比，移动政务审批系统有哪些优点？

第1节 电子政务概述

一、电子政务的概念

（一）电子政务的定义

电子政务（e-government）是近年来我国信息界、政府界最热门的话题，是伴随互联网、电子商务等出现的新概念。基于不同的视角，人们对电子政务有多种认识：

（1）侧重从技术角度认识电子政务。电子政务基于互联网或其他现代信息技术手段的应用，实现政务活动的数字化。

（2）侧重从互联网促进政务方式变革的角度认识电子政务。电子政务是指政府在互联网上建设政府网站，并通过政府网站改善政府与社会之间的联系方式和服务方式。

（3）侧重从改革政务活动工作方式的角度认识电子政务。电子政务是指应用现代化的信息技术改进传统的政府职能活动方式，通过实现社会管理和公共服务方式的信息化，改善政府的管理和服务。

（4）侧重从管理和服务集成的角度认识电子政务。电子政务是指政府机构应用现代信息和通信技术，将管理和服务通过网络技术进行集成，在互联网上实现政府组织结构和工作流程的优化重组，超越时间和空间及部门之间分隔的限制，全方位地向社会提供优质、规范、透明、符合国际水准的管理和服务。

综上所述，我们对电子政务作如下定义：电子政务建立在计算机网络基础上，运用信息技术、通信技术和其他先进技术，通过政府部门和其他公共管理部门的组织结构、业务流程的优化重组，提高内部协调和管理的效率，提高公共服务的质量和效率。

（二）电子政务与传统政务的区别

传统政务的处理方式是以政府机构和职能为中心，企业、社会组织和公众通过政府部门办理相关事务。其管理模式呈金字塔型，工作方式比较粗放，业务流程复杂，审批环节多，议事程序较长，效率低下。

电子政务的处理方式是以公众为中心，政府以“向社会提供高效、优质的政府管理与服务”为出发点，帮助企业、社会组织和公众办理各种经济与社会事务。电子政务与传统政务的比较如表 9—1 所示。

表 9—1　　电子政务与传统政务的比较

对比项目	传统政务	电子政务
政务机构存在形式	物理存在的	网络虚拟化的
政务办理方式	面对面	不受地域限制
政务办事时间	受时间限制	全天候
政府组织结构	金字塔型垂直结构	网络型扁平结构
政府管理方式	集中管理	分权管理
政务生效标志	公章等	数字签名
政务处理程序	串行作业	协同并行
政务工作重心	管理、审批为主	服务、指导为主
政府主要议事方式	会议等	网络讨论、视频会议等
政府决策参与范围	政府内部	政府内外部相统一
政府管理成本	边际成本递增	边际成本递减

二、电子政务的模式及功能

电子政务所包含的内容极为广泛，几乎可以涵盖传统政务活动的各个方面。从近年来国际电子政务的发展和我国电子政务的实践来看，目前电子政务的主要模式有 G to G，G to E，G to B 和 G to C 等四种。

（一）G to G 电子政务

G to G 电子政务即政府与政府之间的电子政务（government to government），又称 G2G，指政府内部、政府上下级之间、不同地区政府部门之间和不同职能部门之间实现的电子政务活动。G to G 模式是电子政务的基本模式，具体的实现方式可分为以下几种。

1. 政府内联网络办公系统

政府内联网络办公系统可分为领导决策服务子系统、内联网站子系统、内部财务管理子系统等，通过不同子系统的应用，使得传统的政府内部管理实现向网络化管理的转型。

2. 电子法规、政策系统

通过电子化方式在不同政府部门之间传递各项法律、法规、规章、行政命令和政策规范，具有十分明显的速度和管理成本优势，既有利于所有政府机关和工作人员真正做到有法可依、有法必依，又可做到政务公开，实现政府公务人员和老百姓之间的信息对称。

3. 电子公文系统

电子公文系统借助网络技术的应用，使传统的政府间的报告、请示、批复、公告、通知、通报等在保证信息安全的前提下通过数字化的方式在不同的政府部门间实现瞬时传递，大大提高了公文处理的效率，彻底改变了传统的、积弊难改的“公文长途旅行”现象。

4. 电子司法档案系统

通过电子化手段在政府司法机关之间共享司法信息，如公安机关的刑事犯罪记录、审判机关的审判案例、检察机关的检察案例等，必将大大促进司法工作的开展，在提高司法工作效率的同时，对提高司法工作人员的能力和水平也大有裨益。

5. 电子财务管理系统

建立在网络基础上的电子财务管理系统可以向政府主管部门、审计部门和相关机构提供分级信息，便于有关领导和部门及时掌握和监控财政状况，以使政府的财务管理工作的水平跃上一个新台阶。

6. 电子化培训系统

电子化培训借助网络交互的方式帮助员工通过网络随时随地注册参加各类培训课程、接受培训、参加考试等，为政府管理人员的学习与进修提供了一条理想的通道。

7. 垂直网络化管理系统

垂直网络化管理系统主要适合一些垂直管理的政府机构（如国税、海关等部门）。通过建立内联网络，可形成垂直的网络化管理系统，实现统一决策、信息实时共享，有效提高系统的决策水平和反应速度。

8. 横向网络协调管理系统

横向网络协调管理系统通过网络在政府不同部门及不同地区政府部门之间进行横向协调来实现政府的有效管理，它的目的主要是通过网络的应用，使原来分散在不同部门、不同地区的决策信息有机集成，为不同决策者所共享，减少部门间、地区间相互扯皮的现象，提高决策准确性和工作效率。

9. 公务员业绩考评系统

利用网络技术构建业绩考评体系，既可以对业绩考评的各项指标进行量化考核，又可以通过网络实现远程考评，同时还可以实现员工之间的横向比较以及不同时期的纵向比较，使得考评方式更加科学、公平与公正。网络业绩考评系统可按照设定的任务目标、工作标准和完成情况对政府各部门以及每位员工的业绩进行科学的测量和公正的评估，以达到良好的激励与约束的效果。

10. 城市网络管理系统

G to G 电子政务还包括城市网络管理系统，主要的应用有以下几个方面：(1) 对城市供水、供电、供气、供暖等要害部门实行网络化控制与监管；（2）对城市交通、公安、消防、环保等部门实行网络统一调度与监管，提高管理的效率与水平；（3）对各种突发事件和灾难实施网络一体化管理与跟踪，增强城市的应变能力。

从以上十个方面可以看出，传统的政府与政府间的大部分政务活动都可以应用网络技术快速、高效、低成本地实现。

（二）G to E 电子政务

G to E 电子政务是指政府与政府公务员（即政府雇员）之间的电子政务（government to employee），又称 G2E。G to E 电子政务是政府机构通过网络技术实现内部电子化管理的重要形式，也是 G to G，G to B 和 G to C 电子政务模式的基础。G to E 电子政务主要是利用互联网建立起有效的行政办公和员工管理体系，为提高政府工作效率和公务员管理水平服务。具体的应用主要有以下几种。

1. 公务员日常管理

利用电子化手段实现政府公务员的日常管理，对降低管理成本、提高管理效率具有重要意义。如利用网络进行日常考勤、出差审批、差旅费异地报销等，既可以给公务员带来很多便利，又可以节省领导的时间和精力，还可以有效降低行政成本。

2. 电子化人事管理

政府公务员的人事管理是政府机构自身管理的重要内容。应用网络技术实现电子化人事管理已成为一种新的形式和趋势，在不少政府机构付诸实践。电子化人事管理包括电子化的招聘、电子化的学习、电子化的沟通等内容。电子化人事管理的发展将使传统的以纸质档案管理为中心的人事管理方式发生一场革命，对提高政府人事管理的水平和效率、降低管理成本起到极其重要的作用。

G to E 电子政务的形式多样，应从不同政府部门的实际需求出发，探索具体可行的电子化管理方式。

（三）G to B 电子政务

G to B 电子政务是指政府与企业之间的电子政务（government to business），又称 G2B。企业是国民经济发展的基本经济细胞，促进企业发展、增强企业的市场适应能力和国际竞争力是各级政府机构共同的责任。对政府来说，G to B 电子政务的形式主要包括以下几种。

1. 政府电子化采购

政府利用电子化采购和电子招投标系统，可以提高政府采购的效率和透明度，树立政府公开、公正、公平的形象，减少徇私舞弊和暗箱操作，同时还可降低政府和企业的招投标成本，缩短招投标的时间。

2. 电子税务系统

电子税务系统使企业足不出户就可通过网络完成税务登记、税务申报、税款划拨等事宜，并可查询税收公报、税收政策法规等，既方便了企业，又提高了国家税收征管的效率和水平。

3. 电子工商行政管理系统

电子证照系统使企业营业执照的申请、受理、审核、发放、年检、登记项目变更、核销，以及其他相关证件（如统计证、土地和房产证、建筑许可证）的申请和变更均可通过网络实现，电子工商行政管理系统的实施将使传统的工商行政管理工作发生质的飞跃。

4. 中小企业电子化服务

政府可利用宏观管理优势，借助网络为提高中小企业国际竞争力和知名度提供各种帮助，如建立专门为中小企业进出口业务服务的专业网站，为中小企业设立网上求助中心，为中小企业提供软硬件服务等。

5. 综合信息服务系统

政府各部门可利用网络手段为企业提供各种快捷、高效、低成本的信息服务。比如，商标注册管理机构可以提供已注册商标的数据库，供企业查询；科技成果主管部门可以把有待转让的科技成果在网上公开发布；质量监督检验检疫部门可以把假冒伪劣产品及生产企业名录在网上公布，以保护有关厂家的利益；政策、法规管理部门可向企业开放法律、法规、规章、政策数据库以及政府经济白皮书等各种重要信息。

G to B 电子政务活动远不止这些，实际上，只要是与企业发生直接或间接联系的政府管理部门，都可在一定程度上以电子政务代替传统形式的政务活动，从而提高效率，降低成本，为企业提供更多的便利。

图 9—1 显示了北京市政府网站提供的 G to B 服务。

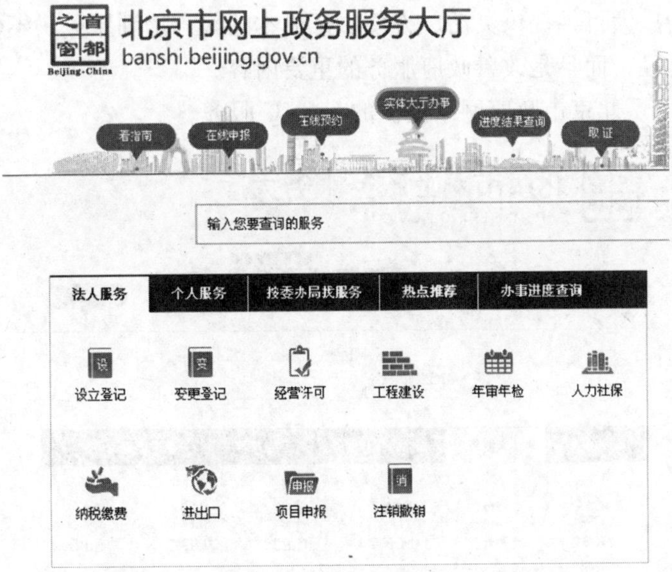

图 9—1 北京市政府网站提供的 G to B 服务

（四）G to C 电子政务

G to C 电子政务是指政府与公民之间的电子政务（government to citizen），又称 G2C，指政府通过电子网络系统为公民提供各种服务。G to C 电子政务包含的内容十分广泛，主要的应用包括以下方面。

1. 电子身份认证

电子身份认证系统可使公民通过网络办理结婚证、离婚证、出生证、学历和财产公证等。

2. 电子社会保障服务

电子社会保障服务主要是通过网络建立起覆盖本地区乃至全国的社会保障网络，使公民能通过网络及时、全面地了解自己的养老、失业、工伤、医疗等社会保险账户的明细情况，政府也能运用电子资料交换、磁卡、智能卡等技术，把各种社会福利（比如困难家庭补助、烈军属抚恤和社会捐助等）直接支付给受益人。电子社会保障体系可增加社会保障工作的透明度，推动社会保障体系的普及。

3. 电子医疗服务

通过政府网站提供医疗资源的分布情况，以及医疗保险政策信息、医药信息、执业医生信息，可为公民提供全面的医疗服务。电子医疗服务既可以使病人更加方便地享受到优质的医疗服务，又可有效地促进当地医疗卫生事业的发展。

4. 电子就业服务

政府可充分利用网络这一手段在用人单位与应聘者之间架起服务的桥梁。用人单位可以随时随地发布用人信息、调取相关资料；应聘者可以通过网络发送个人资料、接收用人单位的相关信息，并可直接通过网络办妥相关手续。

5. 电子教育培训服务

利用网络为广大百姓提供灵活、方便、低成本的教育培训服务，不仅是增强我国公民素质的有效途径，而且是改善政府服务的重要内容。

图 9—2 显示了北京市政府网站提供的 G to C 服务。

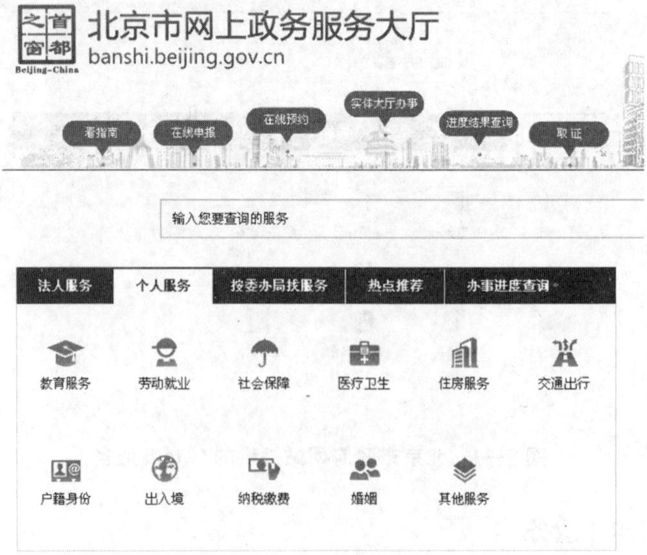

图 9—2　北京市政府网站提供的 G to C 服务

第2节　电子政务的发展现状

一、国外电子政务的发展

从世界范围看，许多国家和地区都在大力发展电子政务。近年来，在一些国家，特别是美国、英国、加拿大、新加坡等国，电子政务的发展已达到一定的水平，进入相对成熟的发展期。例如，美国建立了政府网站，加拿大政府启动了“政府在线”，英国政府设立了“英国在线”。电子政务系统的技术越来越复杂，功能越来越多，整合信息资源的能力也越来越强。建设电子政务的目的已由最初的改善公共服务，发展到整合社会信息资源，提高整个社会的信息化水平，促进政府自身的变革。

1. 美国

美国的电子政务起源于20世纪90年代初。1993年，克林顿政府在建立国家绩效评估委员会（National Performance Review Committee）时，就提出应用先进的信息网络技术克服美国政府在管理和提供服务方面所存在的弊端，将构建“电子政府”作为政府改革的一个重要方向。1994年12月，美国政府信息技术服务小组（Government Information Technology Services）强调利用信息技术推进政府与客户间的互动，建立以客户为导向的电子政务，以提供效率更高、更便于使用的服务，提供更多获得政府服务的机会与渠道。1995年5月，时任总统克林顿签署《文牍精简法》，要求各部门呈交的表格必须使用电子方式，规定到2003年10月全部使用电子文件，同时考虑风险、成本与收益，酌情使用电子签名。1996年，美国政府启动“重塑政府计划”，提出要让联邦机构最迟在2003年全部实现上网，使美国民众能够充分获得联邦政府掌握的各种信息。2000年9月，美国政府开通“第一政府”网站（www. firstgov. gov），2007年1月更名为usa. gov。如图9—3所示，这是个超大型电子网站，旨在加速政府对公民需要的反馈，减少中间环节，让美国公众能更快捷、更方便地了解政府，并能在同一个政府网站站点内完成竞标合同和向政府申请贷款等业务。美国政府的网上交易也已经展开，在全美范围内实现了网上购买政府债券、网上缴纳税款以及邮票、硬币兑换等。2011年美国

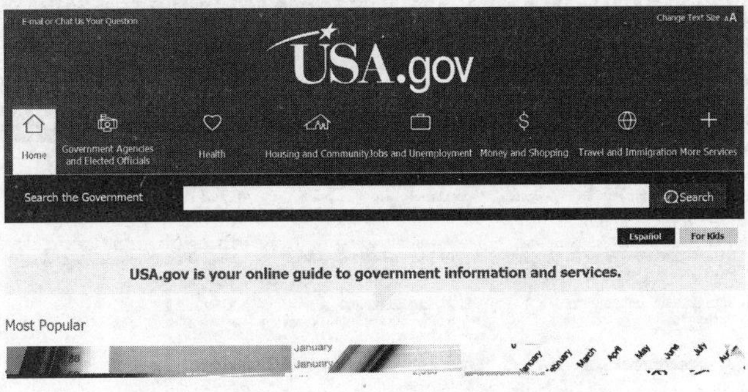

图9—3　美国政府官方网站截图

联邦通信委员会公布了《美国宽带上网计划》，这项宽带升级计划以提高网速为重心，强调扩大网络普及范围，并决定腾出更多波段用于移动服务。美国政府在 2014 年 5 月 9 日发布了《美国开放数据行动计划》，其中概述了美国政府作为开放数据的主导者应承担的义务，并介绍了美国政府在推动开放数据方面所做的大量工作。

众多的上网用户、良好的上网设施，为美国建设“电子政府”奠定了坚实的基础。在美国，从总统到一般政府工作人员，都对电子政府建设持认同和支持的态度。

由于实现了政府信息化，1992—1996 年，美国政府部门的员工减少了 24 万人，撤销了近 2 000 个办公室，减少开支 1 180 亿美元。在对居民和企业的服务方面，美国政府的 200 个局确立了 3 000 条服务标准，废止了 1.6 万多页过时的行政法规，简化了 3.1 万多页的规定。

在美国，全国雇主税务管理系统、联邦政府全国采购系统和转账系统等网络的建立，不仅节省了大量的人、财、物，而且提高了政务透明度，堵住了徇私舞弊的路径。

目前，美国的政府网站建设已经相当完善和成熟。美国联邦政府一级机构和州一级政府已全部上网，几乎所有县市都建有自己的站点。美国政府网站的内容非常丰富，以人口调查站点为例，用户可以通过直观地图，查看州一级甚至县一级的极其详尽的统计数据，包括当地从事各种职业的人口等。

2. 英国

英国的信息技术产业起步虽晚，但已拥有一定的基础。互联网对英国家庭的渗透速度快于大多数欧洲大陆国家。1999 年，英国通过电子商务完成的交易额高达 30 亿英镑。

英国政府的思路很明确：拿到上网入场券是公民参与新经济的起码条件。因此在 21 世纪初，英国政府围绕“上网”进行了一系列筹划，制定了阶段性目标：2001 年，实现 90%的日常货物采购和 25%的政府业务网络化；2002 年，所有图书馆和学校都实现联网；2003 年，“使电子商务的应用在英国国民、商业界以及政府中比在全球任何地方起到更大的作用”；2005 年，所有的英国人都能上网；2011 年，英国政府开始创建“无纸化社会”，为每个公民开设个人专属网页，在未来 4 年内建成无纸化社会。2013 年 10 月，英国公布了政府数字化战略，旨在提供世界一流、以民众为中心的公共服务，提高管理效率，推动经济发展。图 9—4 为英国政府官方网站（www. gov. uk）截图。

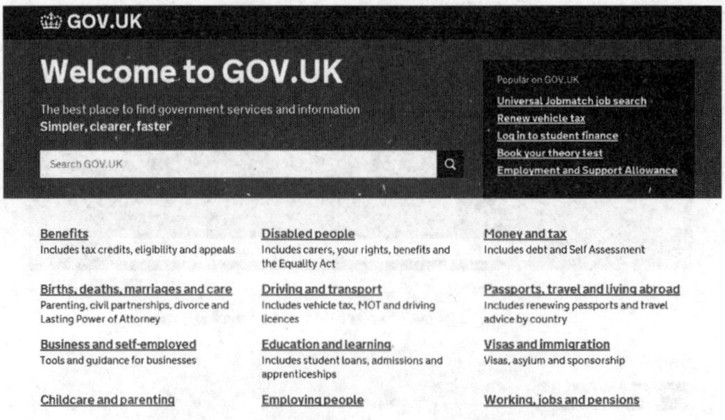

图 9—4　英国政府官方网站截图

“电子英国”的战略计划正在两条战线上同时推进：一是政府大力支持，二是企业积极参与。政府在确定目标之后，已采取若干措施，比如：增加投资，扩大和改善信息基础设施；着手在全国建立 1 000 个信息技术培训中心；为穷人减免电脑培训费用，由政府在穷人社区建立网络接入点，并在今后几年为穷人提供 10 万台二手电脑；开始制定网络监控法规，建立“网络警察”队伍，防止网络犯罪和滥用网络；鼓励和推动网络服务并降低上网费用；放宽限制，引进信息技术人才，为防止人才外流建立专项基金。

英国政府在全面实施电子政务之前就决定针对政府部门人员的具体需要及时开展培训，电子政务后备力量的储备则通过教育体系来实现。同时，英国政府领导人认为，各级政府必须成为具有雄厚经济实力和政治权力的领导集体，要足够高效地统率政府各个部门的负责人，促使他们通力协作。为达到此目标，英国政府任用了赫赫有名的“电子特使”——著名的电子政务专家亚历克斯·艾伦来指导英政府各部门和机构实施电子政务。

3. 加拿大

加拿大政府早在 1999 年的国情咨文中就提出，政府要做使用信息技术和互联网的模范，到 2004 年实现电子政务，政府适于公开的信息和服务将以互联网为主进行发布。

加拿大的电子政务之所以能够迅速发展，与其良好的基础设施有很大关系。据称加拿大是全球联网率最高的国家。全国主要城市均有高速数据网联通，上网费全球最低。由政府、企业共同参与建设的国家光纤网于 2001 年建成，该网的技术甚至比美国还要先进。加拿大在信息基础设施方面的巨大优势为其发展电子政务打下了坚实的基础。图 9—5 为加拿大政府官方网站（www. canada. ca）截图。

图 9—5　加拿大政府官方网站截图

在电子政务建设方面，加拿大政府大力推广电子政务在各行业的应用，不仅实现了教育、就业、医疗、电子采购、社会保险等领域政务服务的电子化，而且根据需要不断增加和集成新的政府门户网站，先后建立了加拿大政府门户网站、加拿大出口资源网站、加拿大青年网站等诸多政府网站。

加拿大政府推行电子政务的一大动力就是有越来越多的加拿大人上网。研究表明，60%的加拿大人经常使用互联网（在家中、工作场所和公共场所上网）寻找项目和服务信息，如电话号码和地址、工作信息、税务信息。2/3 的人称使用网上政府信息与服务是为了节省时间。

加拿大政府网站针对三个客户群体连接三个主要的入口：一个是个人/公民入口，一个是企业入口，另一个是非加拿大人和国际客户入口。每一个入口都与客户经常寻找的信息和服务相关。

4. 新加坡

新加坡从 20 世纪 80 年代起就开始发展电子政务，现在已成为世界上电子政务最发达的国家之一。如今，普通公民在家里通过政府的“电子公民中心”网站即可完成各种日常事务，例如查询自己的社会保险账户余额、申请报税、为新买的摩托车上牌照、登记服义务兵役等。2000 年，新加坡政府借助互联网完成了第四次人口普查，普查的速度和效率都比以前有了极大的提高。

新加坡电子政务系统中的电子公民中心是一个三维虚拟社区。在这里，可以完成虚拟人生，而政府部门就是人生旅途上的一个个站点。可以从中了解有关医疗保健、商务、法律法规、交通、家庭、住房、招聘等信息，可以找到从出生到死亡所需的所有政府信息。例如在“国防大厦”里，年轻人可以登记服两年义务兵役。

新加坡的电子政务系统完全是由国家投资建设的，没有私人参与，政府每年要花费大量资金。现在新加坡已经为未来 3 年电子政务系统的维护预留了 8.7 亿美元的资金。但电子政务系统的建立也节约了一笔办公费用，估计每年可节省 2 300 万美元。政府希望每年能节约 4 600 万美元。现在使用频率最高的个人所得税纳税服务每年可节约 34.3 万美元的办公费用，每处理一笔业务节约费用 1.54 美元。如今已有 40%的人（大约 50 万人）通过电子政务系统缴纳个人所得税。

网站 www.gov.sg 的开通使新加坡在数字时代居于领先地位。该网站同时面向企业和普通百姓提供高速、交互式多媒体网上信息服务。政府依托 www.gov.sg 对企业和社会公众提供一周 7 天、一天 24 小时的全天候服务。图 9—6 为该网站的截图。

图 9—6　新加坡政府官方网站截图

二、我国电子政务的发展

我国电子政务的发展始于 20 世纪 80 年代的政府信息化，经过近 30 年的建设，实现了政府信息上网到政府服务上网的跨越。

(一) 我国电子政务的发展历程

1. 办公自动化阶段（80 年代至 90 年代中期）

20 世纪 80 年代末期，中央和地方党政机关启动办公自动化工程，开始建立各种纵向和横向的内部信息办公网络，为利用计算机和通信网络技术奠定了基础。该系统的建立为我国改革开放和各级政府制定计划提供了可靠的信息依据，使我国开始进入政府信息化时代。

由国务院牵头开发的国家信息主干系统，旨在实现办公自动化、信息数字化和传递网络化。通过建设，政府各部门初步实现政府内部信息共享，大大提高了办公效率和办公质量，迈出了实施电子政务的第一步，也是最基础的一步。

2. "三金工程"（90 年代中期）

1993 年底启动的"三金工程"（即金税工程、金关工程和金卡工程），是中央政府主导的以政府信息化为特征的系统工程，重点是建设信息化的基础设施，为重点行业和部门传输数据和信息。

3. 政府上网工程（90 年代后期）

20 世纪 90 年代以后，由于网络技术的快速发展和信息基础设施的不断完善，电子政务的发展进入快车道。1999 年 1 月，40 多个部委（局、办）的信息主管部门共同倡议发起了"政府上网工程"，1999 年被定为"政府上网年"。在此工程的推动下，我国政府的信息化建设有了实质性的进展。

4. 电子政务的实质性应用阶段（2000 年至今）

电子政务由技术驱动转化为由业务需求驱动，政府信息化不再是在计算机、网络平台上对原有流程进行简单模拟，而是与政府管理体制改革相结合，全面提升政府在社会主义市场经济条件下的职能，为我国经济、社会、文化事业的全面发展提供有力的保证。

许多地方政府将国民经济和社会信息化作为"十五"规划的重要内容，上海、深圳、广州、天津等沿海城市纷纷提出建设数字化城市或数码港计划，其中电子政务的建设是数字化城市建设的核心内容之一。专业化的政府服务网站日益增多，服务内容更加丰富，功能不断增强，互动性得到很大提高。中央与地方的工商、海关、国税和地税等部门纷纷推出各种网上办公业务。例如，北京市工商行政管理局建立了网上办公平台——红盾 315 网站（www.hd315.gov.cn），开办了网上专项审批、网上注册与年检、网上经营者身份及经营行为合法性认证、经营性网站备案核准、域名备案登记等业务。

(二) 我国电子政务的发展现状

我国电子政务的建设发展很快，成绩斐然。跨部门的信息共享和业务协同在积极探索中稳步推进，一些重要的基础信息工作已经全面展开。截至 2015 年 6 月底，中国网民规模达 6.68 亿，半年新增网民 1 894 万，互联网普及率为 48.8%，较 2014 年底提升 0.9 个百分点。拥有的 IPv4 地址达 3.36 亿，注册的域名达 2 231 万个，网站总数达 357 万个，由此可见，电子政务的发展取得了丰硕的成果。

我国已建立服务导向型的电子政务框架。2006 年出台的《国家电子政务总体框架》提出了“服务是宗旨”的理念，电子政务进入了以服务为中心的新阶段，充分体现了以人为本、打造服务型政府的理念。2006 年 1 月 1 日，中华人民共和国中央人民政府门户网站（简称“中国政府网”，www.gov.cn/）正式开通。图 9—7 为该网站的截图。

图 9—7 中国政府官方网站截图

（三）我国电子政务存在的问题

1. 对电子政务的性质和地位认识不足

电子政务是经济与社会信息化的先决条件。一个国家的信息化需要来自多方面力量的推动。政府作为国家组成及信息流的中心节点，在社会信息化的进程中起着责无旁贷而又无可替代的作用。但是目前各级政府领导以及从业人员对电子政务的系统性及其在信息化建设中的地位还缺乏足够的认识。

2. 缺乏整体规划和统一标准

推动政府信息化和电子政务，关键是搞好整体规划，制定统一的技术标准，这是国外发展电子政务的一条经验。我国虽然在这方面作出过一些具体规定，但至今没有在国家层面制定电子政务的中长期总体规划，特别是没有统一的技术标准，各地仍处于各自为战的状态。

3. 电子政务立法滞后

由于我国电子政务的发展起步较晚，目前只是由行政机关对互联网管理出台了一些限制性的行政法规，而对于如何促进电子交易、使用电子签名和电子支付还没有制定相关的法律。这在一定程度上制约了我国电子政务的发展。

4. 地区、城乡信息化水平差异大

中国行政区域非常广阔，有 30 多个省、直辖市和自治区，500 多个城市，以及

2 300多个县。全国范围内各级政府、各个部门之间的情况千差万别，不同机构的职能差异很大，面向的服务对象也千差万别。

电子政务实施得如何，必然是通过人们的使用情况来反映的。但是中国人口素质的差异较大，既有众多知识分子，也有一些文盲；既有3亿多城市人口，也有8亿多农民；既有数亿网民，也有许多非网民。由于自身素质、计算机技能、经济状况和当地信息技术设施等限制，我国绝大多数人还享受不到电子政务带来的好处。

因此，中国的电子政务必须与传统政务进行无缝连接，不能因为电子政务的发展形成数字鸿沟而将很多人排斥在外。

第3节 电子政务系统的框架结构

“两网、一站、四库、十二金”覆盖了我国电子政务亟须建设的各个方面，涉及信息资源开发、信息基础设施建设与整合、信息技术应用等领域。它们特点各异，却又相互渗透和交融，构成了我国电子政务建设的基本框架（见图9—8）。“两网”是指政务内网和政务外网；“一站”是指政府门户网站；“四库”是指建立人口、法人单位、自然资源和空间地理、宏观经济等四个基础数据库；“十二金”则是指重点推进办公业务资源系统等12个业务系统。这12个重点业务系统又可以分为三类，第一类是对加强监管、提高效率和推进公共服务起核心作用的办公业务资源系统、宏观经济管理系统，如金桥、金宏等2个业务系统；第二类是增强政府收入能力、保证公共支出合理性的金税、金关、金财、金融监管（含金卡）、金审等5个业务系统；第三类是保障社会秩序、为国民经济和社会发展打下坚实基础的金盾、金保、金农、金水、金质等5个业务系统。

（一）两网

两网是指政务内网和政务外网。

1. 政府内网

政府内网是各级政府机关内部办公业务网络系统，它以各部门局域网为基础，通过内联网络互联，实现信息共享和信息传递。内网主要用于政府机关内部公文、信息处理以及政府系统内部信息传输和共享，服务于政府机构的日常电子化办公，以提高政府和部门之间的信息快速反应能力和应急指挥能力，逐步实现政府各类文件、信息处理的无纸化。其内容包括文件流转、公文管理、批签管理、会议会务管理、政务信息管理、档案管理、日程安排、车辆管理、公共信息服务系统。将政府文件、公文管理、督查督办及上级政府的有关文件批示和下级政府的请示报告都通过网络运行处理，实现办公网络化、无纸化。同时，通过多媒体技术的应用，召开视频会议、可视电话会议等。

2. 政府外网

政府外网是指以互联网为依托，进行信息发布、政务公开、对外办公，以及政务信息采集、民众监督政府的数据通信网络平台，是政府面向社会的窗口。政府外网一般是

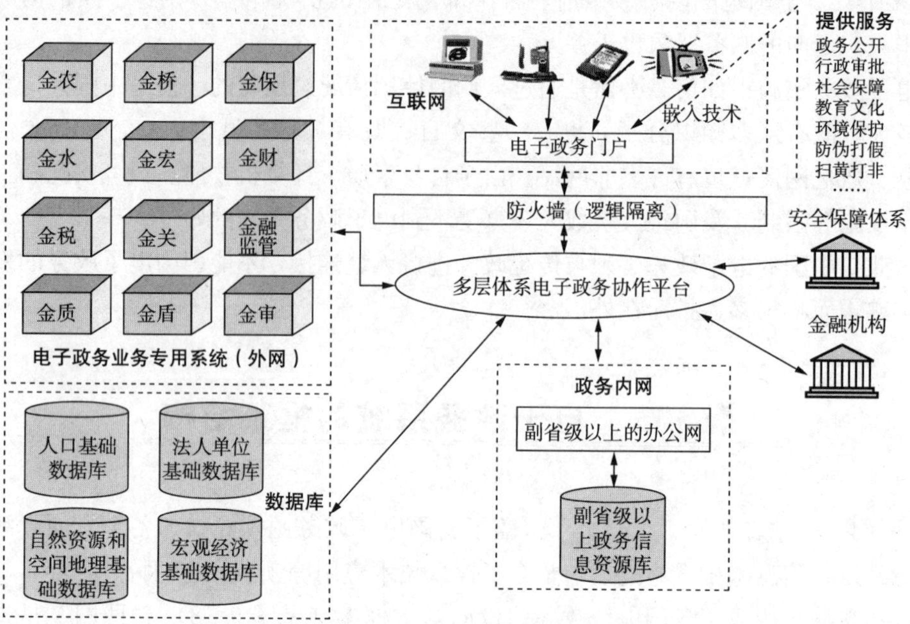

图 9—8 电子政务的基本框架

以政府门户网站的形式提供相应的服务，即电子政务基本框架中的“一站”。

（二）一站

一站指政府门户网站，是由政府部门统一建立的门户网站，通过高速介入互联网实现资源共享，是电子政务统一的对外窗口，是为公众、企业或下属单位等提供信息和服务，并使用户以最简单的操作方法方便、快速地找到自己所需信息的主要途径，是电子政务最基本、最核心的公共应用形式。通过政府门户网站，电子政务的社会服务可以分为四个逐步提升的阶段：网上信息发布、网上信息交换、网上办公服务、一站式服务。从信息公开的角度看，使用互联网发布法规和政令等公告信息是政府网站的重要功能，也是最容易实现的功能。一站式服务体现了政府部门的协同工作，需要采用工作流引擎来驱动。

（三）四库

按照中国的政务信息化规划，要构建国家级的四大资源数据库，即人口基础数据库、法人单位基础数据库、自然资源和空间地理基础数据库、宏观经济数据库。

1. 人口基础数据库

人口基础数据库的主体包括公民身份证号码、姓名、性别、民族、出生地、出生日期等基本信息，还包括各部门业务系统在利用人口基本信息过程中产生的其他部门存在共享需求的人口信息，可以实现互联互通和信息共享。

2. 法人单位基础数据库

法人单位基础数据库由各地政府的法人单位基础信息数据库组成。每个数据库包括基础数据库和专业数据库两个部分。基础数据库也可称为索引数据库，侧重于基础信息的收集。它包含的信息是描述一个单位特征和外貌的最基本信息，如组织机构代码、组织机构名称、组织机构地址、组织机构类型、法定代表人等主体信息，以及新办、年检、变更和注（吊）销等状态信息。专业数据库是政府其他部门在索引数据库的基础上，增加自身业务领域内的专业信息而形成的各自领域内的数据库。

3. 自然资源和空间地理基础数据库

自然资源和空间地理基础数据库是依托已有信息化基础设施，按照统一标准规范，整合、改造项目参加单位现有的信息资源而成的。通过建设基础性自然资源专题信息库、基础性地理空间专题信息库、自然资源与空间综合信息库及地理空间信息交换系统，形成自然资源和地理空间信息库主中心和11个数据分中心，旨在进一步增强国家对区域发展和资源环境进行宏观监管和动态监测、预测的能力，促进各部门自然资源和地理空间信息的共享，并为社会公众提供有关自然资源和地理空间的信息服务。

4. 宏观经济基础数据库

宏观经济基础数据库由国家统计局牵头建设，最初组建了包括国家发展与改革委员会、财政部、中国人民银行、商务部、国家税务总局、海关总署、工商总局、质检总局等单位的项目建设小组，2004年又增加了民政部、劳动和社会保障部、国土资源部、建设部、水利部、国家环境保护总局、国家旅游局、中国证券监督管理委员会、中国保险监督管理委员会和国家外汇管理局等10个单位。

宏观经济数据库建设项目工程包括宏观经济数据库核心系统和支撑子系统两个重要组成部分。主要建设内容包括：建立具有科学性、真实性、可比性的宏观经济数据库指标体系，使宏观经济数据库的内容既边界清晰，又尽可能涵盖国民经济、社会发展、科技教育、环境资源等方面的宏观情况。

（四）十二金

1. 金桥工程

金桥工程又称经济信息通信网工程，属于信息化的基础设施建设，是中国信息高速公路的主体。金桥网指国家经济信息网，它以光纤、微波、程控、卫星、无线移动等多种方式形成空地一体的网络结构，建立起国家公用信息平台。其目标是：覆盖全国，与国务院部委专用网相连，并与31个省（自治区、直辖市）及500个中心城市、1.2万个大中型企业、100个计划单列的重要企业集团以及国家重点工程联结，最终形成电子信息高速公路大干线，并与全球信息高速公路互联。这项工程的建设，对于提高我国宏观经济调控和决策水平、实现信息资源共享、推动信息服务业的发展，都具有十分重要的意义。

2. 金宏工程

金宏工程即国家宏观经济信息系统。目前网上开通的数据库有：国家宏观经济景气监测指标数据库、主要农副产品收购数据库、主要农副产品集市价格行情数据库、主要工业消费品零售价格数据库、主要工业生产资料市场价格数据库、主要农业生产资料零售价格数据库、主要服务收费标准数据库、国外贷款项目数据库、国家法规数据库、中国经济信息实时金融数据库。

3. 金税工程

金税工程即全国增值税专用发票计算机稽核网络系统，是借鉴国际先进经验，运用高科技并结合我国增值税管理实际设计的高科技管理系统。该系统由一个网络、四个系统构成。一个网络是指国家税务总局、省、地、县四级计算机网络；四个系统是指增值税防伪税控开票子系统、防伪税控认证子系统、增值税交叉稽核子系统和发票协查子系统。金税工程实际上是利用覆盖全国税务机关的计算机网络对增值税专用发票和企业纳税状况进行严密监控的一个体系。

4. 金关工程

金关工程即国家经济贸易信息网络工程，可延伸到用计算机对整个国家的物资市场流动实施高效管理。它还将外贸企业的信息系统实行联网，推广电子数据交换（EDI）业务，通过网络交换信息取代磁介质信息，消除进出口统计不及时、不准确，以及在许可证、产地证、税额、收汇结汇、出口退税等方面存在的弊端，达到减少损失、实现通关自动化并与国际 EDI 通关业务接轨的目的。它推动了海关报关业务的电子化，取代了传统的报关方式，节省了单据传送的时间和成本。金关工程的核心有两个：一是海关内部的通关系统，二是外部口岸电子执法系统。金关工程的四个应用系统包括：配额许可证管理系统、进出口统计系统、出口退税系统、出口收汇和进口付汇核销系统。

5. 金财工程

金财工程即政府财政管理信息系统，是利用先进的信息技术支撑的以预算编制、国库集中收付和宏观经济预测为核心应用的政府财政管理综合信息系统。它是提高财政管理水平的基本保证，也是推进公共财政改革的技术保障。它覆盖各级政府财政管理部门和财政资金使用部门，全面支撑部门预算管理、国库单一账户集中收付、政府采购、宏观经济预测办公自动化等方面的应用需求。金财工程有利于实现政府职能的转变，促进政府行为的规范，提高政府宏观经济管理和决策水平，加强财政资金管理，从源头上防止腐败。

6. 金卡工程

金卡工程是以发展我国电子货币为目的、以电子货币应用为重点的各类卡基应用系统工程。它是我国的一项跨系统、跨地区、跨世纪的社会系统工程。它以计算机、通信等现代科技为基础，以银行卡等为介质，通过计算机网络系统以电子信息转账形式实现货币流通。它的实现必将加速我国金融现代化的步伐，从而提高社会运作效率，方便群众的工作生活。

7. 金审工程

金审工程即审计信息化工程，其主要目的是对财政、银行、税务、海关、民航、电力等部门和重点国有企业事业单位的财务信息系统的相关电子数据进行密切跟踪，对财政收支或财务收支的真实、合法的效益实施监督，从而增强审计机关在计算机环境下查错纠弊、规范管理、揭露腐败、打击犯罪的能力，维护经济秩序，促进廉洁高效政府的建设，更好地履行审计监督职能。

8. 金盾工程

金盾工程即全国公安信息化工程。目前，公安信息网络基本覆盖全国，省级公安机关、90％以上的地市级公安机关、66％以上的县级公安机关已基本建立机关局域网，依托公安信息网的会议电视系统正加快建设。利用现代化信息通信技术，可以增强公安机关快速反应、协同作战的能力；提高公安机关的工作效率和侦察破案水平，适应新形势下社会治安的动态管理的需要；实现以全国犯罪信息中心为核心、以各项公安业务应用为基础的信息共享。

9. 金保工程

金保工程是利用先进的信息技术，以中央、省、市三级网络为依托，支持人才资源和社会保障业务经办、公共服务、基金监管和宏观决策等核心应用，覆盖全国的统一的人才资源和社会保障电子政务工程。金保工程的建设目标是在全国范围内建立统一、高效、简便、实用的人力资源和社会保障信息系统，覆盖人力资源和社会保障领域主要业务，实现本地业务和服务的规范化、异地业务和服务的现代化、基金监管和宏观决策的科学化。

10. 金农工程

金农工程即全国农业综合管理与服务信息系统。1994 年 12 月，在国家经济信息化联席会议第三次会议上，农业部针对未来提出了跨世纪的农业信息化工程——金农工程，其目的是加速和推进农业和农村信息化，建立农业综合管理和服务信息系统，实现增强政府的宏观调控能力和综合服务能力，增强农民的信息意识和信息利用能力，增强农产品国际市场竞争力的目标。

11. 金水工程

金水工程即国家防汛和抗旱系统工程，其目标是为各级防汛抗旱部门及时、准确地提供各类防汛抗旱信息，并能较准确地作出降雨、洪水和旱情的预测报告，为防洪抗旱调度决策和指挥抢险救灾提供有力的技术支持和科学依据。

12. 金质工程

国家质量监督检验检疫总局自 2001 年 4 月组建以来，高度重视信息化建设，提出了以金质工程建设促进信息化发展的战略。金质工程的建设内容包括“一网、一库、三系统”，即建设质检业务监督管理系统、质检业务申报审批系统、质检信息服务系统，建设质检业务数据库群，建设软硬件及网络平台。

第 4 节　电子政务与电子商务的关系

政府与企业之间方方面面的联系决定了电子政务与电子商务之间的必然联系，它们的支撑体系是同构的。电子政务中的 G2B 和电子商务中的 B2G 是一个问题的两个方面，根本目的就是实现政府与企业的信息交流，使双方的利益倍增。

(一) 电子政务与电子商务都是社会信息化的组成部分

电子政务与电子商务都有一些性质大致相同的活动内容，如通过网络进行信息的收集，利用计算机进行信息的处理，通过网络发布信息，组织机构内部的办公，实现网上调查、网上咨询、网上交流以及在线业务处理等。政府提高办公和管理效率与企业提高办公和管理效率一样，都要有提供信息的技术手段。电子政务和电子商务的发展一方面可以提高政府的管理透明度，另一方面可以促进企业提高管理水平，更好地推进社会的发展。

（二）电子政务与电子商务的根本目的及表现形式不同

1. 电子政务与电子商务的根本目的不同

电子政务的着眼点是寻求网络信息技术与公共部门改革的有机互动，其根本目的是借助网络信息技术手段及其渗透作用来实现组织结构、管理体制、服务方式和业务流程的优化和变革，提升社会效益。

电子商务的着眼点是寻求网络信息技术与企业经营模式之间的有机结合，旨在借助网络信息技术增强企业与其商务环境的相互作用，拓展企业与客户之间的交互通道，以获得理想的经济效益和最大利润。

2. 电子政务表现为统一性，电子商务表现为多样性

电子政务是政府机构处理各类政府事务的一种新模式，必然要遵循一国政府处理政府事务时强调的统一性和规范性。政府的各项公共行政管理均有一系列的法律法规和规章制度作保障，政府业务的管理也有系统和规范的程序，电子政务的规划和建设呈现出相对的统一性。

在电子商务活动中，企业提供的产品和服务千差万别，面对的消费者千差万别，面对的市场千差万别，电子商务的形式也呈现出多样化。

（三）政府的网上交易是巨大的电子商务市场

电子政务中的政府网上采购是政府与企业间的电子商务活动，政府的网上交易是电子商务最大的潜在市场。政府本身就是一个很大的集团消费者，因为它在行政过程中既为社会提供了大量的信息产品，又需要大量的办公物资维持自身的运作。我国政府不断出台各种新的采购制度，各级政府在发布采购清单的同时，也纷纷将采购信息发布在政府采购网上，网络成为获得政府采购信息最快捷的途径。

（四）电子政务与电子商务相互促进

1. 电子政务的发展促进电子商务的发展

电子政务为电子商务的开展提供了安全高效的平台，推动了企业电子商务的发展。

电子政务的发展会加快政府信息基础设施建设，政府建设网上专业的交易市场，可带动电子商务的发展。“政府搭台，企业唱戏”，对于繁荣市场、推动电子商务的发展非常重要。由政府部门牵头组建的网上专业交易市场，既有权威性，又可避免重复建设，还能吸引更多的企业和个人参与，迅速形成规模和气候，产生巨大的社会效益和经济效益。要加强网上交易市场的建设，带动其他领域的电子商务的发展。

2. 电子商务的发展推动电子政务的发展

电子商务是国民经济信息化的核心，其发展有助于巩固电子政务的经济基础，同时还能为电子政务发展提供产业支撑；电子商务的实践能够为电子政务提供信息技术应用经验，尤其在一些关键技术的应用上，可为电子政务建设提供很好的范例。

因此，只有在电子商务环境下，电子政务才能得到更好的应用，才能更好地服务社

会；只有在电子政务提供良好环境保障的前提下，电子商务才能健康、有序地发展。电子商务和电子政务相互影响，相互作用，共同发展。

本章小结

从世界范围看，许多国家和地区都在大力发展电子政务。电子政务建立在计算机网络基础上，应用信息技术、通信技术和其他先进技术，通过政府部门和其他公共管理部门的组织结构、业务流程的优化重组，提高内部协调和管理的效率，提高为公众服务的质量和效率。电子政务的处理方式是以公众为中心，政府以“向社会提供高效、优质的政府管理与服务”为出发点，帮助企业、社会组织和公众处理各种经济与社会事务。目前，电子政务的主要模式有G to G模式、G to E模式、G to B模式和G to C模式等四种。我国电子政务建设的基本框架是“两网、一站、四库、十二金”，此框架覆盖了我国电子政务亟须建设的各个方面，涉及信息资源开发、信息基础设施建设与整合、信息技术应用等领域。电子政务与电子商务都是社会信息化的组成部分，但两者的根本目的及表现形式不同，政府的网上交易是巨大的电子商务市场，电子政务与电子商务相互促进。

思考题

1. 如何理解电子政务的概念？
2. 电子政务有哪些特点？
3. 简述我国电子政务的发展历程。
4. 我国电子政务建设中存在哪些问题？
5. 简述电子政务的模式。
6. 结合图示，说明电子政务的基本框架。
7. 如何理解电子政务与电子商务之间的关系？
8. 谈谈你对我国电子政务发展现状的看法。
9. 通过浏览国外（如美国、英国、新加坡等）的政府网站及我国的政府网站，对比分析国内外政府网站的异同。
10. 登录一个政府网站，体验政府网站所提供的在线服务。

参考文献

[1] 洪毅．中国电子政务最佳实践案例集［M］．北京：国家行政学院出版社，2012.

[2] 赵国俊．电子政务教程［M］．北京：中国人民大学出版社，2015.

［3］徐晓林，杨锐．电子政务［M］．武汉：华中科技大学出版社，2014.
［4］蔡立辉，于刚强．电子政务［M］．北京：清华大学出版社，2014.
［5］杨安．电子政务与社会管理创新［M］．北京：人民出版社，2015.
［6］周民．电子政务发展前沿［M］．北京：中国经济出版社，2015.
［7］中国电子政务网，http：//www. e-gov. org. cn.
［8］国脉电子政务网，http：//www. echinagov. com.
［9］中国电子政务咨询网，http：//www. cegov. cn/.
［10］中国互联网络信息中心（CNNIC）．第 36 次中国互联网络发展状况统计报告，2014.

第10章

行业电子商务应用

本章导读

本章主要介绍电子商务在证券、保险、教育、旅游和金融等行业的应用现状以及相应的典型案例。

引导案例

行业电子商务应用范例——途牛旅游网

途牛旅游网2006年10月创立于南京，以“让旅游更简单”为使命，为消费者提供由北京、上海、广州、深圳、南京等64个城市出发的旅游产品预订服务，并提供丰富的后续服务和保障。途牛旅游网提供8万余种旅游产品供消费者选择，涵盖跟团、自助、自驾、邮轮、酒店、签证、景区门票以及公司旅游等。2014年12月15日，途牛旅游网宣布与弘毅投资、京东商城、携程旗下子公司“携程投资”以及途牛首席执行官与首席运营官签订股权认购协议。根据协议，途牛将向上述投资者出售1.48亿美元的新发行股份。2015年11月24日，途牛旅游网与海航旅游集团共同宣布战略结盟。海航旅游战略投资途牛5亿美元，双方将利用各自优质资源，在线上旅游、航空、酒店服务等领域开展深度合作。易观报告显示，2015年第三季度，途牛交易规模达到46.5亿元人民币，同比增长141.1%。这已是途牛连续三个季度同比增速达到三位数：2015年第二季度，途牛交易规模同比增长135.3%；第一季度，这一数据为122.8%。从增速来看，途牛再度蝉联行业第一。

途牛旅游网凭借在线订购旅游线路模式及兼有传统旅行社的线路优势，闯出了自己的一片新天地。途牛网创立时，携程、艺龙已经是行业内的佼佼者，想要通过复制它们的模式获得成功，可能性微乎其微。途牛网先是花半年时间建设了一个国内最全面的景点库，紧接着又做了两个颇有意思的产品——“路线图”和“拼盘”，致力于打造一个国内“驴友”交流的公共社区。随着集合的人群越来越多，于敦德和他的伙伴也在途牛网成立半年后找到了明确的运营模式：国内有众多的旅行社，将这些旅行社的旅游线路集中在一起并且分类管理，游客可以通过访问途牛网了解感兴趣的旅游线路，也可以向途牛网的客服咨询，最后在途牛网完成预订。当游客与旅行社签署合同时，途牛网可以获得旅行社反馈的3%～7%的佣金。

在让客户满意的同时，途牛网也一直在采用各种办法提高自己的知名度。由于途牛网的重要客户群是白领阶层，有一定的消费能力，于是网络营销中的竞价排名成了途牛网的主要营销手段。据统计，途牛网投入的网络竞价排名营销费用占了总预算过半的份额，而传统推广方法的营销费用仅占总投入的30%。虽然投入不菲，但实际的效果很好。2007年是途牛网竞价排名营销的第一年，在没有积聚、没有品牌的情形下，就取得了超过百万元的盈利，客源中有60%～70%是冲着竞价排名而来的；2008年，竞价排名营销的效果更为显著，为途牛网带来了近千万元的盈利。

在精准营销的同时，途牛网把更多心思花在产品和服务上，比如以往推出的是单个旅游路线产品，如今变成了多个产品，力求让客户最简单、最便利地找到适合的路线；注重网络数据的实时更新，确保客户可以清晰看到所有旅游路线的订单数量、最新订单、热点订单、老客户评价等，作为自己的出行参考。同时针对旅游产品鱼龙混杂的现状，途牛网还制定了回访制度，对所有订单进行逐一回访，确保服务质量，所有的回访记载公开在网站上，分5项内容依据客户的评价进行打分，并最终得出客户对每个产品的满意度，便于跟踪质量以及后续客户的选择。数据显示，客户的总体满意度到达了95%。

途牛在线旅游服务的模式弥补了传统旅游销售模式的空白，虽然没有传统旅行社的门店，但有丰富的线路，同时比“酒店＋机票”的模式更加直观和详尽，此外还具备网络销售价格实惠的特点。

资料来源：http：//baike.baidu.com/view/1823054.htm，http：//baike.haosou.com/doc/5342029-5577472.html.

思考题：

1. 比较携程旅行网与途牛旅游网的发展策略。

2. 查阅相关资料，指出途牛旅游网所采用的电子商务策略，以及对其发展产生的影响。

第1节　网上证券业务

一、证券电子商务概述

1. 证券电子商务的定义和内容

证券电子商务是指电子商务在证券领域的应用，是证券行业以互联网为媒介为客户提供的一种全新的商业服务，是一种有偿的网络服务。

通常，证券业务包括一级市场业务、二级市场业务及其他派生业务。一级市场业务主要是指证券公司帮助拟上市的公司进行公司设立、股票发行、上市以及上市后增发新股或配股等业务。二级市场业务主要是指证券公司代理证券投资者买卖在交易所上市的证券等业务。此外，投资银行、证券公司、投资顾问公司为上市公司开展资产重组和资产并购业务，为证券投资者提供投资咨询、理财服务等，也都属于证券业务。当人们采用信息技术手段，在数字化、网络化的媒介上完成上述业务过程时，就产生了不同的证券电子商务形态。因此从具体过程看，证券电子商务实际上就是将数字化手段渗透到证券业务活动的各个环节，如信息采集、加工处理、信息发布、信息检索、交易、货币支付、清算、交割等。一般认为，与传统的证券业务相比，证券电子商务可以减少投资者从事证券交易的中间环节，从而使交易更方便快捷地进行，同时也能降低证券交易的成本、加速资金的利用和信息的传递。

证券电子商务发挥以下作用：

（1）为企业及投资者提供投资理财的全方位服务。

（2）为投资者提供国际经济分析、政府政策分析、企业经营管理分析、证券板块分析、证券静态动态分析等方面的服务。

（3）以提供每日国内外经济信息、证券行情、证券代理买卖、投资咨询、服务对象的辅助决策分析及特别专题报告等方式为投资者服务，同时也提供外汇、期货等方面的辅助服务。

2. 证券电子商务的特点及作用

证券电子商务是建立在计算机和网络技术基础上的业务手段创新，它既可以看成是证券市场传统业务方式的延伸，也可以说是对传统业务方式的创新。从技术进步推动社会经济发展的意义上讲，证券电子商务顺应了知识经济的发展趋势，具有传统方式所不可比拟的优越性，代表了证券业未来的发展方向。其主要特点如下：

（1）虚拟性。所有的交易与服务均通过 Web 或电话呼叫中心自动进行，不借助店面或工作人员的帮助；由于是虚拟的，服务可以不受时间与空间的限制。

（2）个性化。所有服务可精确地按照每个用户的需要进行。服务方式可以是主动服务，也可以是被动服务。

（3）成本低。由于服务的虚拟性，对原有事务性工作的场地及人工不再有要求，加上技术进步对信息处理效率的极大提高，因而有效降低了证券公司的基础运营成本。

（4）优质服务更为重要。由于硬件不起决定性作用，网络的竞争只能依靠软性的服务。而网络跨越时空的能力会将这种优质服务的能力无限放大。强者恒强的马太效应在网络经济模式下是一条重要的规律。

（5）创新是竞争的要素。由于网络突破了时空的限制，因此任何一种新的创意或技术都会很快被对手效仿。为始终保持领先，证券公司只有依靠不断创新才能保证竞争的优势，否则会很快被竞争对手超越。

（6）技术是核心资源。在证券电子商务中，技术构成了服务与业务的基础平台。因此，技术不仅仅是一种手段，还是核心的资源。技术的创新也意味着服务与业务的创新。

二、证券电子商务的典型模式

从国外的发展情况看，证券电子商务大致分为三种模式。

1. E-Trade 模式

E-Trade 模式即证券公司无证券营业网点，完全以 Web 方式提供纯虚拟的投资与服务，其特点就是用尽可能低的折扣吸引对价格在意而对服务要求不高的自助投资者。价格是这些证券公司竞争的利器。这方面的典型代表有 E-Trade，Ameritrade 等。

2. Schwab 模式

采用这一模式的证券公司同时以店面、电话、Web 向投资者提供服务，客户可自己选择所需的服务模式。它们注重通过技术手段创新服务模式，提高服务质量，并希望借助技术手段有效降低成本，进而降低服务价格，但不会以牺牲服务为代价。这些证券公司的主要经营特色是通过有效利用技术来降低成本，改进服务，提供创新的业务模式。这方面的典型代表有 Schwab，TDWaterhouse 等。

3. MerrillLynch 模式

采用这一模式的证券公司除了具有上述第二类证券公司的优势外，还充分利用专业化的经纪人队伍与雄厚的研究力量提供理财服务，其代表是美林证券、摩根士丹利。美林证券是世界著名的证券零售商，由于有庞大的客户托管资产作为后盾，它对 20 世纪 90 年代兴起的网上经纪浪潮反应迟钝，直到 1999 年 6 月 1 日才发布其在线交易系统。当然，它也因此付出了沉重的代价。对这类公司而言，最为迫切的任务是用新技术手段对原有业务进行重组，以适应市场的变化与客户的新需求。

三、我国证券公司网上交易业务的发展

1. 我国证券公司网上交易组织架构的变迁

到目前为止，我国证券公司网上交易组织架构经历了如下几种形式的变迁：

（1）设置协调性的非常设过渡机构。由于证券电子商务的发展非常快，证券公司不可能在短时间内组建专门的常设机构，因此那些率先涉足网上证券交易的证券公司选择了设立协调性的过渡机构。例如华泰证券的“网上证券业务办公室”、国通证券的“网上交易协调委员会”等。

（2）租借网上交易平台。即外购，这是证券公司在涉足网络证券的初期常用的形式。很多证券公司借助财经网站等其他非金融机构的交易平台，迅速推出了网上交易。如中信证券最初曾经与和讯合作，后来才建立自己的网上交易平台。目前一些小型证券公司以及证券营业部仍采用这种方式。

（3）下设分散的营业部。在大多数情况下，这种模式不是证券公司主观上刻意采取的形式。有些证券公司，特别是重组、兼并后设立的证券公司，在证券电子商务方面没有统一的规划和平台，因而选择这种模式。这种组织形式的运行成本较高，并且只能为

客户提供较低层次的交易通道服务。

(4) 下设专门的网上交易部。这类模式下的部门名称有很多，如网上交易部、电子商务部、网络业务部等。在证券电子商务发展到一定程度之后，证券公司多选用这种形式。这又分两种方式，一是将网上交易部设为一级部门，与经纪业务管理部等并行；二是将网上交易部设为二级部门，隶属于经纪业务管理部。在对该部门的功能定位方面，有的证券公司将其定位为服务部门，对其没有具体的业务量考核；有的证券公司则将其定位为业务拓展部门，对其有具体的业务量考核，该部门类似于一个虚拟营业部。当然，还有的做法是介于两者之间，证券公司对该部门的考评与公司下属营业部在网上证券交易方面的拓展情况挂钩。

(5) 采用子公司模式。采取这类形式的证券公司不少，如广东证券，兼并了盛润财经网站。最为典型的是西南证券飞虎网，表面上看，飞虎网隶属于西南证券，实际上是相对独立的，并且在积极申请自己的证券业务牌照。

2. 我国发展证券电子商务的方式

我国证券电子商务的发展呈现出有形与无形、网上与网下趋于融合的特点。

在网上证券交易出现和发展的初期，人们往往将传统经纪业务与有形营业网点联系在一起，而把网上证券交易业务等同于无形的互联网交易，由此将证券经纪公司划分为传统证券经纪公司与纯粹的网上证券经纪公司。随着证券电子商务的发展，人们发现有形与无形、网上与网下越来越趋于融合，“鼠标加水泥”成为趋势。美国 Forrester 公司的高级分析员肯尼·克雷默指出：“再谈论网上证券经纪公司和离线（即传统）证券经纪公司之间的区别已经没有什么意义了。”互联网拥有跨越时空、方便快捷等多方面的优势，但同时又存在一定的局限性。

首先，从信息的分类看，信息可以分为可述信息和不可述信息。如果信息是经过编辑的，比如，拼写的，用语言表达的，或在绘画、计算机程序或其他作品中“编码”了的，则称为可述信息。如果信息是未编码的、不能用语言表达的，则称为不可述信息。不可述信息是很难复制的。当证券交易所依赖的不可述信息不能通过编码转化成可以通过互联网传送的形式时，使用互联网进行交易就会遇到障碍。就证券投资咨询而言，投资者通过互联网接受咨询时，往往无法体验到与专家面对面交流时的那种真实感和信赖感，由此决定了网上经营无法完全取代网下经营。

其次，证券营业部等有形网点具备永久、稳定、安全、亲切和真实等特点。投资者看到有形网点，就会感觉比较踏实。在社会缺失信用基础、投资者对“证券黑市”心有余悸的情况下，网点的存在容易使人产生信赖感，所谓“跑得了和尚跑不了庙”。相比较而言，如果一家证券公司完全依托互联网开展网上证券交易业务，往往难以取得投资者的信赖，业务的拓展自然会受到影响。

最后，从收益和成本角度看，与那些拥有有形网点的证券公司相比，没有有形网点的证券公司拓展市场的成本要高得多。美国 E-Trade 公司在大规模设立有形网点以前，在广告等方面的投入很大，每发展一个客户的成本要比嘉信理财高 1/3～2/3。嘉信理财只有约 5%的客户的证券交易是在其有形网点进行的，但公司 70%以上的客户关系是基于这些有形网点发展起来的。有形网点存在的价值由此可见一斑。因此，在开展证券电子商务方面，证券公司应该选择有形与无形、网上与网下相结合的发展模式。

随着互联网功能的日益完善，目前，证券行业已实现网上开户。网上开户是指投资者凭有效的数字证书登录证券公司网上开户系统、签署开户相关协议后，证券公司按规定程序为投资者办理开户。投资者向证券公司或证券公司指定的电子认证服务机构申请数字证书，并以数字证书为基础在网上办理开户手续，是一种投资者自主、自助开户的形式。网上开户属于创新业务，相对于现场开户，突破了时间、地域的限制，将来的发展趋势是实现全天候开户。

投资者使用相关证券公司提供的网上开户地址，可以申请并安装中国结算数字证书，在通过视频完成一系列后台见证程序后，即可直接开立股东账户，全程不需要与证券公司工作人员现场面见。随后，相关账户即可用于股票交易。网上开户的成功实施，具有划时代的意义。从此，投资者真正实现了足不出户就可以开立股票账户，是中国金融网络化的重要一步。

第 2 节　网上保险业务

一、保险电子商务概述

1. 保险电子商务的定义

保险电子商务有两个层次的含义：从狭义上讲，保险电子商务是指保险公司或新型的网上保险中介机构通过互联网为客户提供有关保险产品和服务的信息，并开展网上投保、承保等保险业务，直接完成保险产品的销售和服务，并由银行将保费划入保险公司的经营过程。从广义上讲，保险电子商务还包括保险公司内部基于互联网技术的经营管理活动，对公司员工和代理人的培训，以及保险公司之间以及保险公司与公司股东、保险监管、税务、工商等管理机构之间的信息交流活动。保险公司可以通过网络来推销自己的产品和服务，投保人可以在网络上查询各保险公司的险种、保费、保单利益以及公司的信誉状况等，作出恰当的选择。保险公司设有专门的咨询设备和咨询人员，投保人如有任何疑问，可以通过电话或者 e-mail 进行咨询，在决定投保时，可以通过网络发出保险邀约，填写电子保单，并将保费划入保险公司的银行账户。经保险公司核保之后，即可得到与保险公司签订的电子保险合同。当被保险人发生保险事故，保险公司理赔时，可以通过电子账户进行保险金额的给付。保险电子商务具有虚拟性、直接性、无纸化交易、时效性的特点。

2. 保险电子商务的发展现状

（1）全球保险电子商务发展较快。代表着保险业未来发展趋势的互联网保险，正在全球蓬勃兴起，预计在未来 10 年将有超过 30％的商业保险业务是通过互联网实现的。国内互联网保险虽然发展迅猛，但与国外相比仍显相对滞后：2014 年中国互联网保险在线保费收入859亿元，同比增长195%，但在中国保险市场年保费收入中的占比仅为4.24%。而2010年美国市场网络销售保费收入已超过总保费的25%，英国车险和家财险的网络销售保费收入占比则早在2004年就分别达到41%和26%。

(2) 经营模式多样。截至2015年，我国保险电子商务应用模式不断丰富，已经形成B2B，B2C，B2M等多种服务模式。网站的信息、产品、服务等方面的成熟度，将决定其对销售拉动的实际效果，成为保险电子商务发展的关键。B2B模式是一种保险公司对销售代理机构的网上交易模式。如太平洋保险的诚信通代理平台，是可以提供车险、货运险、意外险，以及其他条款和费率标准化程度较高的险种的网上交易平台。B2C模式是一种保险公司直接面对终端消费者的销售模式。这是市场上最为常见的一种销售模式，诸如安邦保险、人寿保险、平安保险等的保险电子商务平台都采用了这一模式，各保险公司的电话车险也是如此。另外，一些保险经纪公司设计的第三方网络保险投保平台（如慧保网、慧择网、中民保险网等）也提供专业的网上保险导购服务。B2M模式是直接面向市场营销的保险商务模式。B2M电子商务公司以客户需求为核心建立起营销型站点，并通过线上和线下多种渠道对站点进行广泛的推广和规范化的导购管理，使得站点成为企业的重要营销渠道。

(3) 从国际成熟市场来看，网上保险势不可挡。互联网地位的日渐上升促使保险公司必须明白消费者通过网络购买保险的原因，以及热衷于在线购买的推动因素。成熟保险市场的消费者认为，可以了解相对便宜的产品的信息是最重要的因素。这表明，购买保险的信息平台具有越来越重要的地位。

数据显示，在成熟市场中，17%的消费者运用网络收集保险信息，59%的人通过面对面的方式来了解信息。互联网已经成为一个很重要并且日益发展的信息渠道，并逐渐成为推动实际购买保险的潜在力量。

(4) 从国内保险市场来看，网上保险应运而生。在国内，实体分销网络仍是收集保险信息的最普遍的方式。绝大多数保险客户在购买保险产品之前，通常采用面对面交流的方式收集有关信息，很少有人使用电话或互联网。然而，国内保险业也在发生变化。传统的代理人制度在一定程度上不利于某些区域环境中保险的推广和销售以及某些保额较低的短期险的销售等。随着时代的进步，新的险种不断开发，更强的时效性成为保险销售的重要条件，而网上保险为其提供了更有效的销售渠道。

为了向现有客户提供有效的服务，赢得新的客户，保险公司可以通过与消费者建立相互信任关系，让他们明确认识到保险所带来的价值，并与他们长期保持客户关系，来达到其目的。通过网上投保可强化保险公司与消费者的沟通，加强彼此的信任，给消费者带来好处。例如，网上发布的保险信息更全面、更透明，使消费者能够接触到丰富的信息，并拥有广泛的选择；消费者可以从容地进行在线选择，在网上实时地完成保险的购买，享受全天候、个性化的服务；网上投保还可以减少中介环节，从客观上避免隐私的泄露及尚不完善的中介环节带来的一些服务风险。

(5) 通过信息化促进管理模式调整。保险公司实现网络化推动了行业的发展，必然使公司的管理模式做出调整，形成企业在内外部沟通与经营管理中均将网络作为主要渠道和信息源的局面。而且，人员的减少、公司组织层级的减少和扁平化管理，使保险公司营业网点数量减少，沟通渠道缩短。虚拟保险市场、虚拟部门等组织形式盛行，经纪公司等中介机构的业务发生变化，促使保险企业对组织进行再造调整。

当市场形势发生变化时，对于保险公司来讲，应当把信息技术作为应对所有挑战的工具和前提。有三项主要的信息技术可以帮助保险公司应对这些挑战：利用企业数据库、分析学和消费者自身的智慧，可增强消费者的保险意识，并培养消费者的能动行为；科技整合和面向服务的体系架构（service-oriented architecture，SOA）能够帮助保险公司基于市场动力学适应并且改变它们的实力分布；下一代的客户关系管理系统工具能够帮助保险公司和分销网络，让消费者享受全球范围的服务。

以中国平安保险（集团）股份有限公司为例。该公司旗下拥有寿险、产险和资产管理等领域的专业子公司，具有雄厚的实力，在市场竞争中保持领先地位。2000 年 8 月 15 日，该公司的保险电子商务网站正式开通，标志着中国保险业第一个贯通全国、连接全球的保险网络诞生，该公司首次“触网”并由此拉开了建设保险电子商务的序幕。目前，其保险电子商务 B2B 系统（包括产寿险的车险、货运险、个房险、航意险、银行保险、邮政保险）的应用范围已覆盖其 69 家分支机构。作为电子商务与传统业务渠道融合的 B2B 系统，由于具备强大的现场业务处理能力和单证管理功能，不仅大大提高了业务处理效率，还增强了开拓市场的竞争力。如今，该保险电子商务网站已打造出一系列由集团集中统一管理、由产寿险分公司分别使用的网络销售服务平台，包括 B2C 销售服务系统、B2B 销售服务系统、营销员销售支持与管理系统及信息服务沟通系统。

二、保险电子商务的模式

1. 保险公司网站

保险公司网站是一种典型的 B to C 电子商务模式，是由保险公司开设的网上店铺，旨在宣传公司产品，提供联系方式，拓展公司销售渠道。

这种商务模式的优点是：

（1）宣传公司及产品，树立公司及产品形象，提高公司知名度。

（2）提供产品销售渠道。有些保险公司允许客户在网上购买保单，从而拓展了销售渠道，扩大了销售规模，降低了销售成本。像欧洲的丰泰保险公司和美国的 Progressive 保险公司就属于此类，Progressive 公司甚至提供了竞争对手的一些情况和数据，以方便顾客作出决策。

（3）管理客户资料。保险公司通过电子商务模式对客户资料进行管理，有利于保险公司同客户进行有效、迅速、明确的沟通，赢得更多的忠诚客户；有利于保险公司经常检查保险标的的风险状况、风险因素，以及对风险损失程度进行预测；有利于对客户防灾情况进行检查，及时提出整改建议，督促保户改善防灾环境条件，减少保险公司的赔付。

（4）提供增值服务。如 AnnuityNet 保险公司的网站提供了指数连结年金保险，公司协助客户决定选择哪种基金进行投资。由于在保险期间内客户可以修改、转换不同的基金，因此能够使客户永远处于一个决策过程中，同时，只要保单在有效期内，客户就可以通过互联网直接修改保单，如改变地址或投保金额，还可以通过互联网提出索赔，并追踪理赔进度。

近几年，中资保险公司纷纷开通了自己的保险网站，但大部分保险公司还处于初期试用阶段，其主要功能一般局限于保险咨询、险种浏览、投保意向、网上投诉报案等。但诸如泰康、太平洋保险等公司将自己的简单险种实行网上专卖，进行网上直销以迅速扩大市场，并通过自己的网上门店开展客户服务，受理投诉；有些保险公司还运用网站调查市场需求、管理客户资料、设计保险方案等。

2. 网上保险超市

网上保险超市是一种典型的B to C电子商务模式，给保险人和顾客提供了一个交易场所。

众多的保险人和顾客在这个超市中相互接触，让保险人能发现合适的顾客，让投保人能找到自己所需的险种。这种模式做到了以顾客为中心，使顾客选择权最大化。它可以提供来自不同保险公司的产品及价格，供客户进行比较。这种商务模式通常是由独立的商家提供一个电子商务服务平台，即中立的网上保险商城，在这个平台上，各保险公司、保险中介机构、保险相关机构都可以采用网上门店的形式设立个性化的专卖柜台。

这种模式的投资回报来自销售许可权、交易推介费用和广告收入。

3. 网上金融超市

网上金融超市模式与保险公司网站模式相似，给顾客提供了一个交易场所。在这个交易场所里，顾客可以享受到集储蓄、信贷、结算、投资、保险等多功能于一体的“一条龙”服务。网上金融超市与保险公司网站的关系，就好比传统超市和专卖店的关系。

与保险公司网站相比，网上金融超市具有以下优点：

(1) 有利于提高知名度。保险公司网站在培养消费者的品牌忠诚度、实现网上销售方面比较困难。首先，保单的购买不是经常性的；其次，如果客户需要花费相当多的时间去熟悉每一个网站，那么网上销售对他们的吸引力就会下降。因此，最适合在网上营销的产品是那些能够吸引到固定数目访问者的产品。许多汇集各种金融产品的网上金融超市正是利用了这一点，为金融和保险产品提供了标准化的网站，它们的目的是提高自己的知名度，在网上金融和保险产品的销售领域占据一席之地。

(2) 有利于实现范围经济。网上金融超市的经营范围要比保险公司网站的经营范围广得多，有利于实现范围经济。我国目前已有这类网站的雏形，如和讯网(www.homeway.com.cn)，其首页设立了股市、外汇、期货、保险、地产等栏目，人们在进行投资组合时很有可能利用这个机会访问“和讯保险天地”来选择保险产品。另外，平安保险公司的PA18网站也具有一定的网上金融超市的功能。

4. 网络风险交易市场

网络风险交易市场是风险面对者进行风险交易的场所。风险交易可以改变交易主体面对的风险状况，从而满足自己的偏好，最终达到进行风险管理的目的。一般认为，资产定价理论把风险和机会联系在一起，高风险伴随高收益；期权定价理论则创立了风险交易市场，使人们在追求收益的同时可以控制损失，为金融衍生市场的迅猛发展奠定了理论基础。这种电子商务模式在经济生活多个领域的广泛应用，给金融业的发展带来了根本的变革。

5. 网上风险拍卖

网上风险拍卖是一种 B to B 电子商务模式，保险客户可以通过互联网来处置自身的风险。这种“反向拍卖”特别适合大型公司，它们可以将自己的风险作为标的来吸引投标者，然后从所有投标中选择最具竞争力的报价。集团式购买比较适合这种方式，比如，汽车协会可以为其成员挑选一种最便宜的保障。

有专家认为，个人保险保单也可利用这种投标的方式。这种电子商务模式真正体现了“以顾客为中心”的经营理念。不过，要做到这一点，需要建立可以对各保险公司相关信息进行采集的高效搜索引擎，这正是这种电子商务模式面对的最大挑战。这种电子商务模式的回报是节省保费，其投资比前几种模式要少得多。

三、保险电子商务架构

电子商务在保险中的应用主要体现在打造新的销售渠道和服务渠道两个方面，具体如图 10—1 所示。

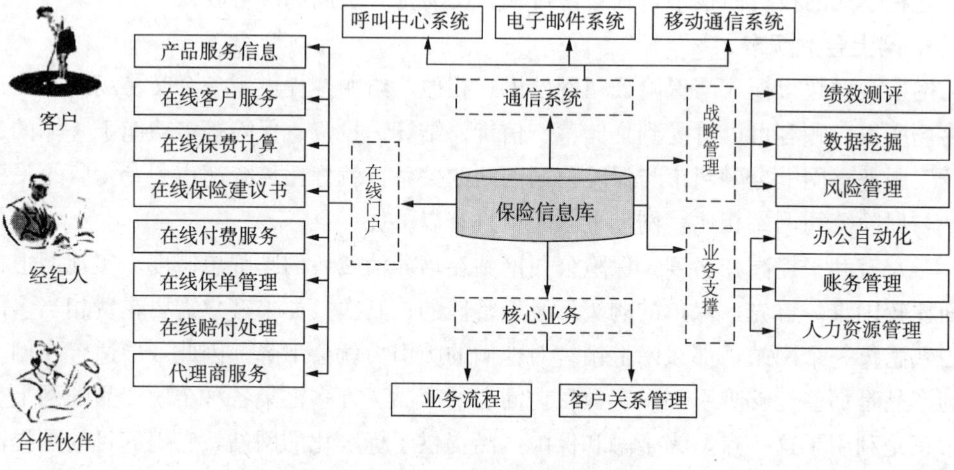

图 10—1　保险电子商务应用架构

资料来源：施国锋：《保险电子商务业务流程充足应用研究》，河海大学硕士学位论文，2007 年。

这种电子商务架构对保险公司所起的作用有：

(1) 提供在线咨询、投保、保单信息查询、保全、续期交费、理赔和投诉等全方位保险服务，是网上保险信息交流平台和电子商务平台。

(2) 保险公司的核心业务系统、战略管理、业务支撑、通信系统等多个系统之间存在实时或者批量的接口要求，电子商务既能很好地完成系统之间的数据交换，也能使不同子系统之间通过接口实现互联互通，方便业务人员的操作和使用。

（3）电子商务不但能建立一个唯一的客户ID，以便通过客户ID查询该客户的所有保单和交易以及风险情况，而且能建立一对多的数据模型结构，形成客户——保单——服务——风险的多维度的客户特征资料库。这样就能通过客户行为分析、优质客户管理等手段，对客户进行分类并提供有针对性的优惠及个性化服务；将分散在各渠道中的客户信息集中在一起，并针对不同的目标客户采取不同的营销渠道和服务策略，完善客户关系管理。

（4）电子商务的应用使得保险公司的管理信息系统能包括市场分析、客户分析、财务分析、风险分析等多种分析手段，从而提升企业管理决策能力。这一信息系统可以通过已有的技术手段得以实现：数据仓库能实现对决策数据的存储和综合，联机分析处理能实现多维数据分析，数据挖掘能利用已挖掘数据、仓库中的知识以及知识推理进行定性分析，模型库能实现多个广义模型的组合辅助决策。

（5）后台辅助支持主要是在数据集中的条件下处理业务数据，后台业务中心需要有助于完成业务流程的辅助功能系统，主要包括精算系统、打印系统、人力资源管理系统、办公自动化系统和员工培训系统等。

第3节 网络教育

一、网络教育的概念

网络教育指的是，以现代教育思想和学习理论为指导，充分利用网络的各种教育功能和丰富的网络教育资源，向教育者和学习者提供一种网络教和学的环境，传递数字化内容，开展以学习者为中心的非面授教育活动。在这种学习方式下，学生可利用互联网等媒介在校园外（如在家里）接受正规教育。现在有许多大学都提供某种形式的在线教育。

二、在线学习的优势

（1）节约时间。只要有网络，学生就可以在线学习，甚至可以足不出户，这就大大节省了交通所耗费的时间。

（2）信息量大且多样化。网络上能学到的知识比传统课堂中能学到的要多得多，并且信息多样化，除了文字信息外，还会有多媒体信息和其他信息。

（3）节约成本。在传统的学习方式下，学生需交纳不菲的学习费用，包括书本费和其他杂费。在网络学习环境下，他们只需要交纳网费和索取学习资源的相对较少的费用。

（4）更好地掌握学习内容。网络学习是自助学习，学生可选择自己感兴趣的内容，这有利于提高学习的积极性，更好地掌握所学内容。

（5）具有弹性。学生能够根据个人的计划调整学习时间、地点、内容和进度。

（6）有及时更新的一致性材料。网络资料更新速度比传统的教材更快，最新的相关专业知识通过网络传播，能更快地被学生看到。此外，由于网络的传播速度快、范围广，学习材料趋于一致，可在一定程度上避免出现以往常见的错误信息。

（7）环境宽松。网络学习能帮助不愿加入面对面的分组讨论或参与课堂活动的学生学习。这类学生往往不愿在公开场所暴露自己缺乏知识的不足。网络学习可以提供保护隐私的环境，在这样的环境中，学生可以提出任何想法而不必担心被看作差学生或愚笨的学生。

三、在线学习的劣势

（1）需要再次培训教师。网络教育的最大特点是利用了互联网这种高科技工具，这就要求授课者掌握并熟练使用互联网。因此，需要对教师进行培训。而这又因各地具体情况和物质条件的差异，面临着或大或小的困难。

（2）需要可靠的设备和支持性服务。网络学习通过电脑进行，要求有相应的软硬件设施和可共享的学习资料。

（3）缺乏面对面的互动以及丰富的校园生活。网络学习环境下，学生缺乏与老师和同学之间面对面的互动，也无法享受传统教学形式下丰富多彩的校园活动。这不利于培养和提高学生的社交能力。

（4）评估问题。网络学习还面临一个重要的问题，就是如何评估学习结果和效果。虽然可以通过在线提交作业和考试的方式进行评估，但老师和校方看不到学生完成作业和考试内容的实际过程，不可避免地会存在部分学生作弊的情况。这不利于提高学生的学习效果，也不利于校方作出客观公正的评估。

（5）学习资料的维护和更新成本高。网络学习资料的维护和更新是一个复杂的过程，需要投入大量的人力、物力和财力。

（6）知识产权问题。一般而言，网络学习资料是专业信息，这就涉及知识产权的保护问题。在网络信息铺天盖地的今天，大多数学习者希望能以尽可能少的投入换取尽可能多的资料信息。即使他们被要求尊重知识产权（比如，付费、保密等），但仍可能存在知识产权或多或少地受到侵犯的情况。

（7）需要掌握计算机知识。要想通过网络进行教学，老师和学生必须掌握一定的计算机知识。

（8）安全问题。电子商务的安全问题一直是人们关注的焦点，在网络教育中应用电子商务自然也存在这一问题。主要表现在两个方面：一是网校用户个人信息的安全问题，二是网上电子支付带来的安全问题。网校应该采用各种安全措施来保护用户的个人信息，防止泄露。这样做的好处是使电子商务交易的双方都受到保护。网上电子支付也会带来一系列安全问题，最普遍的做法是先期出售学习卡，但是很多用户不喜欢这种前期投入过多的消费方式，随用随消费方式成为网络教育消费方式的发展方向。这种无形的教育商品具有很强的虚拟性和开放性，在网上支付费用时往往无法为消费者提供有效的保护。比如对课程质量不满意时如何退货就是电子商务应用于网络教育所要解决的问题。电子商务的安全问题可通过综合应用各类电子商务安全技术，建立健全电子商务的安全机制和相应的法律法规，不断改进并完善。

(9) 要求学习者自我约束。由于网络学习基本上是自主性的学习，这就要求学习者具有很强的自我约束能力。

电子商务在网络教育中的应用具有非常广阔的发展前景，将网络教育和电子商务结合起来，改进网络教育的营销方式，加强网络教育的电子商务的安全性，拓展教育消费市场，对我国电子商务的发展和全民教育、终身教育的普及都有非常重要的意义。

四、网络教育实例

1. 广播电视大学

在我国，俗称的“电大”是指由中央广播电视大学，省级广播电视大学，地市级、县级广播电视大学分校和工作站组成的覆盖全国的远程教育系统。与其他成人高校一样，主要面向高考落榜或因为其他各种原因丧失学习机会的社会人员，以及需要提高学历层次的在职人员。它与高等教育自学考试类似，宽进严出，学习形式有脱产（即全日制，类似于普通高校）、半脱产（半工半读）、业余等多种选择。不同的是，自考以自学为主，电大通过计算机网络、卫星电视等现代传媒技术授课，学生参加国家安排的统一考试，取得专科或本科学历。

电大是我国高等教育的重要组成部分，与普通高校一起承担着培养各类专门人才、提高劳动者素质的任务。电大发挥现代远程开放教育的优势，多快好省地培养了我国改革开放和现代化建设急需的大批专门人才。作为专门举办现代远程开放教育的高等学校，电大与普通高校有着本质的不同，也有区别于其他成人高校的特点。

(1) 远程教育。以教育技术和媒体手段为课程载体，使教与学的过程可以异地异步或异地同步进行，学生主要分散在各地自主学习。

(2) 采用多种媒体教学。学生以文字教材为主进行自主学习，同时较多地利用音像教材、CAI 课件和计算机网络等。

(3) 共享优秀教育资源。汇集全国高校和科研院所优秀教师和专家，由他们担任授课教师和教材主编，为全国各地的学生提供高质量的课程及其教材。

(4) 开放的学习模式。学生根据自己的情况选择课程、媒体教材、时间地点、学习方法、学习进度等，方式方法灵活多样。

电大是没有围墙的学校，其教学信息通过国家提供的卫星电视系统覆盖全国，并已开始利用计算机网络面向全国实施网上教学。同时，由各级电大组成的遍布全国的现代远程开放教育教学系统，可以在不同层面上分工协作，为各地的求学者提供必要的学习资源和学习支持服务。因此，电大的办学规模是任何一所普通高校都难以达到的，这也使得广播电视大学能够把高等教育延伸到基层和边远落后地区，为当地培养了大批留得住、用得上的各类专门人才。

2. 中华会计网校

中华会计网校是正保远程教育（美国纽约证券交易所上市公司）旗下知名主打品牌

网站之一，是目前国内权威、专业的超大型会计远程教育网站，同时也是联合国教科文组织技术与职业教育培训在中国的试点项目，是国际四大会计师事务所员工的网上培训基地、十佳网络教育机构，拥有注册学员数百万人。目前是网络远程会计考前培训市场的主导力量，市场份额高达 70.59%，处于领先地位。

中华会计网校的特点包括：提供全国各地的强大师资阵容供学员根据自身的特点自由选择；教学作风严谨，考试通过率高；提供基于 Real，Media，Flash 多种先进流媒体技术制作的宽带视频、窄带视频及音频供学员自由选择；资深教师实时在线答疑，学生可随时通过答疑板提交学习中遇到的问题并在 24 小时内得到满意答复；课件可随时随地重复点播学习，不限时间、次数，直到考试结束；提供答疑板、大型论坛、聊天室等多种交流手段，最大限度地方便学员沟通。

五、网络教育的新发展

慕课（MOOC）是一种在线课程开发模式，它由过去发布资源的教育网站和学习管理系统发展而来，是将学习管理系统与更多的开放网络资源综合起来的新的课程开发模式。发展最早、规模最大的慕课平台有 Coursera，edX，Udacity。国内目前具有较大影响力的慕课网站有慕课网、中国大学 MOOC。

慕课以连通主义理论和网络化学习的开放教育学为基础，所授课程跟传统的大学课程一样，循序渐进地帮助学生从初学者成长为高级人才。课程不仅覆盖广泛的自然学科，比如数学、统计、计算机科学、自然科学和工程学，还包括社会科学和人文学科。慕课的课程并不提供学分，也不能用于获得本科或研究生学位，绝大多数课程都是免费的。慕课的课程将分布于世界各地的授课者和学习者通过某一个共同的话题或主题联系起来。这些课程通常对学习者并没有特别的要求，但所有的慕课会采取每周研讨话题这样的形式。每门课都有频繁的小测验，有时还有期中和期末考试。考试通常由同学评分（比如一门课的每份试卷由同班的五位同学评分，平均分为最后的分数）。一些学生成立了网上学习小组，或跟附近的同学组成面对面的学习小组。

慕课的主要特点如下：

（1）规模大。个人发布的一两门课程不能视为慕课，那些由参与者发布的大型的或者大规模的课程才是典型的慕课。

（2）课程开放。尊崇共享协议；只有当课程是开放的时，才可以被称为慕课。

（3）采用网络课程形式。不是面对面的课程，这些课程资料散布于互联网上。人们的上课地点不受局限。在美国，无论你身在何处，只需要一台电脑和网络连接，就可以花最少的钱学习美国大学的一流课程。斯坦福大学校长约翰·L·汉尼希在一篇评论文章中解释说：“由学界大师在堂授课的小班课程依然保持其高水准。但与此同时，网络课程也被证明是一种高效的学习方式。如果和大课相比的话，更是如此。”

第4节 网络旅游

高速增长的旅游市场和日益增长的网络消费人群，给旅游业的发展带来了新的契机，网络的交互性、实时性、丰富性和便捷性等优势促使传统旅游业迅速融入网络浪潮。同时，由于旅游产业的特殊性，特别适合发展电子商务，因此电子商务与旅游业相结合是一种必然趋势，旅游电子商务的发展有其必要性和可行性。

一、旅游电子商务的概念

旅游电子商务是指通过现代网络信息技术手段实现旅游商务活动各环节的电子化，包括通过网络发布、交流旅游基本信息和旅游商务信息，以电子手段进行旅游宣传促销，开展旅游售前售后服务，进行电子旅游交易，也包括旅游企业内部流程的电子化及管理信息系统的应用等。

二、旅游电子商务网站的分类

旅游电子商务网站总体来说可以分为以下几类（如表10—1所示）。

表10—1　　2015年旅游电子商务网站企业类型

企业类型	典型企业（国外）	典型企业（国内）
在线旅游服务提供商	Expedia. com	携程旅行网（www. ctrip. com）
	Travelocity. com	e龙旅行网（www. elong. com）
传统旅游服务提供商的线上分支	Hilton. com. cn	芒果网（www. mangocity. com）
	Cheaptickets. com	阳光旅行网（www. sunnychina. com）
在线旅店预订服务提供商	Hotels. com	锦江之星连锁酒店（www. jinjianginns. com）
传统航空公司自营	Southwest. com	春秋航空旅游网（www. china-sss. com）
在线旅游搜索引擎	Kayak. com	去哪儿旅游搜索引擎（www. qunar. com）

1. 在线旅游服务提供商

该类企业国外以Expedia. com和Travelocity. com为代表，国内则以携程旅行网和e龙旅行网为典型，这四家都是纳斯达克上市公司，目前在市场上占据主导地位。其基本特点为：（1）成立之初便立足于互联网；（2）自身没有旅游资源；（3）单纯提供旅游代理服务；（4）靠签约的下游旅游供应商（如航空公司、酒店）分成获得收入。

2. 传统旅游服务提供商的线上分支

传统旅游服务提供商多为传统旅行社或旅游公司，这类企业自身或者合作者掌控了丰富的旅游资源，线上业务为其传统旅游服务在互联网上的延伸。如港中旅旗下有芒果网，中青旅旗下有遨游网，康辉旅行社和中国国旅集团等大型旅游企业纷纷抢滩网上旅游市场，以直接投资或其他方式进入这个市场。其基本特点为：（1）基于传统旅行社或旅游公司设立；（2）掌控丰富的旅游资源；（3）是传统旅游服务在互联网上的延伸。

3. 在线旅店预订服务提供商

在线旅店预订服务提供商指的是在多个城市开设连锁旅店的经济型酒店在互联网上建立的酒店预订网站，基本上只提供自身酒店的预订服务。国外以 Hotels. com 为代表，国内则以锦江之星连锁酒店为代表。其基本特点为：（1）由开设连锁旅店的经济型酒店设立；（2）提供自身酒店的预订服务。

4. 传统航空公司自营

随着信息化的深入发展，中国民航系统传统的纸质机票于 2006 年 10 月全面废除，电子客票时代正式到来，传统航空公司逐步实现机票销售网络化。在这方面，国际行业巨头把中国航空公司远远地甩在了后面。国外最大的三家航空公司 Amabeus，Galileo 和 Abacus 早在 1996 年就已在北京、上海、广州设立办事处。2005 年开始，中国面向国外的订座系统开放，这意味着国内的很多在线旅游企业都要面临全球在线旅游企业的激烈竞争。其基本特点为：（1）由传统航空公司设立；（2）开展机票预订业务。

5. 在线旅游搜索引擎

成立于 2005 年 6 月的“去哪儿”是目前中国在线旅游搜索市场的领跑者。它将酒店、机票代理机构、旅行社提供的旅游服务信息汇集于互联网平台，利用其世界领先的数据搜索技术，进行价格比较及信息分类，为消费者提供最佳出行参考，帮助他们享受到更多选择、更低价格的旅游。作为旅游搜索引擎，它并不提供任何机票、酒店等预订服务，而是帮助用户快速搜索各个网站的报价，并选取最适合的网站，将用户带往相关旅游服务提供商。其基本特点为：（1）将酒店、机票代理机构、旅行社提供的旅游服务信息加以汇集；（2）不提供任何机票、酒店等预订服务。

三、我国旅游电子商务运营中存在的问题

1. 经营模式雷同，竞争力不强

缺乏明确的市场细分，经营模式大致相同，是目前旅游网站的一大问题。旅游网站主营的电子商务业务有机票、酒店、旅行团预订三大项，每个旅游网站都提供相关业务服务。不管是商务旅游者还是自助旅游者，不管旅游者是否有能力上网，只要是国内的消费者，都被其定位为目标顾客，其信息、产品更是“老少皆宜”。网站提供的全面解决方案未充分考虑不同层次的细分市场的不同需求，结果导致旅游网站的供给与使用者的个性化需求未能实现无缝对接，方向混乱、目标不清、促销乏力，难以占领市场。

电子商务的特点和功能优势在这些网站上几乎体现不出来。绝大多数网站属于信息发布型网站（尽管有极少数网站可以划入直销型网站或其他类型），电子商务发展处于低级阶段。而且，网站信息更新慢，在线交易冷清，无法吸引游客。此外，我国旅游网站正尝试提供动态交互性信息服务，个性化的旅游产品和服务不多，因此旅游电子商务网站还需在个性化服务方面下工夫。网站的访问者的喜好、文化背景、年龄、职业及经济能力不同，对旅游的需求也不同，如果网站的信息没有针对性，访问者只能被动地接受信息，将很难激起访问者的旅游欲望。网站个性化服务设计的目的是使每一个访问者

都能在网站上找到他感兴趣的信息，从而产生旅游的欲望。

2. 盈利模式存在缺陷

(1) 旅游电子商务网站目标定位不准，思路不清。国内各大旅游网站最初的目标是做旅游门户网站，希望靠广告盈利，将平面媒体的盈利模式移植到网络媒体。现在传统媒体生存和发展主要依靠广告，但是网站广告收入只是旅游网站盈利的一小部分，如e龙旅行网的整个收入中网络广告收入仅占20%左右。如果按照这种目标定位和思路去经营旅游电子商务网站，失利似乎在所难免。

(2) 过分强调技术，对盈利的商业模式缺乏深入研究。在网络经济大放异彩的年代，将技术应用与技术本身相互倒置，过分强调技术，使本来可以顺利发展的旅游电子商务走了弯路。

(3) 过于追求时尚，与传统产业脱节。这也是旅游电子商务网站失利的又一原因。网络是个新生事物，用它去为旅游业服务，当然更为“时尚”。于是，旅游与网络相结合也被视为一种时尚。网络在中国初显生机时，国内就先后出现了华夏旅游网、中国旅游资讯网等网站，这些旅游类网站一般都提供旅游资讯、订票、酒店预订、线路预订等服务。携程网在当时及时转向，通过收购国内最大的订房中心和北京最大的票务中心，以酒店和机票为主营业务，实现了初步盈利。但许多网站想独辟蹊径，抛弃传统。第一家在美国纳斯达克上市的此类公司“风光”过后才发现，发展电子商务，不盈利是不行的。背离传统，不切实际地转变模式使得一些企业走向了衰败。

(4) 整个网络环境欠佳。这也是产生旅游电子商务盈利问题的原因之一。对于网络，客户的认知度还比较低，更多地停留在这个新事物的表象上，使得“注意力经济”、“眼球经济”盛行一时。但实际上，企业必须让客户有实际的消费行为，不能只停留在观看、浏览阶段。另外，旅游电子商务的从业者对传统预订营销了解不深，对具有盈利能力的业务不够重视，甚至曾对酒店预订不屑一顾。丢弃传统业务和市场可能是电子商务盈利存在问题的直接原因。如今网络虽已普及，但在实用性方面还没有达到客户满意的程度，再加上电子商务在安全、支付、法律制度、网速等方面还没有达到充分运用的条件，这些都在客观上制约了旅游电子商务的发展。

第5节　互联网金融

一、互联网金融概述

1. 互联网金融的概念

互联网金融是指传统金融机构与互联网企业利用互联网技术和信息通信技术提供资金融通、支付、投资和信息中介等服务的新型金融业务模式。互联网金融不是互联网和金融业的简单结合，而是借助安全、移动等网络技术，为适应新需求而产生的新模式及新业务，它建立在用户对电子商务熟悉和接受的基础上，是传统金融行业与互联网精神相结合的新兴领域。

2. 互联网金融的特点

互联网金融的特点主要体现在以下方面：

(1) 成本低。在互联网金融模式下，资金供求双方可以通过网络平台自行完成信息甄别、匹配、定价和交易，无传统中介、无交易成本、无垄断利润。一方面，金融机构可以避免开设营业网点的资金投入和运营成本；另一方面，消费者可以在开放透明的平台上快速找到适合自己的金融产品，降低了信息不对称程度，更省时省力。

(2) 效率高。互联网金融业务主要由计算机处理，操作流程完全标准化，客户不需要排队等候，业务处理速度更快，用户体验更好。如阿里小贷依托电商积累的信用数据库，经过数据挖掘和分析，引入风险分析和资信调查模型，商户从申请贷款到发放只需要几秒钟，日均可以完成贷款 1 万笔，成为真正的“信贷工厂”。

(3) 覆盖面广。互联网金融模式下，客户能够突破时间和地域的限制，在互联网上寻找需要的金融资源，金融服务更直接，客户基础更广泛。此外，互联网金融的客户以小微企业为主，覆盖了部分传统金融业的服务盲区，有利于提高资源配置效率，促进实体经济发展。

(4) 发展快。依托于大数据和电子商务的发展，互联网金融得到了快速增长。以余额宝为例，余额宝在上线 18 天后，累计用户数就达到 250 多万，累计转入资金达到 66 亿元。据报道，目前余额宝规模达 500 亿元，其所依托的天弘基金管理公司成为规模最大的公募基金公司。

(5) 管理弱。一是风控弱。互联网金融还没有接入中国人民银行征信系统，也不存在信用信息共享机制，不具备类似银行的风控、合规和清收机制，容易发生各类风险问题，比如众贷网、网赢天下等 P2P 网贷平台已宣布破产或停止服务。二是监管弱。互联网金融在中国处于起步阶段，还没有有效的监管和法律约束，缺乏准入门槛和行业规范，整个行业面临诸多政策和法律风险。

(6) 风险大。一是信用风险大。现阶段中国信用体系尚不完善，互联网金融的相关法律还有待配套，互联网金融违约成本较低，容易诱发恶意骗贷、卷款跑路等风险问题。特别是 P2P 网贷平台由于准入门槛低和缺乏监管，成为不法分子从事非法集资和诈骗等犯罪活动的温床。近年来，淘金贷、优易网、安泰卓越等 P2P 网贷平台先后曝出“跑路”事件。二是网络安全风险大。中国互联网安全问题突出，网络金融犯罪问题不容忽视。一旦遭遇黑客攻击，互联网金融的正常运作会受到影响，将危及消费者的资金安全和个人信息安全。

3. 国内互联网金融的发展现状

当前的“互联网＋金融”格局由传统的金融机构和非金融机构组成。传统的金融机构主要是指借助互联网创新以及电商化创新、APP 软件等方式来开展业务的金融机构。非金融机构则主要是指利用互联网技术进行金融运作的电商企业、P2P 模式的网络借贷平台、众筹模式的网络投资平台、理财类（模式）的手机 APP，以及第三方支付平台等。

二、互联网金融的发展模式

1. 众筹

众筹大意为大众筹资或群众筹资，是指用团购预购的形式，向网友募集项目资金的模式。众筹的本意是利用互联网和SNS传播的特性，让创业企业、艺术家或个人向公众展示他们的创意及项目，争取大家的关注和支持，进而获得所需的资金援助。众筹平台的运作模式大同小异：需要资金的个人或团队将项目策划交给众筹平台，经过相关审核后，便可以在平台的网站上建立属于自己的页面，用来向公众介绍项目情况。目前国内的众筹平台众多，典型的有众筹网、淘梦网、腾讯乐捐等。国外影响力比较大的有Crowdcube和Kickstarter等。

2. P2P网贷

P2P网贷（peer-to-peer lending）即点对点信贷，是指通过第三方互联网平台进行资金借、贷双方的匹配，需要借贷的人群可以通过网站平台寻找到有出借能力并且愿意基于一定条件出借的人群，帮助贷款人通过和其他贷款人一起分担一笔借款额度来分散风险，也帮助借款人在充分比较的信息中选择有吸引力的利率条件。典型的P2P平台有乐钱、Lending Club。

P2P有两种运营模式。一种是纯线上模式，其特点是资金借贷活动全部通过线上进行，不结合线下的审核。通常这些企业采取的审核借款人资质的措施有通过视频认证、查看银行流水账单、身份认证等。另一种是线上线下相结合的模式。借款人在线上提交借款申请后，平台通过所在城市的代理商采取入户调查的方式审核借款人的资信、还款能力等情况。

3. 第三方支付

第三方支付（third-party payment）狭义上是指具备一定实力和信誉保障的非银行金融机构，借助通信、计算机和信息安全技术，采用与各大银行签约的方式，在用户与银行支付结算系统间建立连接的电子支付模式。

根据中国人民银行2010年在《非金融机构支付服务管理办法》中给出的非金融机构支付服务的定义，从广义上讲，第三方支付是指非金融机构作为收、付款人的支付中介所提供的网络支付、预付卡、银行卡收单以及中国人民银行确定的其他支付服务。第三方支付已不仅仅局限于最初的互联网支付，而是成为线上线下全面覆盖、应用场景更为丰富的综合支付工具。

4. 数字货币

除了快速发展的第三方支付、P2P贷款模式、小贷模式、众筹融资、余额宝模式等形式，以比特币为代表的互联网货币也开始蓬勃发展。从某种意义上说，以比特币等数字货币为代表的互联网货币爆发，比其他任何互联网金融形式都更具颠覆性。2013年8月19日，德国政府正式承认比特币的合法“货币”地位，比特币可用于缴税和其他合法用途，德国也成为全球首个认可比特币的国家。

5. 大数据金融

大数据金融是指集合海量非结构化数据，通过对其进行实时分析，为互联网金融机构提供客户的全方位信息；通过分析和挖掘客户的交易和消费信息，来掌握客户的消费习惯，并准确预测客户行为，使金融机构和金融服务平台在营销和风险控制方面有的放矢。

在基于大数据的金融服务平台上，拥有海量数据的电子商务企业会提供金融服务。利用大数据的关键是具备从大量数据中快速获取有用信息的能力，或者将大数据资产快速变现利用的能力。因此，大数据的信息处理往往以云计算为基础。

6. 信息化金融机构

信息化金融机构是指通过采用信息技术，对传统运营流程进行改造或重构，实现经营、管理全面电子化的银行、证券和保险等金融机构。金融信息化是金融业发展趋势之一，信息化金融机构则是金融创新的产物。

从整个金融行业来看，银行的信息化建设一直在业内处于领先水平，不仅具有国际领先的金融信息技术平台，建成了由自助银行、电话银行、手机银行和网上银行构成的电子银行立体服务体系，而且以信息化的大手笔——数据集中工程在业内独领风骚，除了基于互联网的创新金融服务之外，还形成了“门户”及“网银、金融产品超市、电商”的“一拖三”的金融电商创新服务模式。

7. 互联网金融门户

互联网金融门户是指利用互联网进行金融产品的销售以及为金融产品销售提供第三方服务的平台。它的核心就是“搜索比价”的模式，采用金融产品垂直比价的方式，将各家金融机构的产品放在平台上，用户通过对比挑选合适的金融产品。

互联网金融门户的多元化创新发展，形成了提供高端理财投资服务和理财产品的第三方理财机构，提供保险产品咨询、比价、购买服务的保险门户网站等。这种模式不存在太多的政策风险，因为其平台不负责金融产品的实际销售，也没有资金通过，不承担任何不良的风险。

三、互联网金融的典型应用

互联网金融的典型应用主要包括：

1. 融资

国内通过互联网金融融资的典型代表有：商业银行推出的网上银行，腾讯推出的微信联合人保财险开发的手机端支付，淘宝联合天弘基金开发的余额宝，以及易付宝、百付宝、快钱等多家第三方支付平台。

2. 微金融

微金融是 2012 年左右兴起的一种金融模式。微金融信息服务是金融领域内对贷款、投资、理财规模较小，时间较短的金融行为的统称，是相对于大型金融机构大规模的资金转移运作而言的。通常情况下，指的是为中小微企业、创业者、个体工商户、小额投资者等提供的金融服务。

随着微金融信息服务体系的不断壮大，微金融信息服务的概念也在扩大，目前指专门向小型和微型企业及中低收入阶层提供额度小、时间短、可持续循环的微金融产品和服务。微金融信息服务的特点包括：一是以中小微企业以及贫困或中低收入群体为特定目标客户；二是由于客户有特殊性，它会有适合这样一些特定目标阶层客户的金融产品和服务。

3. 移动支付

线下 POS 收单市场规模庞大，越来越多的第三方支付企业在线下收单市场上进行拓展，未来线下支付将给整个综合支付市场格局带来重要影响。比如，乐富支付在原有线下 POS 收单业务的基础上加大了金融增值服务端的创新力度。一站式财务管理应用和社会化营销工具的融合，可以以手机刷卡器为切入点，来满足中小微企业的线下收单需求。

本章小结

随着经济发展及互联网等技术的普及，电子商务的行业应用范围越来越广，具体涉及流通贸易业应用、制造业应用、服务业应用和电子政务等方面。尤其是在服务业领域，电子商务应用越来越深入。电子商务在证券、保险、教育、旅游、金融这五个领域的应用，大大推动了国民经济的发展。

证券电子商务是指电子商务在证券领域的应用，是证券行业以互联网为媒介为客户提供的一种全新的商业服务，是一种信息免费、交易有偿的网络服务。证券电子商务所需条件是互联网的普及、货币电子化和网络安全。证券电子商务为企业及投资者提供投资理财的全方位服务；为投资者提供国际经济分析、政府政策分析、企业经营管理分析、证券板块分析、证券静态动态分析等方面的服务；以每日国内外经济信息、证券行情、证券代理买卖、投资咨询、服务对象的辅助决策分析及提供特别专题报告等方式来为投资者服务，同时也提供外汇、期货等方面的辅助服务。

保险电子商务指保险公司或保险中介机构以互联网和电子商务技术为工具来支持保险经营管理活动的经济行为。保险电子商务的服务模式有 B2B，B2C，B2M 等。保险电子商务有利于降低成本，提高经营效率；有利于公司的稳健经营。

网络教育运用网络技术与环境来开展教育，其招生对象不限年龄、学历，是一种利用网络技术的教育电子商务。网络教育的特点是：资源利用最大化，学习行为自主化，学习形式交互化，教学形式个性化，教学管理自动化，不局限地区和时间。

网络旅游是一种以互联网技术为核心的旅游电子商务，网络旅游网站是旅游服务商与旅游消费者之间交流沟通的渠道和中介。网络的自助随机性、网络信息的丰富性、网络服务的时效性是网络旅游的基本特点。

互联网金融是传统金融行业与互联网相结合的新兴领域。它是借助安全、移动等网络技术，被用户熟悉接受后自然而然为适应新需求而产生的新模式及新业务。互联网金融通过互联网、移动互联网等工具，使得传统金融业务具备透明度更强、参与度更高、协作性更好、中间成本更低、操作上更便捷等一系列特征。理论上说，它包括但不限于第三方支付平台、在线理财产品销售平台、信用评价审核平台、金融中介网站、金融电子商务众筹网站等模式。发展模式有众筹、P2P 网贷、第三方支付、数字货币、大数据金融、信息化金融机构、金融门户等。具有成本低、效率高、覆盖面广、发展快、管理弱、风险大等特点。

思考题

1. 证券电子商务有哪些特点，网上开户有哪些优缺点？
2. 保险电子商务模式有哪些？
3. 以慕课为例，分析网络教育的优势和劣势。
4. 目前国内的旅游电子商务网站存在哪些缺陷？
5. 互联网金融存在怎样的机遇与风险？
6. 进入国泰君安证券公司的网站，了解并说明其运作模式、内容和特点。
7. 进入百度百科或 Wikipedia 并创建一个自己的词条，体会它们是如何在网络环境下传播并管理知识的。

参考文献

[1] 施志君．电子商务案例分析（第二版）[M]．北京：化学工业出版社，2014.
[2] 万建华．金融 e 时代 [M]．北京：中信出版社，2013.
[3] 相成久．电子商务营运与运营 [M]．北京：中国人民大学出版社，2010.
[4] 中国电子商务研究中心．保险行业 B2B2C 平台建设成功案例研究 [R]，2010.
[5] 李琪．电子商务概论 [M]．北京：高等教育出版社，2009.
[6] 中国 B2B 研究中心．1997—2009：中国电子商务十二年调查报告 [R]，2009.
[7] 中国电子商务研究中心．电子商务在网络教育中的应用研究 [R]，2009.
[8] 陈德人．电子商务概论——在实战中掌握电子商务（第二版）[M]．杭州：浙江大学出版社，2008.
[9] 龚民．电子商务案例教程 [M]．北京：北京大学出版社，2007.
[10] 司林胜．电子商务案例分析 [M]．重庆：重庆大学出版社，2007.

图书在版编目（CIP）数据

电子商务理论与实务/胡宏力主编. —2 版. —北京：中国人民大学出版社，2016.7
“十三五”普通高等教育应用型规划教材. 电子商务系列
ISBN 978-7-300-23039-9

Ⅰ.①电… Ⅱ.①胡… Ⅲ.①电子商务-高等学校-教材 Ⅳ.①F713.36

中国版本图书馆 CIP 数据核字（2016）第 144438 号

“十三五”普通高等教育应用型规划教材·电子商务系列
电子商务理论与实务（第二版）
主编　胡宏力
Dianzishangwu Lilun yu Shiwu

出版发行	中国人民大学出版社		
社　　址	北京中关村大街 31 号	邮政编码	100080
电　　话	010－62511242（总编室）		010－62511770（质管部）
	010－82501766（邮购部）		010－62514148（门市部）
	010－62515195（发行公司）		010－62515275（盗版举报）
网　　址	http://www.crup.com.cn		
	http://www.ttrnet.com(人大教研网)		
经　　销	新华书店		
印　　刷	北京市鑫霸印务有限公司	版　　次	2012 年 10 月第 1 版
规　　格	185 mm×260 mm　16 开本		2016 年 7 月第 2 版
印　　张	14.25　插页 1	印　　次	2018 年 3 月第 3 次印刷
字　　数	310 000	定　　价	32.00 元

教师教学服务说明

中国人民大学出版社工商管理分社以出版经典、高品质的工商管理、财务会计、统计、市场营销、人力资源管理、运营管理、物流管理、旅游管理等领域的各层次教材为宗旨。

为了更好地为一线教师服务，近年来工商管理分社着力建设了一批数字化、立体化的网络教学资源。教师可以通过以下方式获得免费下载教学资源的权限：

在“人大经管图书在线”（www. rdjg. com. cn）注册，下载“教师服务登记表”，或直接填写下面的“教师服务登记表”，加盖院系公章，然后邮寄或传真给我们。我们收到表格后将在一个工作日内为您开通相关资源的下载权限。

如您需要帮助，请随时与我们联络：

中国人民大学出版社工商管理分社

联系电话：010－62515735，62515749，62515987

传　　真：010－62515732，62514775　　　　电子邮箱：rdcbsjg@crup. com. cn

通讯地址：北京市海淀区中关村大街甲 59 号文化大厦 1501 室（100872）

教师服务登记表

姓名		□先生　□女士	职　　称		
座机/手机			电子邮箱		
通讯地址			邮　　编		
任教学校			所在院系		
所授课程	课程名称	现用教材名称	出版社	对象（本科生/研究生/MBA/其他）	学生人数
需要哪本教材的配套资源					
人大经管图书在线用户名					

院/系领导（签字）：

院/系办公室盖章